新闻传播学系列教材

公共关系学

钱　珺◎编著

中国传媒大学出版社
·北京·

图书在版编目(CIP)数据

公共关系学 / 钱珺编著. -- 北京：中国传媒大学出版社，2024.9
ISBN 978-7-5657-3635-3

Ⅰ. ①公… Ⅱ. ①钱… Ⅲ. ①公共关系学 Ⅳ. ①C912.3

中国国家版本馆 CIP 数据核字(2024)第 074309 号

公共关系学
GONGGONG GUANXIXUE

编　　著	钱　珺
策划编辑	曾婧娴
责任编辑	沈刘红
封面设计	拓美设计
责任印制	李志鹏

出版发行	中国传媒大学出版社		
社　　址	北京市朝阳区定福庄东街 1 号	邮　　编	100024
电　　话	86-10-65450528　65450532	传　　真	65779405
网　　址	http://cucp.cuc.edu.cn		
经　　销	全国新华书店		

印　　刷	唐山玺诚印务有限公司
开　　本	787mm×1092mm　1/16
印　　张	17.25
字　　数	308 千字
版　　次	2024 年 9 月第 1 版
印　　次	2024 年 9 月第 1 次印刷

书　　号	ISBN 978-7-5657-3635-3/C · 3635	定　　价	49.00 元

本社法律顾问：北京嘉润律师事务所　郭建平

目 录

第一章 绪论

本章要点

1.“公共关系”一词的多元含义
2. 公共关系的定义
3. 公共关系的基本特征
4. 公共关系的职责与功能
5. 公共关系学的研究范畴

关键概念

Public Relations;公共关系;公共关系学

第一节 公共关系的多元含义

《伊索寓言》里面,有一个北风和太阳争论谁更强大的故事。它们看到一位旅行者,于是决定谁能使旅行者脱下衣服谁就胜利了。北风先行动,它拼命地吹,但风刮得越厉害,旅行者把身上的外套裹得越紧。然后太阳出现,开始照耀。很快旅行者感到了太阳的炎热并脱下了外套。太阳获胜了。

定位之父艾·里斯(Ai Ries)及其女儿劳拉·里斯(Laura Ries)在 *The Fall of Advertising & The Rise of PR*(《广告的没落,公关的崛起》)一书中,把北风比喻成广告,把太阳比喻成公共关系。广告就像北风一样,强行干涉消费者心智,是一股强加的力量,一位不受欢迎的闯入者,人们会抵制它。广告力量越强,风刮得越大,潜在消费者越是努力地抵制商品消息。而公共关系就像太阳一样,只需保持微笑并确保向媒体提供的公关资料尽可能有帮助。它不强迫媒体传播商品信息,潜在消费者不会察觉到信息中的强制因素,他们甚至认为媒体正设法帮助他们将注意力转移到一个更好的新产品或服务上。①

公共关系是太阳。这是公共关系区别于广告的魅力所在。

那么,究竟什么是公共关系呢?

一、众说纷纭的"公共关系"

"公共关系"一词,在世界各国有着不同的解释和含义。在德语中,它被翻译为Öffentlichkeitsarbeit,意指"在公共机构中就公众问题为公众服务",强调公共关系的"公共性",注重对公共事务的参与。在韩语中,公共关系被翻译为 Hong Bo,其把公共关系理解为一种宣传的形式,强调公共关系的"人际性",注重运用个人影响来指导公共关系实践。在日语中,公共关系被翻译为"広報",意即广而告之,强调公共关系与广告的差异性,日本的很多企业都设有広報部,主要通过媒体建立与公众之间的密切关系。②

中文的"公共关系"一词翻译自英文"Public Relations"。Public 有"公共的""公众的""公开的"之意,Relations 指"关系""联系",中文直译过来就是"公共关系",也称"公众关系"。

1842 年,豪科·史密斯(Hough Smith)在其出版的《公众情感理论和规范》一书中最早使用了"Public Relations"这个词。1882 年,美国行政改革家多尔曼·伊顿(Dorman B. Eaton)在耶鲁大学法学院发表的演讲《公共关系与律师职业的职责》中正式使用了这个词汇。1897 年,美国铁路协会主编的《铁路文献年鉴》也使用了这一词汇。

一开始,美国的公共关系主要围绕"Public"展开,强调"公众性",注重传播策略和效果。1984 年,公共关系学者玛丽·弗格森(Mary A. Ferguson)提出用"Public Relationships"取代"Public Relations",呼吁"公共关系研究的重心,应该从以传播为中心转

---

① 艾·里斯,劳拉·里斯.广告的没落,公关的崛起[M].寿雯,译.太原:山西人民出版社,2009:216-217.

② 陈先红.现代公共关系学[M].2 版.北京:高等教育出版社,2017:5-6.

向以关系为中心”。[①] 自此以后,“把关系还给公共关系”的呼声日益高涨,越来越多的学者开始转向关系管理的研究。20 世纪 80 年代,“公共关系”一词传入中国时,正是“把关系还给公共关系”呼声正高之时,受此影响,中国的公共关系一直以来强调“关系性”,注重人情与面子,并在一开始就被误解为仅仅是一种“对外的关系”,甚至被认为就是吃吃喝喝、请客送礼、拉关系。

正是各个国家对“公共关系”一词存在着不同的理解,“公共关系”一词一直以来有着不同的含义。

纪华强将“公共关系”一词归纳为五种语义。第一种指“一种公共关系状态”,即一个组织机构与公众交往所形成的一种良好的、坏的或一般的关系状况。第二种指“一种活动”,是组织机构为改善自己的公共关系状态,有意识地、自觉地、有计划地采取的措施和开展的工作。第三种是“一种思想观念”,是现代管理所必须具备的一种新的管理哲学思想、新的观念、新的经营管理和行政管理的战略原则。第四种指“一门学科”,即公共关系学,是一门系统研究公共关系发展规律,研究在社会组织机构管理中如何进行有效的信息传播,科学地处理与其公众之间关系的学问。第五种是“一种事业”,即公共关系事业,不仅包括公共关系活动和活动方式,也包括公共关系的行业、机构、从业人员、公关科研事业和公关事业等方面。[②]

周安华认为,“公共关系”一词“既可以被认为是一种状态,又可以被认为是一种活动,还可以被认为是一种学说,更可以被认为是一种观念和职业”。他将“公共关系状态”进一步阐释为:“一个组织所处的社会关系和社会舆论的状态,即这个组织在公众心目中的现实形象。”他将“公共关系活动”界定为活动、工作和实务三个方面,认为公共关系活动就是“一个组织为创造良好的社会环境,争取公众舆论支持而采取的政策、行动和手段,主要包括协调、传播、沟通等活动,即以创造良好的公共关系状态为目的的一种信息沟通活动”。他提出“公共关系观念”既是一种观念,也是一种意识,是“人们在公共关系实践中形成的影响其思想和行为倾向的深层的思想意识,既有已为人所共识的公共关系观念,也有尚未被人意识到的潜在观念,是人们对公共关系活动的一种自觉的认识和理解”,具体包括形象观念、公众观念、传播观念、协调观念、互惠观念、团队观念、创新观念、服务观念、社会观念等。他认为作为一种学说的“公共关系学”,是“以公共关系的客观现实和活动规律为研究对象的一门综合性的应用学科,

---

① 陈先红. 现代公共关系学[M]. 2 版. 北京:高等教育出版社,2017:5.

② 纪华强. 公共关系的基本原理与实务[M]. 北京:高等教育出版社,2006:2-3.

是研究组织与公众之间传播与沟通的行为、规律和方法的一门学科”,研究内容分为公共关系史、公共关系原理和公共关系实务三个方面,它们共同构成公共关系学的理论体系。而“公共关系职业”,是指“专门以提供公共关系方面的劳务而获取报酬的职业,其职能是协调组织与公众的关系,塑造组织良好的社会形象,以促进组织不断发展和完善”①。

张克非也认为“公共关系”包含五个方面的内涵:公共关系状态、公共关系活动、公共关系意识、公共关系专业/职业、公共关系学科。②

由此可以看出,对于“公共关系”一词到底有几层含义,虽然国际上还没有一个公认的看法,但国内学者普遍认同的是五个方面的语义。在不同的语境和场合下,公共关系可以是组织在公众心目中所形成的形象,可以是组织为塑造良好的社会形象所采取的一切信息传播活动和沟通行为,可以是公共关系思想、公共关系意识,也是一门学科、一种职业和一个行业。我们在实际使用公共关系这一概念时,要注意理解和区分。

二、公共关系的经典定义

由于公共关系一词多义,在公共关系实践中也没有严格的限定,因此关于公共关系的定义恐怕是现代学科中概念最多的。自公共关系诞生以来,学者围绕“公共关系是什么”“公共关系有何特征”“为什么需要公共关系”“怎样开展公共关系”等,从不同的角度和视野研究和描述公共关系,形成了三大流派的公共关系定义。

(一)管理学视野下的公共关系定义

20 世纪 70 年代,系统论和管理科学狂飙突进,“二战”后的经济迅猛发展,人们渴望占有更多的管理工具,以便更科学、更开明地治理社会、发展经济。站在管理学的角度研究公共关系,学者关注公共关系作为一种管理行为在社会组织中发挥着什么样的管理职能,其着眼点是把公共关系从组织的管理职能中区别开来、独立出来。

这一流派最具代表性的是美国斯坦福大学教授雷克斯 · 哈罗(Rex F. Harlow)的定义。1975 年,哈罗博士在美国公共关系研究和教育基金会的资助下,对公共关系的定义进行了广泛而深入的研究。他访谈了 65 位公关领域的权威人士,在综合了 472 个公共关系定义后提出了这样一个定义:“公共关系是一种独特的管理职能。它有助

① 周安华. 公共关系:理论、实务与技巧[M]. 6 版. 北京:中国人民大学出版社,2019:5-6.
② 张克非. 公共关系学[M]. 3 版. 北京:高等教育出版社,2014:111-117.

于建立和维持一个组织与公众之间的交流、理解、认可与合作;它参与处理各种问题与事件;它帮助管理部门了解民意并对之作出反应;它确定并强调企业为公众利益服务的责任;它预测发展趋势,帮助企业随时掌握并有效利用这些变化趋势,担当早期预警系统的角色;它将有效的传播技能和研究方法作为主要工具。"①

1982 年 11 月,美国公共关系学会(PRSA)举行第 35 届全美代表大会,会上正式采用了"官方的公共关系陈述",提出"作为一种管理功能,公共关系包含以下内容:预测、分析和解释舆论、态度和事件,不管是好是坏,它们很可能影响到这个组织和计划的运作;凡属涉及政策决定、行动过程和传播等问题,都要在这个组织里的各个层次向管理层提供咨询,要充分考虑到它们可能产生的公共派生影响和这个组织的社会或公民责任;在持之以恒的基础上,调查、实施和评估行动与传播的方案,以赢得拥有充分信息的公众的理解,这是一个组织取得成功的需要。这里面可以包括市场营销、金融、资金筹集、雇员、社区或政府关系以及其他方案;计划和实施组织的各种努力,以影响或者改变公共政策;确定目标、制订计划、编制预算、招聘和培训职员、发展设施——简而言之,管理实行上述内容所必需的所有资源;在公共关系的职业实践中,必不可少的知识也许包括传播艺术、心理学、社会心理学、社会学、政治学、经济学和管理原则以及职业道德规范等。必不可少的技术性知识和技能包括舆论研究、公共问题的分析、媒介关系、直接邮寄、企业信誉广告、出版物、电影/录像制作、专项活动、讲演和报告等"②。

国际公共关系协会同样也认为公共关系是一种管理职能,曾给公共关系作过如下定义:"公共关系是一种管理功能。它具有连续性和计划性。通过公共关系,公立的和私人的组织、机构试图赢得同它们有关的人们的理解、同情和支持——借助对舆论的评价,尽可能地协调它们自己的政策和做法,依靠有计划的、广泛的信息传播,赢得更有效的合作,更好地实现它们的共同利益。"③

美国著名公共关系学者斯各特·卡特里普(Scott M. Cutlip)、艾伦·森特(Allen H. Center)和格伦·布鲁姆(Glen M. Broom)在 *Effective Public Relations*(《有效的公共关系》)一书中把公共关系定义为:"公共关系是这样一种管理功能,它建立并维护一个组织和决定其成败的各类公众之间的互利互惠关系。"这个概念把公共关系实践中的许多活动和目标定位于管理功能,并把建立和维护组织和各类公众之间的互利互惠

---

① HARLOW R. Building a public relations definition[J]. Public relations review,2(4):36.

② 卡特里普,等. 公共关系教程[M]. 明安香,译. 北京:华夏出版社,2001:6.

③ 周安华. 公共关系:理论、实务与技巧[M]. 6 版. 北京:中国人民大学出版社,2019:3.

关系确定为公共关系行业在精神上和职业道德上的基础。①

1984年,卡特里普的学生詹姆斯·格鲁尼格(James E. Grunig)和托德·亨特(Todd Hunt)在*Managing Public Relations*(《公共关系管理》)中将公共关系定义为:“公共关系就是组织和它的公众之间的传播管理。”②在这个定义中,格鲁尼格和亨特把公共关系界定为“传播管理”,认为传播管理比传播技术的概念更广泛,也比专门的公共关系活动更广泛,公共关系和传播管理涵盖了所有与组织内部和外部公众进行传播的计划、执行和评估。

在国内,纪华强把公共关系纳入组织的战略性管理范畴,认为所谓的公共关系“其实质是社会组织通过信息传播沟通手段处理自身的各类公共关系问题,以达到适应、优化组织社会生态环境目的的管理活动”。他提出,公共关系以维护、增进组织机构与公众的根本利益为前提,以建立适合于本组织机构的生存、发展的最优社会生态环境为目标,通过有效运用各种信息传播手段来协调、完善组织与公众之间的关系。③

王乐夫等人把公共关系界定为“一种内求团结、外求发展的经营管理艺术。它运用合理的原则和方法,通过有计划而持久的努力,协调和改善组织机构的对内对外关系,使本组织机构的各项政策和活动符合于广大公众的需求,在公众中树立起良好形象,以谋求公众对本组织机构的了解、信任、好感和合作,并获得共同利益”④。

周安华认为“所谓公共关系,就是一个组织运用有效的传播手段,使自身适应公众的需要,并使公众适应组织发展需要的一种思想、政策和管理职能”。⑤

随着人类进入移动互联新时代,大数据正深刻地影响和改变着公共关系领域的现实生态。对此,陈先红提出了“公共关系即战略”的公关新定义。她认为,公共关系本身就是战略性的。公共关系和大数据一样,需要同时处理三类数据:公共传播数据、公众关系数据和生态环境数据,通过云计算和大数据技术实时地进行数据的收集整理、挖掘分析和有效应用,这既是一个媒介融合、学科融合的过程,也是一个战略决策的过程。在组织情境下,公共关系就是战略。⑥ 这个定义同样也是把公共关系纳入了组织管理的范畴之中。

---

① 卡特里普,等.公共关系教程[M].明安香,译.北京:华夏出版社,2001:7.
② GRUNIG J,HUNT T. Managing public relations[M]. New York: Holt, Rinehart and Winston, 1984:6.
③ 纪华强.公共关系的基本原理与实务[M].北京:高等教育出版社,2006:18.
④ 王乐夫,等.公共关系学[M].沈阳:辽宁人民出版社,1986:12.
⑤ 周安华.公共关系:理论、实务与技巧[M].6版.北京:中国人民大学出版社,2019:4-5.
⑥ 陈先红.现代公共关系学[M].2版.北京:高等教育出版社,2017:15.

(二)传播学视野下的公共关系定义

传播学的兴起源于芝加哥社会学派传播思想的普及和第二次世界大战后传播学的正式崛起。20世纪初,人们见证了各种传播媒介的变革,领教了传播在战场和市场上的威力。从传播学的角度研究公共关系,关注重点是公共关系实现管理目标的过程和手段的独特性,而从公共关系行为或活动的特征来看,公共关系本身就是社会组织与公众之间的一种传播沟通行为。

英国公共关系专家弗兰克·杰弗金斯(Frank Jefkins)在*Practical Public Relations*(《实用公共关系学》)一书中指出:"公共关系是一个组织为了达到与它的公众之间相互了解的确定目标,而有计划地采用一切向内向外的传播方式的总和。"①他把公共关系明确界定为一种"传播方式",认为公共关系由各种计划性的沟通、交往所组成,其目标关系到与各方达成相互理解。这种沟通、交往处于组织与公众之间,既是内向的,也是外向的。

凯伍德(Caywood)提出的公共关系定义以策略为中心,强调人们在组织传播时是怎样运用公共关系策略来达到令人满意的公共关系效果的:"公共关系是对一个组织性的、现有的、持续的社会关系的有效整合。通过各种传播途径,将社会管理者包括一般群众进行整合,以创造并维护组织的品牌度和声誉度。"②

1981年出版的《不列颠百科全书》中是这样定义的:公共关系旨在传递有关个人、公司、政府机构或其他组织的信息,并改善公众对其态度的种种政策或行动。

居延安等人把公共关系表述为:"是一个社会组织为取得与其特定公众的双向沟通和精诚合作而进行的遵循一定行为规范和准则的传播活动。"③

胡百精在研究"公关因何而生"这个问题时提出了"公关因对话而生"④"公关是对话"⑤的观点,他将公共关系定义为"现代社会的一种对话方式",是"组织与利益相关者之间有意识的、规范化的对话,它培养和创造共识,促进价值分享和利益互惠"。⑥

(三)社会学视野下的公共关系定义

20世纪责任论兴起,人们全面反思、深刻批判早前单向性、支配性的公共关系宣

---

① 杰弗金斯.实用公共关系学[M].徐百益,译.上海:上海翻译出版公司,1988:2.
② 陈先红.现代公共关系学[M].2版.北京:高等教育出版社,2017:11.
③ 居延安,等.公共关系学[M].3版.上海:复旦大学出版社,2005:10.
④ 胡百精.公共关系学[M].北京:中国人民大学出版社,2008:31.
⑤ 胡百精.公共关系学[M].北京:中国人民大学出版社,2008:159.
⑥ 胡百精.公共关系学[M].北京:中国人民大学出版社,2008:159.

传模式。面对公共关系面临的伦理指责,公共关系转而寻求与公众的意见交换和利益的协调。从社会学角度出发,公共关系更关注其与其他社会关系的区别与联系,探寻公共关系目标实现背后的意义与价值。

在这方面,美国普林斯顿大学教授哈伍德·蔡尔兹(Harwood L. Childs)提出了视域最为宽广的公共关系定义:"公共关系是我们所从事的各种活动、所发生的各种关系的统称,这些活动都是公众性的,且都具有社会意义。"他认为公共关系"不是陈述一个观点,不是调整训练思想态度的艺术,不是对真诚有益关系的发展",而是"为了公共的利益,协调和修正我们个人和企业那些具有社会意义的行为"。[①] 这个定义强调组织与公众之间关系的建立、调整和适应,帮助组织调整自己的行为以更好适应内部和外部的环境。

英国公共关系学会所下的定义为:公共关系的实施是一种积极的、有计划的以及持久的努力,以建立和维护"在一个组织及其各类公众之间的相互理解"。[②]

李道平等人在总结了国内外诸多公共关系定义的基础上,认为公共关系本质上是一种客观存在的社会关系,对公共关系的定义作出如下表述:"公共关系是社会组织为了寻求良好合作与和谐发展,通过关系协调、沟通管理、形象塑造等方式,同利益相关的公众结成一种社会关系。它包括政府与社会各界的关系、企业与消费者及有关客户的关系、领导与员工的关系等。"[③]

余明阳把公共关系定义为:"公共关系是社会组织为了塑造形象而通过传播沟通与其公众建立并协调发展的互利互惠的社会关系。"[④]

日本电通广告公司对公共关系的定义也是强调其与社会的关系,认为"所谓公共关系,就是与社会保持良好关系的技术"。[⑤]

除此之外,也有公共关系协会或学者把公共关系定义为一门科学或艺术。例如1978年8月在墨西哥城召开的各国公共关系协会第一次世界大会上,公共关系被定义为:公共关系的实施是分析趋势、预测后果,向组织领导人提供咨询意见,并履行一系列有计划的行为以服务于本组织和公众共同利益的艺术和社会科学。[⑥]

翟向东也曾提出:"中国的公共关系要在建设有中国特色社会主义理论的指导

---

① CHILDS H. An introduction to public opinion[M]. New York: John Wiley and Sons,1940:3、13.
② 卡特里普,等. 公共关系教程[M]. 明安香,译. 北京:华夏出版社,2001:4.
③ 李道平,等. 公共关系学[M]. 3版. 北京:经济科学出版社,2008:7.
④ 余明阳,等. 公共关系策划学[M]. 北京:首都经济贸易大学出版社,2006:11-12.
⑤ 周安华. 公共关系:理论、实务与技巧[M]. 6版. 北京:中国人民大学出版社,2019:3.
⑥ 李道平,等. 公共关系学[M]. 3版. 北京:经济科学出版社,2008:2.

下，社会组织（包括党、政、团体、企业、事业单位）通过沟通信息，协调利益，化解矛盾，理顺和改善人际、社际、国际在经济、政治、科技、文化等方面的关系、调动各种积极因素，促进社会主义物质文明和精神文明建设的一门学问和艺术。”①

从以上列举的公共关系定义可以看出，不同的时代环境，不同的研究侧重点，给我们带来了种类繁多的公共关系定义。这些定义从不同角度揭示了公共关系的本质、目的和特征，也为我们揭示了公共关系“是什么”“干什么”和“怎么干”。从定义的学科流派来看，这些定义不仅仅限于某一个学科范畴，而是出现了管理学、传播学和社会学等多学科的交叉与融合。

时代在变，公共关系作为一种客观存在的关系状态，一种管理和传播活动，一种思想和观念，作为一门学科、一种职业、一个行业，其内涵也在发生着深刻变化。这就要求我们保持开放，用动态的眼光去看待什么是公共关系，全面了解和把握公共关系的多元含义。

第二节 公共关系的基本特征

在现实生活中，人们常常把公共关系同人情往来、免费广告、新闻宣传、市场营销等混为一谈。从公共关系的丰富内涵来看，公共关系跟人际关系、广告、宣传、营销等既有联系，又有着本质上的区别，体现出公共关系独有的一些特征。

一、公共关系区别于人际关系的特征

只要有人的地方，就有人际关系，但不一定有公共关系。人际关系是公共关系的一个组成部分，公共关系的成功开展，离不开良好人际关系的建立和维系。从这一点来说，人际关系是公共关系的基础，公共关系的范围要比人际关系更为广泛。这种广泛性主要体现在三个方面：

1. 主客体范围更为广泛。人际关系是在社会交往中形成的人与人之间的心理关系，其主体是个人；而从传播学视角来看，公共关系的主体几乎是无所不在的，小到个人，中到组织，大到国家，凡是一切与公众之间存在信息交流关系的对象，都是公共关

---

① 翟向东. 中国公共关系教程[M]. 北京：中国商业出版社，1994：66-67.

系的主体。从关系对象来看，人际关系是个体与个体之间的交往关系，其对象是单个的个体，而公共关系的对象是公众，它可以是单个的个体，也可以是一个群体，甚至可以是一个组织。因此无论是关系的主体还是客体，公共关系都要比人际关系范围更为广泛。

2. 交往目的更为复杂。人际关系的目的是达成人与人之间的和谐关系，主要服务于个体的交往需要；而公共关系以在公众心目中建立良好的形象为目标，更多服务于社会组织的形象塑造需要，人际交往只是实现公共关系目的的一种手段和方式。

3. 交流方式更为多元。无论是人际关系还是公共关系，都需要进行信息的交流与沟通。相比人际关系的交流单一性，公共关系的信息交流方式更为多元，除了面对面、一对一的非公开交谈，还可以借助大众媒体和现代信息技术手段，进行一对多、多对多的公开信息传播，例如召开新闻发布会、发布媒体公告等，以实现更大范围内的信息交流与沟通。

二、公共关系区别于广告的特征

公共关系和广告都是为了提升产品或服务的销量而进行的一种创造性的传播活动。但两者又有明显的不同。

1. 从传播目的来看，广告主要是为了增加产品或服务的知名度，直接促进产品或服务的销售。而公共关系是为组织或企业建构一个良好的成长环境，在公众心目中建立良好的形象，增加公众对产品或服务的好感度，提升品牌美誉度。

2. 从传播方式来看，广告是空间性的，在同一时间进行全方位的信息轰炸。而公共关系是线性的，通过层层递进、持续性的信息沟通方式，让公众在潜移默化中接受商品或服务信息。

3. 从传播内容来看，广告是视觉性的，通过幽默、夸张等艺术化表现方式，让商品或服务信息给公众带来视觉冲击力和吸引力。而公共关系是文字性的，更多是以事实为依据，通过诚挚朴素的方式向公众展现品牌形象。

4. 从传播对象来看，广告到达“每个人”，而公共关系到达“某些人”。相比广告，公共关系的传播对象更为明确，更有利于实现面向特定目标公众的精准化传播。

5. 从传播渠道来看，广告是“买回来”的宣传机会，需向媒体支付一定的广告费用，而公共关系是“赚回来”的宣传机会，无须为媒体报道付费。从这一点来看，公共关系比广告“更为便宜”。

6. 从传播效果来看，广告对媒体报道的内容具有完全的控制权，而公共关系对媒体报道的内容是没有决定权的，这就使公共关系存在一定的风险性，有时因为媒体的负面报道令企业陷入危机之中。好的一面是，由于公共关系的新闻报道由媒体主导，"第三方"视角使报道内容在公众心目中更具有可信度。因此相比广告，公共关系具有传播效果的双面性。

三、公共关系区别于新闻宣传的特征

新闻写作和媒体公关也是公共关系的主要工作内容之一，在公关界甚至流传着"公共关系的一半是新闻宣传"这句话。这表明公共关系和新闻宣传有着密不可分的关系，两者在工作内容和工作方式上有着许多相似之处，比如都是一种信息传播活动，在传播内容上都须遵循"真实性"原则。但是它们在服务对象、传播对象等方面也存在着区别。

1. 在服务对象上，新闻宣传一般服务于政治需要和社会需要。在我国，媒体作为党和人民的喉舌，新闻宣传工作承担着"举旗帜、聚民心、育新人、兴文化、展形象"的使命和任务。而公共关系宣传主要服务于社会组织的发展需要，更聚焦于企业或组织本身的"展形象"任务。当然，从某种意义上来说，新闻宣传中展示国家形象，也是国家层面的公共关系工作内容之一。

2. 在传播对象上，新闻宣传面向的是一般的社会大众，而公共关系面向的是特定的公众对象，是与社会组织发生关系或即将发生关系的目标公众或潜在公众。

3. 在传播渠道上，新闻宣传主要借助自身的媒体资源，而公共关系除了能使用传统的报纸、杂志、广播、电视、互联网等新闻媒体，还能使用户外媒体、自媒体、短视频平台等一切可以传递信息的工具和载体。在公共关系宣传中，我们可以整合一切可以整合的媒体、载体资源，传播渠道更为多元化。

4. 在传播方式上，新闻宣传以传播者为中心，往往是一种自上而下、单向的信息传播活动，带有一点强制性。而公共关系以受众为中心，强调的是双向的信息沟通模式，注重与公众之间形成一种平等、互动、对话的信息传播方式。

四、公共关系区别于市场营销的特征

1960 年，美国密歇根州立大学的杰罗姆·麦卡锡教授在其《基础营销》一书中将

4P 营销理论中的 4P 概括为产品(Product)、价格(Price)、渠道(Place)和促销(Promotion)。1986 年,菲利普·科特勒在《哈佛商业评论》上发表了《论大市场营销》一文,提出了“大市场营销”概念,把 4P 理论发展为 6P,即在原来的 4P 组合基础上增加了两个 P:政治力量(Political Power)和公共关系(Public Relations)。他认为一个公司除了产品、价格、渠道和营销方案,还可能面临各种政治壁垒和公众舆论方面的障碍,企业需要懂得运用公共关系扫除这些舆论障碍。因此,公共关系作为市场营销学 6P 理论的构成要素之一,是市场营销中常用的一种手段和方式。在实践中,企业常常邀请公共关系专家为产品写新闻宣传稿、与媒体记者打交道。

公共关系与市场营销的不同之处主要体现在:

1. 市场营销是一种经济行为,由产品设计、包装、核定价格、推销和渠道分发等项目构成,其目标是建立和维护一个组织的产品或服务市场,关注焦点是“市场”,最终赢得的是“经济效益”。而公共关系目标是建立和维护一个更有利于组织生存与发展的社会生态环境,关注的核心是组织身处的“舆论环境”,最终赢得的是组织的“社会效益”。

2. 市场营销往往是企业的短期行为,是在某个特定时期针对某个具体产品展开营销策划。而公共关系是把企业作为一个整体参与市场竞争,是企业的一种长期行为,强调整体性和长期性。

3. 市场营销的对象仅仅是顾客,聚焦于满足顾客的消费需求。而公共关系的对象更为广泛,聚焦于与各类公众建立联系,不仅包括顾客,还包括员工、媒体、政府、社区居民、特殊利益团体等。

4. 相比市场营销活动策划,公共关系策划更注重挖掘活动背后的新闻价值和社会影响,例如活动要新颖有趣,要符合新闻传播规律,要有社会意义和价值,由此才能吸引媒体对活动或事件进行主动报道。公共关系活动策划更注重新闻性。

五、公共关系的基本特征

通过对公共关系与人际关系、广告、新闻宣传、市场营销的不同之处进行辨析,我们发现公共关系总体上具有以下几个特征。

(一)伦理性

20 世纪初,资本主义自由竞争走向垄断集中,垄断大亨以牟利为目的,根本无视公众利益,社会矛盾尖锐,工人罢工、暴力对抗频发。现代公共关系正是在这种激烈的社会冲突中诞生的，它主张以沟通代替镇压，缓和社会矛盾，制造认同，被称为“制造同意的艺术”。自诞生之日起，公共关系就一直遭受质疑。哈贝马斯在其著作《公共领域的结构转型》中批判公共关系是启蒙运动以来最值得警惕的社会现象之一，认为公共关系的本质是“广告+舆论操纵”。为了应对伦理指责，公共关系百年来都在为自己的合理性做辩护，主张要讲真话，组织利益必须与公众利益相一致，要承担社会责任。此外，从公共关系的工作目标来看，它是为组织的生存与发展建构一个最优的社会生态环境，在公众心目中建立良好的形象。这个形象也是带有伦理属性的，是一种道德形象，起着示范引领作用。为了塑造良好组织形象，公共关系工作的开展必须遵守一定的伦理准则，说真话，做善事，自觉维护公众利益。

（二）公共性

正是因为公共关系具有伦理属性，公共关系既要对组织负责，也要对公众负责，对社会负责，所以它又具有公共性。这种公共性主要体现在两个方面：首先，无论是公共关系的主体、客体，还是沟通手段和方式，都是“公对公”、公开的形式，具有公众性；其次，从公共关系的目的来看，公共关系主要谋求组织和公众的共同利益，具有公益性。

（三）多样性

首先，相比人际关系，公共关系的关系建立和维护手段更丰富，方式更多元，除了运用人际交往技巧，还可以借助大众媒体和现代信息技术手段开展更广泛的交流沟通。其次，相较于新闻宣传，公共关系可以整合一切媒体和载体资源，传播渠道更为多样。最后，在传播内容方面，公共关系与广告、新闻宣传和市场营销相比，可以涵盖更为丰富的内容。

（四）互动性

公共关系的实质是通过各种信息传播和沟通手段处理社会组织与各类公众之间的关系问题，既然要维系良好的关系状态，就必须与公众之间建立一种平等、互动、对话的信息传播方式，即“双向对称”的沟通模式。在公共关系实践中，我们只有了解公众喜欢什么，有什么样的诉求和期待，并在实施过程中根据公众的意见和反馈及时调整工作方案，才能有效开展公共关系工作。

(五)持续性

公共关系作为一种社会组织与公众之间客观存在的关系状态,需要经历“建立—维护—维持”的发展过程,具有持续性特征。形象的建立和维持不是一蹴而就、一朝一夕可以完成的,需要社会组织经过有计划、有组织、持续不断的努力方可实现,是一项长期性、战略性的工作。我们要将公共关系工作贯穿组织的整个发展过程,将之纳入组织的发展战略之中。

(六)整体性

在公共关系实践中,公共关系主体无论是个人、企业、社会组织,抑或国家,它都是作为一个“形象主体”而存在的,具有整体性。这是公共关系区别于广告和市场营销的显著特征,对于企业来说,公共关系不是简单地推销某个产品,而是全方位地介绍企业的发展历史、经营理念、社会服务等,使公众对企业形成整体性的认知和印象。这就要求我们在策划单个公共关系活动的时候,要有整体意识和全局意识。

(七)精确性

相比广告和新闻宣传,公共关系的工作对象是明确的,我们把这些工作对象统称为“公众”。在公共关系实践中,我们需要对各类公众进行科学的分类(第五章“公共关系的客体”中将详细介绍公众分类)。一个公共关系活动的开展,首先需要调查清楚组织所面临的公众有哪些,然后根据不同的公众制订不同的公共关系计划。在大数据时代,借助算法等技术手段,公共关系可以针对特定的“某些人”实现精准化的信息传播,取得良好的公共关系效果。

(八)风险性

对于企业或组织而言,开展公共关系活动的目的是最大化实现组织的利益,减少组织的损失,因此公共关系人员的伦理敏感度是比较低的,有时为了达成活动效果,策划者会无视甚至损害公众利益,给公共关系活动埋下风险和隐患。在自媒体时代,这种隐患一旦被披露,会招致公众的极度反感和抵制,使组织形象受损。另外,由于公共关系是“赚回来”的宣传机会,媒体报道是“说好话”还是“说坏话”,是不可控的,公共关系具有一定的风险性。

第三节 公共关系的主要功能

一、早期西方公共关系的功能职责

斯各特·卡特里普在《公共关系教程》一书中将公共关系的功能和职责概括为八个方面。①

(一)新闻宣传

卡特里普认为,媒介的许多新闻和信息都来自公共关系信源。这些信源提供的是组织认为有新闻价值的信息,预料到编辑和记者可能会采用这些信息。媒介决策者基于这些信息对受众具有的新闻价值和兴趣的判断,决定采用或不采用,决定是按照所提供的信息原样采用,还是改变原先的信息,或者改变它的表现形式。这类新闻宣传往往不指明信息来源,对于公众而言,载送这一信息的源头就是媒介,组织不需要向新闻单位支付费用。

例如,在金融版块报道一家公司的收入不断增长,信息可能来源于这家公司的公共关系部;在报纸专栏发表关于一项慈善资金筹集活动进展的文章,消息可能来源于慈善组织的捐赠者关系和发展部主任;在医疗版块发表关于一家癌症研究中心最新科学发现的特稿报道,消息可能来源于大学医学院的新闻宣传处;把某个音乐团体在当地的行踪做成娱乐日程一览表,消息可能来源于音乐团体的宣传员;报道新的市民中心揭幕典礼,消息可能来源于市长的新闻秘书。印刷媒介通常会收到新闻稿、附有新闻照片的特稿报道,包括详尽背景信息的材料袋。电波媒介通常会收到广播样式或电视样式的新闻脚本、录音采访、录像新闻稿或包括广播资料、电视资料的新闻材料袋。

除了主动向媒体提供新闻素材,有新闻价值的事件也会通过吸引媒体报道而产生新闻宣传效果。组织方要精心策划和设计,提供拍照、录像或录音的机会,尽力传达预期媒体报道的信息,获得对报道内容的控制。

---

① 卡特里普,等. 公共关系教程[M]. 明安香,译. 北京:华夏出版社,2001:9-20.

(二)公共关系广告

卡特里普认为,广告是由明确的发布者在媒介上投放的信息,它为所占用的时间或空间支付费用,是一种在媒介上可控地投放信息的方法。

卡特里普所说的广告,主要指“公共关系广告”。他列举了从1970年开始莫比尔石油公司在报纸社论版及杂志中投放的广告,这个广告并没有推销莫比尔公司的产品,而是“就各种问题公开发表意见以影响舆论制造者”;东芝株式会社在遍布全国的主要报纸上刊登了表达“其对于美国人民的最深切的歉意”的广告,承认其某个分支机构违反了贸易协议;圣地亚哥煤气和电气公司发布广告,解释为什么其董事会全体一致投票认可与图森电力公司的合并,却全体一致拒绝了南加利福尼亚州爱迪生公司的主动接管要求。

卡特里普认为,当社会组织不满意于媒体上的报道内容,认为自己的观点没有得到公平报道,感到公众不理解相关问题或是态度漠然,试图在某项事业上增强发言权时,都可以在预算允许的情况下做广告,通过这种方式来获得组织的信息在媒体报道内容、位置和时间选择上的控制。

(三)新闻业务代理

卡特里普所说的新闻业务代理,有点类似于今天我们常说的“事件营销”,主要是指“新闻业务代理创造有新闻价值的报道和事件,以吸引媒介的注意力并获得公众的关注”。

专门从事新闻业务代理工作的人称为“新闻代理人”,卡特里普介绍了好莱坞新闻代理人亨利·罗杰斯为演员丽塔·海沃思策划“不可思议的大衣柜”:1939年,罗杰斯告诉《瞧》杂志的编辑,丽塔·海沃思有个难以置信的大衣柜,后来这个杂志把封面和十个页面都用于刊登这位在当时还不那么知名的女演员和她匆匆借来的衣服的照片。《瞧》在当时是一份全国知名的杂志,丽塔·海沃思在杂志上受到这样高强度的曝光,一下子成为好莱坞的话题,哥伦比亚影片公司也因此延长了与她签订的合同。尽管这个“不可思议的大衣柜”是个谎言,但罗杰斯作为新闻代理人,确实通过媒体的曝光为海沃思赢得了在好莱坞发展的机会。

卡特里普认为,新闻业务代理在以“媒介人物”领头的录音公司、竞技场、旅游胜地、动画制片厂、电视、音乐促销会和商业企业中发挥着重要作用,也在政治运动、全国性政党代表大会试图提高知名度并吸引广大受众的过程中扮演着重要角色。成功的新闻业务代理,制造了戴维·克罗基特(美国著名拓荒者)和胡尔克·霍根(美国著名摔跤手)的传奇;使印第安纳波利斯500英里阵亡将士纪念日汽车赛、美国橄榄球联合会超级杯赛成为全国性事件;使迈阿密海滩和巴亚尔塔港成为国际知名的旅游胜地;使蝙蝠侠系列电影和迪士尼动画在还没有上映前就成为人们必看的心愿电影。

(四)公共事务

公共事务是公共关系的一项专门领域,旨在建立和维护政府及地方社区的关系,以便影响公共政策。在实践中,公共事务通常是指与公共政策和"法人权利与义务"相关的公共关系活动。

作为与政府单位的联络人,企业的公共事务专家提供的服务包括实施社区改善项目,鼓励政治上的行动主义、为竞选捐款、积极参加投票,在慈善和社区发展组织中提供自愿服务。

抽样调查显示,公共事务官员的工作职能主要包括联邦政府事务、州政府事务、地方政府事务、社区关系、政治行动委员会、捐款、基层支持、问题管理。

(五)问题管理

问题管理是对于影响到组织与其公众关系的公共政策问题进行预测、确认、评估和反应的过程。它包含两层意义:一是及早识别对于一个组织具有潜在影响的问题;二是精心设计用以缓和或者利用其后果的战略反应。例如在舆论环境中,问题管理就是提前认清舆论中的发展趋势,便于组织在它们发展成为严重的冲突之前作出反应。

问题管理在公共政策领域是公共事务的一部分,反过来也是范围更大的公共关系功能的一部分。它作为一种管理功能,目的是保护一个组织及其主要风险承担者的利益,帮助维护市场、减少风险、创造机会并且管理作为组织宝贵资产的形象。这个目标的实现有赖于预测、调查并且区分问题的优先顺序,评估有关问题对这个组织的影响,提供政策和战略建议,把风险减少到最低,抓住机遇参与并实施战略,评估项目的影响。

(六)院外游说活动

院外游说活动是一个更加专业且受到批评的公共事务功能,主要运用于民主体制国家。它也是公共关系的一个专门领域,主要通过建立和维护与政府的关系,以便达到影响立法和管制的目的。

院外游说活动之所以遭受争议，是因为它试图影响立法和政府中的管理决定。很多人认为院外活动分子代表的是特殊利益集团的利益，他们通过贿赂、不法捐赠、旅游招待等方式，为了自己的目的试图操控政府，是对民主进程和自由竞争的企业制度的破坏。

（七）投资者关系

投资者关系又称 IR 或金融关系，是企业公共关系的专门领域，也是公共关系领域里报酬最高的业务之一，用以建立和维护与股东和在金融界使市场价值最大化的其他人之间互惠互利的关系。

投资者关系专家的主要工作职责是让股东保持信息灵通和对公司的忠诚，以便维护对公司证券的公正评价。他们通过增强股东信心，使股票对于个人投资者、金融分析者和企业投资家富有吸引力，从而提高公司股票的价值，减少资本成本。他们的工作内容涉及追踪市场动向，向金融公众提供各类信息，咨询管理，对于金融信息作出反应。

（八）组织发展

组织发展是非营利组织中公共关系工作的一个专门领域，它建立和维护组织与捐赠者、会员之间的相互关系，目的是获得金融支持和志愿者的支持。

组织发展专家主要为公共广播电台、疾病预防和研究基金会、社区艺术团体、青年俱乐部和宗教团体工作。由于这些团体依靠捐赠、会费或两者的结合维持生存，所以它们高度依赖一年一度的各种活动和专门事件，以引起人们对它们需求的关注，进而吸引公众的支持和捐助。例如，通过组织和策划一年一度的马拉松式电视节目、10 公里长跑、机构对外开放、知名人士物品拍卖等活动，建立和维护与志愿者、校友、会员、捐赠者及潜在会员和捐赠者之间的关系。

二、自媒体时代公共关系的主要功能和职责

公共关系发展到今天，在现代企业、社会组织的发展历程中扮演着越来越重要的角色。在数字媒体技术飞速发展的当下，公共关系到底承担着什么职责，发挥着哪些作用和功能呢？根据卡特里普提出的公共关系八项功能职责，再结合当下公共关系的实践发展，自媒体时代公共关系主要具有五个方面的功能和职责。

(一)蹭势借力,宣传产品

公共关系的第一个功能和职责,就是借"热点"增加曝光度,以达到宣传产品或服务的目的。这类"热点"主要有两个,一个是"节日热点",例如春节、劳动节、儿童节、端午节、七夕节、中秋节等传统节日,还有"6·18""双 11""双 12"等电商节日。在这些节日来临之际,组织和企业通过精心策划公共关系活动,可以制造话题,借助公众对于节日的喜爱和关注,赢得公众的关注和支持。

第二个热点是"事件热点",例如神舟载人飞船成功发射、奥运会夺冠、明星"官宣"、电影电视剧引发网络热议等。2020 年东京奥运会期间,我国年龄最小的奥运选手全红婵在跳水女子单人 10 米台决赛中夺得金牌,这个消息一出来,卫龙食品就在微博发起话题"全红婵从小喜欢吃辣条",借势宣传卫龙的主打产品辣条。又例如 2019 年初科幻电影《流浪地球》热映,影片中的台词"道路千万条,安全第一条,行车不规范,亲人两行泪"成为网络流行语,"流浪地球造句大赛"登上微博热搜,共青团中央、中国消防、平安江苏、外交部领事之声等政务微博借着这股热度,对自身进行造势宣传。(见图 1-1、图 1-2)

图 1-1 共青团中央的借势宣传

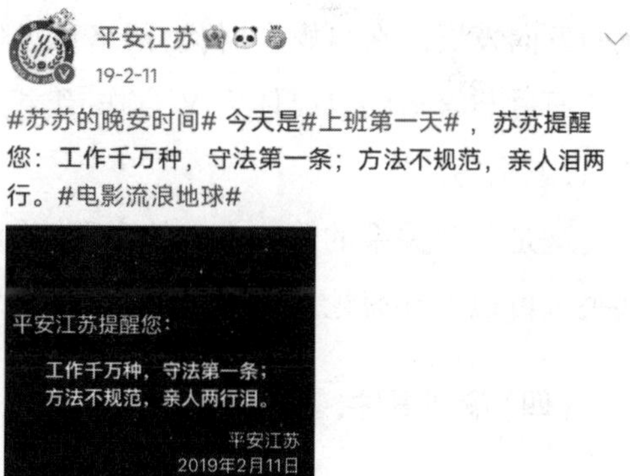

图 1-2 平安江苏的借势宣传

(二)协调关系,沟通调解

公共关系的第二个功能和职责,是通过各类公共关系交往手段和方式,与外部公众、内部公众建立良好的关系,沟通协调问题。

自2016年起，每一年的新年来临之际，农夫山泉都推出玻璃瓶身的生肖套装水，例如2022年的金虎套装水、2023年的金兔套装水。这种生肖水主打“限量”“典藏”的概念，以“只送不卖”的形式发行10万套，由消费者抽奖获得，每年吸引上亿人参与抽取活动。通过限量赠送生肖水这一行为，农夫山泉与消费者之间建立起长期、稳定的关系，获得消费者对品牌的忠诚拥护。很多消费者以收集齐农夫山泉12生肖典藏水为荣，并直呼“会上瘾”。

在对内关系协调方面，通过建构组织文化、营造良好的工作环境氛围、策划具有组织特色的仪式性活动（年会、周年庆等），公共关系同样也可以加强组织内部的向心力和凝聚力。

（三）议程设置，引导舆论

人没有千里眼，也没有顺风耳，我们获知这个世界及周围发生了什么，很大程度上依靠媒体的报道。大众媒体通过提供相关信息，安排相关议题，可以影响人们对人、事、物的关注重点、谈论的先后顺序，进而影响人们的判断、态度和看法，这就是媒体的议程设置功能。

在公共关系活动中，我们可以发挥媒体的设置议程功能，通过新闻报道、广告宣传等方式赋予各类议题不同程度的显著性，引导社会舆论，使舆论朝着有利于组织或企业的方向发展。在自媒体时代，网络意见领袖可以发挥类似于大众媒介议程设置的功能。通过与合适的自媒体大V合作，组织和企业也能在网络上引起议题，影响人们想什么，怎么想。

这是公共关系的第三个功能和职责，通过大众媒体和自媒体大V的议程设置，公共关系可以引导舆论，为组织的生存和发展建构良好的舆论环境。

（四）策划事件，塑造形象

每年圣诞节一到，在罗马也会出现“打不到车”的窘况。在人们排队等出租车的高峰时期，可口可乐公司推出了红色“圣诞出租车”。当第一位乘客上车说出想去的目的地后，司机会在车顶的电子显示屏上打出这一地址，沿途去该目的地的乘客可随时招手拦停出租车，实现拼车。上车后，每位乘客还能免费得到一瓶可口可乐饮料，与车上的其他乘客共饮。通过圣诞出租车的策划，可口可乐不仅为乘客们解决了圣诞节当天打车难的问题，还通过拼车使乘客们结交新朋友，互祝圣诞快乐，很好地传递出可口可乐分享快乐的品牌精髓。

这是公共关系的第四个功能和职责，通过策划事件，塑造组织和企业的形象。

（五）应对危机，恢复形象

2020年的“3·15”晚会上，知名连锁企业汉堡王被曝光不仅在食材上偷工减料，而且销售过期食材，形象一落千丈。3月16日，汉堡王中国发布声明，声称高度重视“3·15”晚会报道的问题，通报了对涉事餐厅的调查和处理结果，并表达了汉堡王将始终坚持“顾客为王”的企业宗旨。

汉堡王中国的做法，是公共关系的专门领域之一，危机公关。当危机发生后，通过制订和实施一系列的管理措施和应对策略，公共关系可以应对危机，恢复形象。

第四节 公共关系学的研究范畴

公共关系学是一门应用性很强的综合性、交叉性学科，传播学、管理学、社会学构成其理论基础，又吸收了广告学、市场营销学、人际关系学、心理学等学科的最新研究成果而发展起来。

一、研究对象

关于公共关系学的研究对象，李道平等人认为，公共关系学的研究对象是社会组织与公众相互关系的运动与发展规律。[①] 纪华强认为公共关系学的研究对象应该包括所有的公共关系的社会现象和活动规律。[②] 陈先红认为公共关系学的研究对象是“组织—公众—环境系统”，具体包括“组织—公众关系系统”“组织—环境关系系统”。其中，“组织—公众关系系统”包括组织与员工之间的关系、组织与持股者之间的关系、组织与消费者之间的关系、组织与社区之间的关系、组织与媒体之间的关系、组织与政府之间的关系、组织与竞争者之间的关系、组织与金融之间的关系等。“组织—环境关系系统”主要指组织与政治、经济、文化和科技之间的生态环境关系。[③]

本书认为，公共关系学的研究对象主要包含三部分：

---

① 李道平，等. 公共关系学[M]. 3版. 北京：经济科学出版社，2008：24.

② 纪华强. 公共关系的基本原理与实务[M]. 北京：高等教育出版社，2006：25.

③ 陈先红. 现代公共关系学[M]. 2版. 北京：高等教育出版社，2017：31-32.

1. 公共关系现象和类型,包括政府公共关系、企业公共关系等;员工关系、股东关系、消费者关系、政府关系、社区关系、媒体关系、竞争者关系等;内部关系、外部关系等。

2. 公共关系实践活动,包括社会组织开展的一切公共关系工作和活动。

3. 在公共关系实践中所形成的公共关系思想、方法和规律。

二、研究内容

公共关系学作为一门应用性学科,其研究内容主要分为三大部分:

1. 公共关系史。主要研究公共关系的产生背景、发展的历史动因、发展过程、历史演进规律、在历史演进过程中形成的公共关系观念和思想。

2. 公共关系基本原理。主要研究公共关系的基本概念、本质特征、发展趋势、社会功能、公共关系主体、公共关系客体、公共关系从业人员等。

3. 公共关系实务。主要研究公共关系实践中的工作原则、工作流程、方法技巧、策略规律等。本书将从公共关系礼仪、公共关系形象管理、公共关系策划、事件营销、危机公关等方面对以上问题进行探讨。

【思考与实践题】

1. "公共关系"一词,一般有哪五种语义?

2. 公共关系的定义有很多,请举例谈一谈你最认可的定义。

3. 试述公共关系区别于人际关系、广告、新闻宣传、市场营销的特点。它有何独特性?

4. 请结合生活中的经历或见闻,谈一谈在自媒体时代,公共关系可以做些什么?它能发挥什么样的作用?

5. 请谈一谈对公共关系学这门学科的认识。你打算如何学习这门课?

第二章　公共关系的起源与发展

本章要点

1. 公共关系思想起源于古代的民意和沟通意识
2. 现代公共关系的四个发展阶段
3. 中国公共关系事业的发展历程
4. 新时期公共关系的发展趋势

关键概念

民意；菲尼亚斯·巴纳姆；艾维·李；爱德华·伯内斯；斯各特·卡特里普；中国公共关系事业

第一节　公共关系的起源

斯各特·卡特里普在《公共关系史：17—20世纪》一书的序言中写道："靠传播信息来影响他人意见和左右他人行为可以追溯到最早期的文明时代。考古学家曾在伊朗发掘出公元前1800年左右的农业公告，内容是一些关于如何种植庄稼、如何灌溉、如何对付田鼠以及如何收割庄稼的指导信息，这与令美国农业及全世界艳羡的由兰德格兰特农业学院(Land Grant Agriculture)本世纪发布的农业指导信息相似。”①

由此可见,公共关系虽然是一门新兴学科,却是一种古老的活动。自人类诞生之日起,人与人之间就形成了各种各样的联系,人们从很早的时候就认识到了关系的重要性。出于传播或沟通信息的需要,人类在发展过程中从未放弃过对传播手段和技术的驾驭,这正是公共关系的基本内容。

可以说,公共关系思想起源于古代的民意和沟通意识。在古希腊、古罗马、中世纪和中国的历朝历代,统治阶级为了说服被统治阶级接受他们的统治和权威,使用了一系列的沟通技巧和管理措施,这些都是具有公共关系性质的活动。

一、古希腊时期

古希腊时期是一个重视公共表达的时代,以雅典为代表的古希腊城邦国家实行相对成熟的直接民主制度,城邦的政治主权属于公民,公民直接参与城邦的治理。在公元前443—公元前429年,雅典每月都要举行2~4次“公民大会”,每个公民在公民大会中享有选举权,讨论、决定城邦的一切重大事件。在这种城邦民主政体下,公民的评价和意见对于政治家的职业发展起着决定性作用。凡是想在政治上有所作为的人,都必须注意自身的修养、行为和形象,掌握与公民沟通、说服和影响公民的艺术。② 因此,这个时期社会对沟通技术非常重视,并对从事这门技术的人给予较高的评价和奖酬,一些深谙沟通、修辞学问的第一流演说家常常被推为首领。例如古希腊著名的哲学家亚里士多德(Aristotle),在当时享有很高的社会威望。

公元前335年,亚里士多德在雅典创办了吕克昂学院(Lykeion,又称Peripatetic School),给学生讲授“修辞学”等课程,并撰写了《修辞学》一书。书中,他提出了修辞的三个要素:信任、情感和逻辑,认为相互信任、情感融通、合理逻辑是说服效果达成的三大前提。亚里士多德提出的这一思想直至今天都影响着公共关系传播策略的研究,很多人认为《修辞学》是公共关系学的第一本著作。

二、古罗马时期

到了罗马时代,雅典时期对修辞术、演讲术的重视被罗马共和国继承。这一时期

① 卡特里普.公共关系史:17—20世纪[M].纪华强,焦妹,等译.上海:复旦大学出版社,2012:2.

② 张克非.公共关系学[M].3版.北京:高等教育出版社,2014:3.

的代表性人物是著名政治家尤利乌斯·恺撒（Gaius Julius Caesar）。为了得到元老院和民众的支持，恺撒十分重视通过舆论宣传来树立自己的形象和声望。

公元前 59 年，恺撒当选为罗马执政官后，创办了世界上第一份报纸《每日纪闻》（*Acta Diuma*，又译作《罗马公报》）。该份日报并不是现代意义上的"日报"形式，而是恺撒命人使用当时的大众化语言拉丁语，把元老院和公民大会的每日议事用尖笔书写在罗马议事厅外一块涂有石膏的特制木板上。《每日纪闻》主要被恺撒用来争取舆论支持，扩大其政治影响力。

公元前 58 年，恺撒开始率兵征战高卢。公元前 52—公元前 51 年，他在罗马的执政地位开始恶化，元老院中的政敌处心积虑地针对和攻击他，原本与他结成同盟的庞培也采取旁观的态度。在这种情况下，恺撒把征战高卢过程中的军队战况和沿途见闻写成生动的报告报送元老院，并让追随者在罗马广为传抄和散发，以期赢得元老院和公众的支持，这便是《高卢战记》。

《高卢战记》共 8 卷，前 7 卷由恺撒用拉丁文写成。通过《高卢战记》，恺撒一方面宣传自己的军事功绩，将自己为国家征战的过程展现在罗马人民面前，提高自己的政治威望；另一方面解释自己的征战行为，回应元老院政敌的攻击和诋毁，打击庞培派系，以在元老院赢得支持。从写作内容来看，《高卢战记》虽然是对战事和沿途见闻的记录，但其核心是宣扬恺撒的功绩，对于在高卢地区发动战争以及征兵等行为，恺撒始终强调是为了罗马共和国的利益；在写作手法上，他通篇采用第三人称，以局外人的口吻叙述战事经过，以旁观者的身份进行有利于自己的评价，给人以客观公正的印象。此书被西方公共关系学者奉为"第一流的公共关系著作"。

三、中世纪

中世纪，特别是中世纪早期，在欧美历史上被称为"黑暗时代"。这个时期的欧洲没有一个强而有力的政权，封建割据带来的频繁战争和天主教会对人们思想的禁锢，造成科技和生产力发展停滞，这也是欧洲文明史上发展比较缓慢的时期。但是，这一时期公共关系的社会行为和思想却在人们的政治生活和经济生活中得到相当程度的发展，在人们的日常交往中也得到较为集中的体现。

其中，有三类社会主体成为中世纪公共关系发展的主要推动力量：

（一）皇权和贵族

首先，石头、羊皮、莎草纸等被当成公示法典、颁发政令、布告奖惩、发表檄文的载体;其次,说服、诱导、造势和宣传的好处被人们发现,涌现了一批社会活动家、政治幕僚和意见领袖;最后,在不动摇统治根基的前提下,皇权和贵族谋求与公众的利益互惠,以维系一个尽可能稳定的阶层结构和社会秩序。

(二)宗教和僧侣

相比君权,宗教和僧侣更关心人心而非疆土。17 世纪,罗马教皇格里高利十五世在教会中设立了一个传道学院来传播信仰。当时,教会宣传的主旨在于劝导人们信奉天主、皈依本教。时至今日,罗马教皇和其他宗教派别仍延续中世纪的做法,维持一定数量的人员专职与公众进行沟通。

(三)工商业者

在利益的驱使下,工商业者不再围绕简单的"买与卖"而奔走叫卖,而是寻求当时一切可用的传播手段,创造了各种利于商品传播的符号。在中世纪,已经出现了例如招牌、口碑、折扣、名人效应等宣传手段。

四、中国古代

在中国古代,从商周开始,统治者就十分重视与被统治者之间关系的建立和维护,他们意识到"防民之口慎防川",在实施政令过程中也注重"说服而非压服"的统治和动员策略。这说明从商周开始,统治阶级已经认识到利用民意、管理民意的重要性。

中国历史上最早的可信且典型的公共关系案例,当属《尚书》记载的盘庚迁都。[①]《尚书》是保存至今最古老的一部历史文献汇编,包括了虞、夏、商、周四代皇室文献,记载了当时统治阶级是如何恩威并重、软硬兼施地施行政令的。在中国古代,定都和迁都都是国家大事,为了稳定政权,历代统治者都非常注意保持都城的稳定。盘庚继位后,为了躲避洪灾、摆脱权力争斗的政治困境,决定从奄(今山东曲阜)迁都到殷(今河南安阳)。这个决定在当时遭到了贪图安逸的贵族阶层的反对,他们甚至煽动百姓拒迁。面对强大的反对势力,盘庚没有动摇迁都的决心,但也没有采用专横手段压制反对势力,而是把反对迁都的贵族找来,用"天意""先王""民情"等进行劝说和动员。他还将民众召集到自己所住的庭院中,细说迁都的原因和用意,最终使迁都得以成行。

---

① 胡百精. 中国公共关系史[M]. 北京:中国传媒大学出版社,2014:6.

春秋战国时期，随着社会转型和宗法制度的解体，出现了诸侯争霸、百家争鸣的局面，这是中国传播思想生成、传播实践发展最为鼎盛的时期之一，民心向背、招贤纳士决定着各个国家的生存与发展。在《战国策》《史记》《左传》《春秋》和诸子百家的著作中，记载了大量通过沟通、游说等方式施展自己政治抱负的人物及典故，这些类似于公共关系活动的成功范例蕴藏着丰富的公共关系实践和思想。

《战国策·齐策四》中记载："狡兔有三窟；仅得免死其身；今君在一窟；未得高枕而卧也；请为君复凿二窟。"这个"狡兔三窟"的典故，说的是齐国门客冯谖通过在薛地买仁义、重回朝堂复职、在薛地建宗庙等说服和外交活动，为孟尝君营造"三窟"，帮助孟尝君位列战国四公子之首的故事。狡兔三窟的典故就是一次成功的公共关系实践，冯谖奉命到薛地收债，以"焚券市义"的举动为孟尝君换取民心，在薛地建立仁义的形象，体现了现代公共关系中讲求信誉、塑造形象的原则。

《战国策·秦策》中记载了"合纵连横"的典故。合纵家苏秦配六国相印，运用游说手段应对秦国的吞并，以一己之力促成山东六国合纵，使强秦十五年不敢出函谷关。连横家张仪主张"事一强以攻众弱"，他任秦国首相，四处交游，离间各国，以"连横之术"破"合纵之策"，最终使秦国统一天下。不论是连横之术，还是合纵之策，都体现出苏秦和张仪"娴辞令""讲技巧"的沟通思想，这与现代公共关系讲究传播技巧和策略是一致的。特别是苏秦，他陆续到赵国、韩国、魏国、齐国、楚国进行游说，慢慢形成了特定的游说模式：先肯定，拉近与对方的距离，再指出目前面临的危机，分析利弊，出谋划策，最后用六国合纵的美好愿景使对方接受自己的主张。

《史记·越王勾践世家》中记载了越王勾践卧薪尝胆、报仇复国的故事，他运用"激励理论"进行内部公关，使全国上下产生了强大的凝聚力，从而达到同仇敌忾、克敌制胜的目的。《史记·陈涉世家》中记载了陈胜、吴广在起义前，借助"鱼肚丹书""篝火狐鸣"等进行舆论造势，让戍卒拥护陈胜为王并发动起义。

《左传·襄公三十一年》记载的"子产不毁乡校"典故，体现了收集民意、沟通民意的重要性。对于百姓聚会议政的乡校，然明主张毁掉，子产不同意，他说："其所善者，吾则行之，其所恶者，吾则改之，是吾师也。"子产执政后，重视听取百姓的议论，把乡校作为获取民意的重要场所，而且根据百姓意见调整自己的政策和行为。他还把刑书铸在鼎上公告于世，努力疏通统治者与被统治者之间的"上情下达""下情上达"的关系，颇得百姓爱戴，使郑国强盛起来。

另外，在当时的诸子百家思想中，也蕴含了现代公共关系思想。例如，儒家思想作为社会主义核心价值观的基石，其中的和为贵、己所不欲勿施于人、民为贵、民本、仁政等思想,包含了现代公共关系所注重的公平第一、平等互利原则。道家主张清静无为、返璞归真、顺应自然,体现了人和环境和谐统一的现代公关意识。

可以说,无论是在国外还是中国的古代历史中,我们都可以找到大量具有现代公共关系性质的实践活动和思想。这些早期的公共关系实践大多与政治活动相关,公共关系的主要目的是维系统治阶级的统治地位,公众并没有得到真正重视。从公共关系手段和方式来看,主要依靠的是官方媒介、人际口头传播等,内容上大多为政令、政府公告、统治阶级的功绩,为了让百姓接受并服从统治,还会杜撰一些"天命之选""篝火狐鸣"的故事来影响社会舆论。

需要强调的是,古代的公共关系活动和思想仅仅是一些零星的观念和技巧,并没有形成系统化的、经常性的公共关系理念和活动。真正意义上的公共关系史,主要指现代公共关系史,它发端于 19 世纪中叶美国的报刊宣传活动。

第二节　现代公共关系的发展历程

具有现代意义的公共关系活动最早可追溯到 1763—1776 年的美国独立战争。为了争取社会舆论的支持,激发并引导舆论朝着预定方向发展,当时的领袖人物塞缪尔·亚当斯(Samuel Adams)及其革命同伴在《波士顿公报》等报纸上发表了大量抨击英国政府的文章,仅亚当斯一人,就以 25 个不同笔名在报纸上发表了数以百计的文章。

从 1750 年到 1783 年的 34 年间,亚当斯和革命宣传者们共印刷出版了 1500 多种小册子,用以揭露英国殖民统治的傲慢自大和压迫北美人民的罪行,唤起人们对英国的仇恨和对自治的渴望。

1775 年,亚当斯建立了覆盖美洲 13 个殖民地的通信网络——通讯委员会(Committees of Correspondence),一方面通过该网络通报英国殖民统治的累累劣迹,另一方面也通过该网络加强 13 个分散的、各自独立的殖民地之间的沟通和联系。

此外,亚当斯还策划制造了"波士顿惨案"和"波士顿倾茶事件",利用这两个事件推波助澜,制造反对英国殖民统治的舆论。这两个事件和印花税条例、唐森德税法共同构成引发美国独立战争的一系列导火索。

斯各特·卡特里普认为,现代公共关系的实践模式深受塞缪尔·亚当斯和他的革命同伴们创立的舆论动员模式的影响。在酝酿反抗英国殖民统治的过程中,亚当斯等人使用了如下的舆论宣传动员技巧：

1. 宣传活动的需要使得成立一个组织来执行行动十分必要。例如，1776 年 1 月在波士顿成立的“自由之子”，1772 年成立的“通讯委员会”。

2. 标志符号既便于辨认又能唤起人们的情感。例如，“自由之树”。

3. 标语口号使得复杂的事情变得易于提出、易于记住。例如，“没有征求民意的税收就是专政”。

4. 升级的事件能够吸引公众注意，从而使尚未明确的公众意见显性化。例如，“波士顿倾茶事件”。

5. 在第一时间告诉公众所发生的事情的重要性。抢得了先机，你对于该事件的诠释就会被公众广泛接受。例如，“波士顿惨案”。

6. 持久地运用所有可利用的媒体和以上诸手段，将一种新的想法、新的理念灌输到公众脑中。群情激昂的革命宣传为国家接下来的政治斗争设定了模式。①

1776 年 7 月 4 日，第二次大陆会议通过了由托马斯·杰斐逊（Thomas Jefferson）执笔起草的《独立宣言》，宣告了美国的诞生。在美国建国初期，政治竞选一般采用贴标语、火把游行等方式为竞选宣传造势。19 世纪 20 年代末，美国第七任总统安德鲁·杰克逊（Andrew Jackson）聘请学者和记者成立智囊团（Brain Trust，又叫厨房内阁）。其中有位记者叫阿莫斯·肯德尔（Amos Kendall），他主要负责撰写杰克逊总统的演说稿和新闻稿，安排记者见面，进行民意测验，并于 1830 年创办了美国政府最早的机关报《环球报》（*Globe*），并逐步建立起一整套白宫对外宣传的公共关系模式。阿莫斯·肯德尔可以说是最早的总统公关顾问，也是最早的专职政府公关人员。

19 世纪 30 年代，美国报界掀起了一场便士报运动。由于这种报纸售价低，一般劳动大众都买得起，因此报纸发行量大增，随即广告费也迅速上涨。一些企业为了省下广告费用，雇用专门人员制造煽动性新闻，以此来扩大影响力。报纸为了迎合下层读者的阅读心理，对这些煽动性新闻也乐于发表，于是便出现了美国历史上著名的报刊宣传活动。这些专门从事新闻宣传活动的人被称为“新闻代理人”（Press Agent），真正意义上的现代公共关系史由此发端。

现代公共关系的历史非常短暂，但发展非常迅速，很难以年代为界进行划分，因此我们主要以不同历史时期的主要公共关系代表人物为线索，将其大致分为四个发展阶段，分别为巴纳姆时期、艾维·李时期、爱德华·伯内斯时期、斯各特·卡特里普时期。

---

① 卡特里普. 公共关系史：17—20 世纪[M]. 纪华强，焦妹，等译. 上海：复旦大学出版社，2012：19.

一、巴纳姆时期:现代公共关系发端

19 世纪的美国,马戏团文化经历了惊人的发展阶段,它在很大程度上促进了新闻代理业务和广告宣传的发展。当时美国历史最悠久的基特马戏团(Rickett's Circus)和波士顿马戏团(Boston Circus)都长期依赖在报纸上刊登铅字印刷的分类广告来达到宣传的目的。

19 世纪中后叶,在新闻代理和媒体炒作方面最具代表性的人物是菲尼亚斯 · 泰勒 · 巴纳姆(Phineas Taylor Barnum)。1810 年 7 月 5 日他出生于美国康涅狄格州的伯特利(Bethel),父亲是一个潦倒的小零售商。在踏足马戏业之前,巴纳姆当过记者。1831 年,对抗宗教的一股热潮席卷伯特利,当时 21 岁的巴纳姆创办了周报《自由先驱》(*The Herald of Freedom*),后因周报斥责一位教会执事向孤儿发放高利贷而卷入了诽谤案件,巴纳姆被处以 60 天监禁和 100 美元的罚金。在狱中,巴纳姆继续通过写稿与宗教势力做抗争,出狱后,他受到了当地民众的热情拥护和赞美,这让他第一次见识到了新闻宣传的重要性。

1842 年,巴纳姆在纽约开办"美国博物馆"(American Museum),成为美国历史上最善于创新的马戏团老板。1891 年,81 岁的巴纳姆与世长辞,结束了传奇一生。2017 年在北美上映的电影《马戏之王》(*The Greatest Showman*),其主人公原型就是巴纳姆。

巴纳姆秉持"凡宣传皆好事"的观点,他曾说:"如果一个人说了、做了或者建议了些什么并足够引人注目,从而被作为新闻见诸报端,值得人们阅读、倾听然后奔走相告,那么新闻本身与当事人一起都必将成为街头巷尾乃至举世关注的话题。"①他发明了许多标新立异、哗众取宠的宣传方法,被称为"全世界首个伟大的广告天才和公众发掘者"②"骗术之王""瞎掰之雄"③。为了宣传马戏团和博物馆,他利用报纸策划了一系列让人既震惊又难忘的宣传活动。

1835 年 8 月,巴纳姆在报纸上声称马戏团里有一位 161 岁的黑人老太太叫乔伊丝 · 海斯(Joice Heth),她在 100 多年前曾为美国第一任总统乔治 · 华盛顿(George Washington)喂过奶。根据可查文献,巴纳姆共支付 1000 美元给海斯,让她在纽约市公开亮相,并亲手制作海报刊登在报纸上。同时,他还雇用写手在报纸上宣传有关海

---

① HARVEY W R. The unknown Barnum[M]. New York: Harper & Brothers, 1927:205.

② PRESBREY F. The history and development of advertising[M]. New York: Doubleday Doran,1929:211.

③ 卡特里普. 公共关系史:17-20 世纪[M]. 纪华强,焦妹,等译. 上海:复旦大学出版社,2012:175.

斯的新闻，并指导其撰写关于海斯的回忆录，通过一系列的宣传炒作不断吸引人们去马戏团参观海斯的展览，每周售出参观入场券达 1500 美元。之后，巴纳姆又带着海斯来到波士顿，通过向报社写信的方式声称海斯是个骗子，她其实是一个由印第安产橡胶、鲸须和泉水混合而成的怪物，还精通腹语，由此引发报纸上关于“华盛顿奶妈真假”的热议（见图 2-1）。从那时起，“引发媒体热议”成为巴纳姆的惯用伎俩。可以说，巴纳姆对“华盛顿奶妈”的策划和利用，开创了媒体炒作的先河。当海斯逝世后，医学鉴定其寿命不超过 80 岁，而不是巴纳姆所宣传的 161 岁。巴纳姆一手策划的这场“骗局”，一直为近代公共关系学者所诟病。

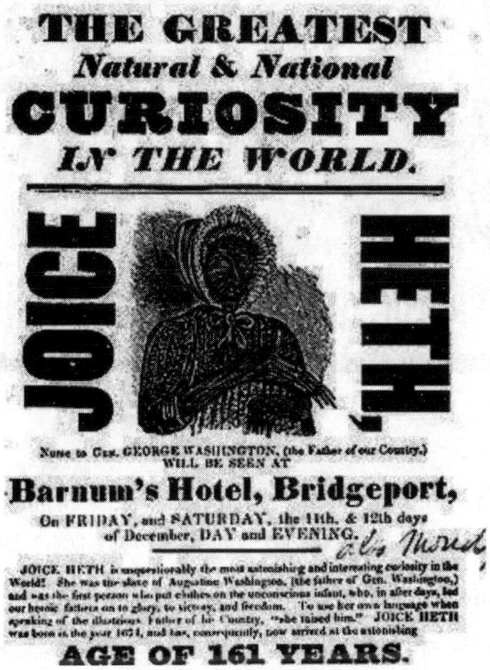

图 2-1　刊登在报纸上的“华盛顿奶妈”新闻①

巴纳姆的马戏团里还拥有一头 3 米多高的大象“金宝”，在巴纳姆的宣传造势下，金宝很快成为家喻户晓的明星，巴纳姆把它装在花车里四处巡演赚钱。当这头大象病死后，巴纳姆在报纸上谎称大象是因为在铁道路口营救小象而“牺牲”的，并把它制成标本进行展览，贩卖“伟大母亲”的噱头。（见图 2-2）

---

① 历史上真实的“马戏之王”P. T. 巴纳姆，富有争议的骗子营销大师[EB/OL].（2018-02-10）[2023-01-01]. https://baijiahao.baidu.com/s?id=1592003259402016112&wfr=spider&for=pc.

图 2-2 宣传大象标本展览的海报①

巴纳姆把一名身高 70 厘米、体重 15 磅的侏儒封为“汤姆将军”(Tom Thumb),安排他与另一名女侏儒结婚并大肆宣传,带着他前往欧洲巡回表演。他还促成了“瑞典夜莺”珍妮 · 林德(Jenny Lind)的美国巡回演唱会。

毋庸置疑,巴纳姆是一位伟大的新闻代理人,但他称不上公共关系先驱。在巴纳姆的公关实践中,他虽然重视公众宣传,但他对待公众的态度是不屑的。为了吸引公众的注意,巴纳姆不惜编造谎言和奇诞故事,这与今天的公共关系宗旨大相径庭,但他制造噱头、标新立异的宣传手法极大地推动了近代公共关系业的发展。这段历史尽管不太光彩,但它是现代公共关系的发端。

① 被人类消费至死的明星巨象,死后被制成标本继续展览[EB/OL].(2019-05-25)[2023-01-01].https://www.163.com/dy/article/EG28TUAS0511BJIC.html.

二、艾维·李时期:现代公共关系职业化

19 世纪末,工业革命对美国社会进行了翻天覆地的改造,美国经济由自由竞争走向垄断集中,整个社会被编织成一个巨大的利益和权力网络。那是一个"让公众见鬼去吧"的年代,美国著名历史学家弗农·路易斯·帕灵顿(Vernon Louis Parrington)曾评价当时的美国是"一个像野蛮而精力充沛的摔跤手那样生硬不讨人喜欢的社会,其严酷的竞争和极度的浪费证实了社会转型时期的弊端。先锋精神如同海盗狂欢时燃烧的火焰。像横扫大陆的蝗虫那样,这精神重新回过头来征服了东部,以一种原生的个人主义影响着新工业,填满了国会大厅,夺取了公众的权利,沉迷于一场全国性的盛宴"。①

1882 年 10 月,美国纽约中央铁路总裁威廉·亨利·范德比尔特(William Henry Vanderbilt)接受《纽约时报》《芝加哥论坛报》的采访,当被问及为了公众的利益,"或许可以开通纽约去芝加哥的特快列车"时,范德比尔特发出了"让公众见鬼去"的言论:"铁路的经营并不期望得到公众的关注,对公众的考虑越少越好。我不相信舍己为人的那一套废话,因为我们不会这样处事。如果我们采取什么行动,那一定是因为它符合我们的利益,而非可以为他人带来什么好处。当然我们也乐意为多数人的利益做任何事,但这必须是在满足我们自身利益的前提下。"②《芝加哥论坛报》的记者问他"是因为特快列车可以盈利而经营它,还是为了适应公众的需要经营它",范德比尔特回答:"为了适应公众?简直胡说八道,它根本就不赚钱。我们再三尝试调整线路来替代它,但是我们的竞争对手在经营这条铁路,因此只要他们还在经营,我们当然也必须做同样的事。"③虽然后来这位铁路大王否认他曾经说过这番话,但他对公众的傲慢态度代表着当时很多资本家对公众的看法,反映出资本家的逐利本性。他们无视社会大众的利益和社会道德,随意降低工人工资,迫使工人在恶劣危险的环境下工作,垄断市场,抬高物价,欺骗、收买、坑害消费者,甚至用暴力手段强取豪夺、压制工人的反抗,引起了社会大众的极度不满。整个社会罢工浪潮此起彼伏,劳资关系日趋紧张。

为了改变这一现状,一批有良知、受过正规教育的新闻记者纷纷撰文揭露不法资

---

① PARRINGTON V L. Main currents in American thought, Vol. Ⅲ[M]. New York: Harcourt, Brace and Company, 1930:4-5.

② 资料来源:The New York Times, October 9, 1882:1。

③ 资料来源:Chicago Tribune, October 9, 1882:8。

本家的丑恶行径。1902年底,记者艾达·塔贝尔(Ida Tarbell)在《麦克卢尔》杂志连续发表《美孚石油公司发迹史》系列文章,用大量调查数据揭露当时显赫一时的石油大亨如何通过商业垄断和不正当竞争手段击垮竞争对手,使洛克菲勒及美孚石油公司多年来一直处于"靠非法牟利而发迹"的负面评价中。

之后,该刊记者斯蒂芬斯发表《城市的耻辱》系列文章,揭露费城、芝加哥、纽约等城市政府的弊端,记者贝克报道了大量童工、黑人工人悲惨状况的问题,使《麦克卢尔》杂志名声大振。

据统计,从1903年到1912年十年间,美国新闻出版界共发表了两千多篇揭露各种企业丑闻的文章,罗斯福总统把这些富有正义感的新闻记者称为"扒粪者"。这就是美国现代新闻史上著名的"扒粪运动",又叫"揭丑运动"或"清垃圾运动"。①

受"扒粪运动"的冲击,工商企业开始意识到取悦公众和舆论的重要性。许多企业开始聘请懂行的人专门从事改善与新闻界关系的工作,他们与报界联系,邀请记者到企业参观采访,或为企业的制度政策作解释和辩护。

早期的新闻代理活动仍然存在着大吹大擂、混淆视听甚至隐瞒欺骗的情况。这时,有一个人致力于改变这种状况,他就是被后人誉为现代公共关系之父的艾维·莱德拜特·李(Ivy Ledbetter Lee)。

1877年,艾维·李出生在美国佐治亚州一个牧师的家庭。他毕业于普林斯顿大学,早年在《纽约日报》《纽约时报》《纽约世界报》当记者。1903年,他放弃了在《纽约世界报》的低薪工作,转而为政党竞选进行新闻宣传。1904年,他和担任美国民主党全国委员会报道工作的乔治·派克(George F. Parker)在纽约合资创办派克和李公司,这是当时美国第三家公共关系性质的专业公司(第一家是1900年由记者乔治·V. S. 密克利斯、赫伯特·斯莫尔、托马斯·马文在波士顿创办的新闻宣传办事处,第二家是1902年由W. W. 史密斯、沃尔默在华盛顿成立的实践于院外游说活动的新闻宣传公司)。这家"公共关系事务所"虽然经营时间不到4年,但是艾维·李是第一位向客户提供劳务而收取费用的职业公共关系专家。现代公共关系职业化由此发端。

艾维·李公共关系思想的核心是"公众必须被告知"。这一思想主要是针对巴纳姆的宣传方法而提出的。

1906年,美国无烟煤矿业处于工人罢工最严峻的时期,新闻媒体强烈谴责煤矿主对罢工工人采取的暴力手段,无烟煤矿业深陷危机之中。这时,艾维·李受聘处理这

① 伯内斯. 美国公共关系发展史[M]. 崔宝瑛,译. 台北:中国公共关系协会,1964:52-53.

起危机,并成功解决了美国无烟煤矿业的工人罢工问题。同年,他为宾夕法尼亚铁路公司处理人员伤亡事故,通过向媒体记者提供事故真相、向死难者家属提供赔偿、为受伤者提供治疗、向利益相关者真诚道歉等方式,成功转“危”为“机”,不仅使铁路公司迅速恢复信誉,还使乘客数量相比事故之前有所增加。这两个事件的圆满解决为艾维·李在行业内建立起最初的声望。

在解决无烟煤矿业罢工问题的过程中,1906年,艾维·李向新闻界发表了著名的《原则宣言》,全面阐明他的服务宗旨和理念:“(公共关系事务所)不是秘密新闻部,我们的一切工作都是公开进行的。事务所也不是广告代理,如果阁下收到我们的资料认为应该交由贵刊的营业部(广告部)处理,请随意取舍,斟酌采用……总的来说,我们的计划是公开而坦诚地代表企业和公共事务机构,将对公众有影响且为公众乐闻的课题或信息向报界和公众提供,并保证其准确性、迅速性。”《原则宣言》的核心主张有两个,一是“说真话”,二是“凡是有益于公众的事情也必然有益于组织”,他强调组织利益与公众利益的一致性,公众应该被告知。

1914年,艾维·李开始担任洛克菲勒财团的公关顾问,帮助洛克菲勒财团解决劳资纠纷,并通过慈善捐赠等活动改善其在公众心目中的形象,使洛克菲勒家族从“扒粪运动”的阴影中走出来,并树立了投身美国公益事业的好榜样。美国电话电报公司、宾夕法尼亚铁路公司、美孚石油公司、公平人寿公司等大企业,乃至纽约市市长塞思·洛等,都相继聘请艾维·李担任公关顾问。

有学者总结艾维·李对公共关系业的贡献主要体现在四个方面:

1. 首创近代公共关系事业的模式,出卖劳务并收费。

2. 发现企业人性化管理的重要性,把员工、客户以及社区关系列为公共关系的主要对象,改变了新闻代理人只注重新闻界关系的观念。

3. 倡导以事实为根据的客观报道,通过积极沟通促进企业改革,从而改善企业形象。

4. 认识到公共关系是组织机构最高决策层的职能,最高行政领导的支持是公共关系计划得以实施的有力保证。①

由于时代的局限性,艾维·李的公共关系顾问工作尚处于现代公共关系事业的初始阶段。他的咨询指导大多是凭借经验和直觉进行的,缺乏系统的科学理论和方法。他在晚年担任德国戴尔信托公司的公关顾问,这是希特勒安插在美国帮助其进行政策

---

① 纪华强.公共关系的基本原理与实务[M].北京:高等教育出版社,2006:43.

宣传的间谍公司。虽然艾维·李在发现真相后试图挽回过错,但为时已晚,他被美国众议院反美活动调查委员会认定为"投向纳粹的叛徒"。1934 年,艾维·李在公众和媒体的批判中辞世。

总体而言,艾维·李在现代公共关系史上的地位和贡献是毋庸置疑的。特别是他提出的《原则宣言》将"公众利益与诚实"带进了公共关系领域,使公共关系不仅为社会所理解,也被社会所接受,这大大推动了公共关系的职业化发展。

三、爱德华·伯内斯时期:现代公共关系科学化

第一次世界大战后,公共关系在广度和深度上都得到了进一步发展。1924 年,《芝加哥论坛报》发表社论称公共关系已成为一种专门职业、一种管理艺术和一门科学,受到社会各界的重视。这标志着现代公共关系业进入一个新的发展阶段。[①] 这时候出现了关于公共关系的专业书籍,学校也开设了公共关系的课程,公共关系进入理论化、系统化的科学发展阶段。

这一时期在公共关系研究和公共关系教育方面最具杰出贡献的人物是爱德华·路易斯·伯内斯(Edward Louis Bernays)。

1891 年 11 月 22 日,伯内斯出生于奥地利维也纳,后移居美国,是著名心理学家西格蒙德·弗洛伊德(Sigmund Freud)的外甥。1912 年,伯内斯从康奈尔大学毕业后开始从事新闻工作,1913 年他受聘担任福特汽车公司的公关部经理,推行了一系列职工和社会福利计划,开创了"企业承担社会责任"的先河。

1914 年第一次世界大战爆发,美国国内反战情绪高涨。1917 年,以"他让我们远离战争"(He Kept Us Out of War)为竞选口号的伍德罗·威尔逊(Woodrow Wilson)连任美国总统。为在短时间内扭转国内舆论以利于美国参战,威尔逊下令成立了进行舆论引导和战争动员的"公共信息委员会"(The Committee on Public Information),简称 CPI,曾任《洛杉矶新闻》总编、支持威尔逊竞选总统的乔治·克里尔(George Creel)担任主席,所以公共信息委员会又称为"克里尔委员会"。

CPI 作为威尔逊总统的公关机构,广罗全美优秀的公关人才,其中就包括了伯内斯和沃尔特·李普曼(Walter Lippmann)。他们在"一战"期间制作发布了大量面向国内和国外的战争宣传材料,包括各种小册子、海报、报纸杂志文章、广告、电影、演讲稿、

---

① 张克非. 公共关系学[M]. 3 版. 北京:高等教育出版社,2014:12.

卡片、徽章、漫画等，还积极培训上万名志愿者在各类社交场合进行"四分钟战时政治宣传"演讲。在精心设计和引导下，公共信息委员会成功引导公众支持战争，购买战争债券，积累了丰富的宣传实践经验，为战后公共关系理论的形成和发展奠定了基础。

"一战"结束后，1919 年伯内斯在纽约创办爱德华 · L. 伯内斯公共关系咨询公司，为大公司、政府机构和美国总统提供公共关系咨询服务。

伯内斯一生从事公共关系职业 80 多年，曾先后给多位美国总统和大企业家担任公关顾问，他的成功让一大批仰慕不已的年轻人涌入公共关系这个行业。

纵观伯内斯的公共关系职业生涯，他在公共关系史上创造了两个第一：

1. 他是第一个促使公共关系由职业化转向理论化、科学化的人

伯内斯一生著述丰富，从理论上深化和发展了公共关系学，使公共关系学从新闻代理的领域中分离出来，最终成为一门独立完整的新兴学科。

1923 年，伯内斯总结十多年的公关实践经验，出版了公共关系学的第一本经典著作《舆论的结晶》(*Crystallizing Public Opinion*)。他将公共关系界定为"向公众提供信息，在公众的指引下调整组织的态度和行为，努力使组织的态度和行为与组织内部公众或组织所服务的公众的利益相吻合"。他首次提出"公共关系咨询"这一概念，认为公关顾问不应只为客户提供花里胡哨的技巧，而要参与客户的战略决策，为之提供有效的决策咨询。他还介绍了舆论的构成和制造、公共关系的原理、技巧方法和职业道德守则等。

同年，伯内斯以教授的身份在纽约大学开设公共关系课程，促进了公关教育的正规化。

图 2-3 《宣传术》1928 年版的封面①

1928 年，伯内斯出版了《宣传术》(*Propaganda*，又译作《舆论》)一书，主张积极地吸

① 《宣传术》：公关之父的总结[EB/OL].(2019-12-22)[2023-01-01]. https://www.sohu.com/a/362047148_669860.

收、运用相关学科的研究成果，在公共关系宣传中注意“投公众所好”，以加强对公众舆论的影响力，扩大公共关系工作的效果。

1953 年，他出版教材《公共关系学》(*Public Relations*)。该书从历史视角分析了美国公共关系业的发展进程，并结合特定的公共关系案例阐释了伯内斯的公共关系理念和方法技巧。

截至 1978 年，伯内斯共出版了 16 本有关公共关系、舆论宣传的著作，发表近 300 篇相关论文，他也因此被称为“现代公共关系学之父”。

2. 他是世界上第一位公共关系理论家兼实践家

除了理论研究，伯内斯一生也策划过很多著名的公共关系活动。他曾经导演了一次有关妇女解放的花车大游行，帮助美国烟草业打开了女性市场；他曾倡导“读书运动”，让人们在床边阅读他叫卖的书籍；他曾为 P&G(宝洁)公司的象牙牌香皂策划了赞助广播轻喜剧的活动，这种轻喜剧因此被人们称之为“肥皂剧”；为纪念爱迪生发明灯泡 15 周年，他组织策划了“灯光佳节”活动。

1995 年 3 月 9 日，伯内斯在美国逝世，享年 103 岁。3 月 10 日，《纽约时报》第一版发布了伯内斯的讣告，赞叹这位传奇的公关人物在影响、改变公众的意见和行为方面取得了杰出的成就。1990 年，《生活》杂志第一期将伯内斯列入“20 世纪 100 位最重要的美国人”。2005 年，85 岁高龄的博雅公关公司创始人哈罗德 · 博森(Harold Burson)在中国人民大学发表演讲时说：我心目中真正的公关大师是伯内斯，我每隔几个月就要把他的书翻一遍，总是得到无穷的启发和鼓舞。

伯内斯公共关系思想的核心是“投公众所好”。他认为，企业不仅要被社会公众了解，更重要的是了解社会公众，并投其所好，只有这样，企业才能获得公众的支持与合作，才能获得稳定又持续的发展。这一思想比艾维 · 李的“公众必须被告知”又前进了一步。

伯内斯虽然承认公众的重要性，但同时也认为公众是软弱无能的，在历史的关键时刻需要“少数聪明人”去引导、支配和控制公众。他一方面“投公众所好”，另一方面又站在精英分子的高地向公众“发号施令”。他提出的“公共关系咨询”概念几乎被整个公关业所接受，但他一生从未加入过任何专业的公共关系协会或组织。美国历史学家埃里克 · 戈登曼(Eric Goldman)评价伯内斯是在公关思想和实践领域都处于领先地位的“独行者”。

四、斯各特·卡特里普时期:现代公共关系学科化

第二次世界大战结束后,公共关系事业取得了蓬勃发展,并迅速扩展到欧洲许多国家。这一时期公共关系教育逐渐普及,各国和国际公共关系协会、组织纷纷成立。

继1923年伯内斯在纽约大学开设公共关系课程之后,1939年,雷克斯·哈罗教授在斯坦福大学开始讲授公共关系学课程。

1947年,波士顿大学开办公共关系学院,设立公共关系硕士和博士学位,公共关系学作为一门正式学科进入大学。①

1948年,美国公共关系理事会(ACPR)和国家公共关系顾问协会(NAPRC)合并成立美国公共关系学会(Public Relations Society of America),简称PRSA。美国公共关系学会是全美最大的公共关系组织,由1939年创立美国公共关系理事会的雷克斯·哈罗教授任第一届主席,总部设在芝加哥。该组织对会员的资格审查较为严格,"必须是具有信誉的公关专家",入会时不仅需要申请,还要通过考试。②

1950年,PRSA发布了《公共关系人员职责规范守则》,1956年成立公共关系教育理事会,同年创建公共关系研究与教育基金会。正是受到这个基金会的资助,哈罗教授于1975年发起了规模最大的"寻找公关定义"研究。

20世纪50年代,公共关系已经成长为一门具有完整理论体系和科学操作程序的独立学科。1955年,美国有28所学校设置了公共关系专业,66所学校开设了公共关系课程。公共关系进入学科化发展新阶段。③ 这一时期最具代表性的人物是斯各特·卡特里普。

卡特里普出生于1915年,毕业于美国雪城大学,早年也曾做过记者、编辑等新闻工作。他的公共关系职业生涯开始于1941年的政府公关工作,1946年起在威斯康星大学任教,1976年出任佐治亚大学格雷迪新闻与大众传播学院(Henry W. Grady College of Journalism and Mass Communication)院长。他在公共关系教育领域工作了62年,被称为"公共关系教育的开拓者"。

卡特里普的主要贡献在于对公共关系理论的研究。1952年,卡特里普和艾伦·森特合著出版了《有效的公共关系》(*Effective Public Relations*),这是一部集公共关系

---

① 崔宝瑛.公共关系学概论[M].台北:台北市新闻记者公会,1966:40.

② 纪华强.公共关系的基本原理与实务[M].北京:高等教育出版社,2006:48.

③ 陈先红.现代公共关系学[M].2版.北京:高等教育出版社,2017:54.

理论之大成的权威性著作，曾再版八次，被翻译成十多种版本，被人们奉为“公共关系圣经”。

卡特里普在书中提出了公共关系“调研—策划—实施—评估”的“公共关系工作四步法”，奠定了公共关系实务的理论基础；他论述了“双向对称”的公共关系模式，即认为组织与公众关系的维持与改变是建立在“产出—反馈—调整”各环节相互作用的基础之上的。这种开放的“双向对称”模式将组织和公众的利益置于同等重要的位置上，在方法上坚持组织与公众之间的双向传播与沟通，强调公共关系是在组织和公众之间进行互动、解释、传播与沟通，以促成一种互惠和谐的关系。这一思想作为现代公共关系的理论基础被社会广为接受，对 20 世纪中后期公共关系理论的发展起了重要作用。

1994 年，卡特里普的另一本著作《看不见的力量：公共关系》（*The Unseen Power: Public Relations*）由劳伦斯-艾尔伯姆联合出版社（Lawrence Erlbaum Associates）出版。该书主要记录了 20 世纪早期公共关系机构的工作内容和行事风格。1995 年，作为其姊妹篇的《公共关系史：17—20 世纪》（*Public Relations History: From the 17th to the 20th Century*）出版，卡特里普结合自己 35 年来的公共关系实践追溯了公共关系业的发展历史，相比《看不见的力量》，补充记录了更早期的公共关系事件和公共关系实践活动。

从巴纳姆的“凡宣传皆好事”，艾维·李的“公众必须被告知”（说真话），到爱德华·伯内斯的“投公众所好”，再到斯各特·卡特里普的“双向对称”公共关系理论模式，现代公共关系大致经历了从发端、职业化、科学化到学科化的发展历程。艾维·李、伯内斯、卡特里普、哈罗等公共关系先驱所提出的公共关系理论和思想，基本构成了现代公共关系的基础理论。

第二次世界大战后，国际经济、技术、劳务合作日趋频繁和紧密。由于不同国家和民族之间在交往过程中存在着语言文字、思想文化、社会制度和风俗习惯等方面的障碍，客观上需要一批公共关系专业人员从中斡旋，进行有效的沟通和协调。美国的公共关系在这种情况下在全世界传播开来：20 世纪 40 年代进入加拿大、西欧、日本等经济较发达国家；50 年代进入新加坡、巴西、中国香港、中国台湾等国家和地区；到 70 年代，公共关系已经扩及世界大多数国家和地区。①

需要说明的是，由于美国不仅是现代公共关系的发源地，也是世界上公共关系事

---

① 余明阳. 中国公共关系史：1978—2007[M]. 上海：上海交通大学出版社，2007：4.

业最为发达的国家,因此本节"现代公共关系的发展历程"以介绍美国现代公共关系的发展历程为主。

第三节　中国公共关系事业的发展与趋势

公共关系在欧美各国风行半个多世纪之后,在20世纪50年代传入我国香港和台湾地区,70年代末80年代初随着改革开放传入中国内地。1978年改革开放以后,市场经济体制取代了旧有的计划经济体制,商品经济焕发活力,现代企业的性质、职能和发展环境等都发生了极大的变化,中国逐步形成"经济特区—沿海开放城市—沿海经济开放区—内地"这样一个全方位、多层次、宽领域的对外开放格局。

公共关系作为一种新的经营管理思想和应用传播技术,正是在这样的对外开放背景下传入中国的,它经历了由南向北,从沿海到内陆,由服务行业向工业企业,由外资企业向国有企业,由企业组织向政府组织扩散蔓延的发展过程。

从蹒跚学步到迅速发展,再到新时代逐渐形成具有中国特色的公共关系,中国的公共关系事业大致经历了四个发展阶段:

一是70年代末至80年代初的引入期;

二是80年代中期到90年代初的成长期;

三是90年代的实践期;

四是2000年以后的快速增长期。

一、引入期:1978—1984年

早在20世纪50年代,中国的香港地区和台湾地区就已经出现了公共关系组织。50年代初,香港政府设立了公关部。1963年,香港出现了第一家专业公共关系公司——韦特公共关系公司。1953年,台湾当局所属大型企事业机构建立了公共关系管理部门。1956年,台湾当局成立公共关系协会。1958年台湾当局颁布《各级政府行政机关及公营事业推进公共关系方案》,在所属机构全面推行公共关系管理工作。①

改革开放以后,深圳特区的一些中外合资企业和外商独资企业按照海外的管理模

---

① 纪华强.公共关系的基本原理与实务[M].北京:高等教育出版社,2006:50.

式,最早设立了公共关系部,开展公共关系业务。之后,广州、北京等地的中外合资企业、国有企业也纷纷成立专门的公共关系部。

1980 年,中港合资的深圳蛇口华森建筑设计顾问公司率先成立中国第一家公共关系性质的专业公司。

1982 年,中外合资的深圳竹园宾馆设立了公共关系部,是中国内地第一家设立公共关系部的企业,主要开展招徕顾客、扩大影响的服务性公共关系活动。

1984 年 4 月 28 日,中美合资的北京长城饭店在美籍公共关系部经理的策划下,把美国里根总统访华的答谢宴从人民大会堂宴会厅搬到了刚刚开业的北京长城饭店。通过随行来访的全世界 500 多名记者的宣传报道,北京长城饭店迅速提高了世界知名度,建立起国际一流饭店的形象。

1984 年 9 月,广州白云山制药厂设立公共关系部,成为中国第一家设立公共关系机构的国有企业。该厂每年从产值中拨出 1%作为“信誉投资”开展公共关系工作,几年内产值从几千万元迅速增长到 1987 年的 3 亿元,实现经济效益和社会效益双丰收。该厂的公共关系部主要负责与社会各界建立并保持良好关系,具体做法有:(1)主持关系到企业信誉的各项公共关系事务,包括向社会开放工厂,向来访者播放企业录像,奉送精美宣传品,带领客人游览厂区,介绍科学制药方法,与学术刊物、学术界和卫生界保持信息交流,通过书信等方式及时了解、反馈公众意见和需求等;(2)充分利用大众媒体传播企业形象,包括在报纸、双层巴士、球场等发布广告,设专职人员与新闻界接触,定期撰稿给新闻界,邀请记者出席企业重大活动,热情接待记者来访等;(3)举办形式多样的公共关系专题活动,赞助社会福利事业和文艺、体育、教育事业,开创了国内企业办文体事业的先河(曾组建广州白云山足球队、广东省第一个轻歌剧团——白云山轻歌剧团,通过足球赛和轻歌剧团的南征北战让白云山制药厂威名远扬)。①

1984 年 10 月,世界第二大公共关系公司——希尔-诺顿(Hill & Knowlton,伟达国际公关顾问公司)在北京设立办事处。

1984 年 11 月,中国社会科学院新闻研究所成立公共关系课题组,开始进行中国社会主义公共关系学的前瞻性研究,并着手编写《公共关系学概论》。12 月 26 日,《经济日报》发表了中国社会科学院新闻研究所公共关系课题组成员明安香采写的《如虎添翼——记广州白云山制药厂的公共关系工作》长篇通讯,并配发了题为《认真研究社会主义公共关系》的社论,对如何引进并发展公共关系给出了具有原则性和指导性

---

① 熊源伟. 公共关系案例[M]. 合肥:安徽人民出版社,1993:28.

的意见。接着,《光明日报》《北京日报》《广州日报》《文汇报》等 35 家媒体也先后报道或评论了当时公共关系行业的发展状况,提出了发展公共关系的必要性和紧迫性。这对公共关系的发展起了重要的推动作用。《经济日报》作为国务院所属的官方权威性媒体,对公共关系给予的肯定确定了公共关系的合法性地位。

综上,这一时期的公共关系发展主要是把国外的公共关系思想、实践经验和具体做法引入中国,人们对公共关系的功能和职责建立了初步认识,并开始尝试开展公共关系活动。这时期的公共关系手段和方式大多数是照搬或模仿国外的做法,中国公共关系处于蹒跚学步阶段。

二、成长期:1985—1990 年

20 世纪 80 年代中期以后,随着改革开放的逐渐深入和社会主义市场经济的迅速发展,中国公共关系业迎来了蓬勃发展的机遇,出现了第一个“公共关系潮”。

这一时期,很多企业家明白了声誉和形象的重要性,大型企业纷纷设立公共关系部,一些较先进的中小企业也设立了公共关系机构,开展公共关系工作。公共关系的良好运用成就了一大批知名企业,证明了公共关系在企业发展中的重要作用。

广东省三水县的健力宝饮料厂,原来是一家名不见经传的小厂,后来运用公关战略思维,借助体育公关手段在短时间内一举成名,不仅畅销全国,还打入了国际市场。1984 年,年利润不足 5 万元的健力宝花费 25 万元赞助了 12 支国家队的饮用水,第二年产值达到 5000 万元。同年,健力宝赞助第 23 届洛杉矶奥运会。这届奥运会的中国女排横扫日本队和美国队,当日本记者采访中国女排时,看到中国女排姑娘一人喝着一瓶健力宝饮料,次日《东京新闻》刊出了《中国靠“魔水”加快出击》的新闻,让健力宝成为轰动一时的“东方魔水”而风靡世界赛场。这次尝试让健力宝尝到了甜头,从此开启了体育营销之旅。到 1987 年,健力宝赞助各类体育比赛 700 万元,频频亮相奥运会、亚运会和全运会,年产值飞跃到 13 亿万元,成为中国饮料业的巨头。

这一时期政府公共关系也有了新的发展。1982 年,国家正式批准大亚湾核电项目,核电站选址在深圳市东部大亚湾,距深圳市 45 公里,距香港 50 公里。1985 年 1 月,大亚湾核电工程启动,但随着 1986 年苏联切尔诺贝利核电站核泄漏事故的发生,修建大亚湾核电站遭到 125 万香港公众的签名抵制。面对巨大的舆论压力,我国政府果断启动危机处理程序,开展了一系列有针对性的公共关系活动:组建核电站公共关系处;全面了解不良舆论的产生原因、辐射和影响范围;通过新华社、中新社等新闻媒

体报道切尔诺贝利核电站事故调查结果，说明事故系人为操作失误而非技术问题；邀请权威核科学家和核电专家开设关于核知识的讲座，解答公众担心的问题；组织香港社会有关人士参观大亚湾核电站基地和设施，增加工程决策、设计、施工、管理及技术方面的透明度；中央有关领导热情会见香港赴京请愿团，及时跟香港公众沟通信息和情感；与在香港有影响力的公共关系公司合作，在日本广岛举办和平利用原子能展览会，宣传核知识和中国政府对核的态度。通过以上公共关系工作和公共关系活动的开展，大大缓解了公众的恐核心理，引导了积极舆论，使反对修建大亚湾核电站的危机得以平息。这是我国政府首次运用公共关系方法化解危机，这次危机的成功化解，充分证明了公共关系的独特功能和显著成效。①

1988 年 4 月，沈阳市政府设立了公共关系处，作为市委和市政府的公共关系专业机构，专门负责与中央国家机构、兄弟单位和邀请来访的港澳台同胞、海外侨胞等高层次人士的联络工作，搜集市民对政府机构的看法。1989 年 9 月，中共中央办公厅和国务院办公厅主办的中南海业余大学开设了公共关系课程，北京公共关系学会会长明安香受邀讲授政府公共关系，这说明国家领导层对公共关系在政府职能运用上的重视，推动各级政府部门开展公共关系工作，促进了中国政府公共关系的迅速发展。

此外，这一时期的专业公共关系公司、公共关系协会、公共关系教育培训以及公共关系理论研究也迅速发展起来。

1985 年 1 月，深圳市总工会举办全国第一个公共关系培训班。1985 年 4 月，北京师范大学开设公共关系讲座。6 月，北京大学研究生院举办公共关系讲座。1985 年 9 月，深圳大学大众传播系第一个设立公共关系专业。1986 年 1 月，厦门大学新闻传播系开始给本科生开设"公共关系概论"。中国的公共关系教育就此起步。此后，中山大学、复旦大学、浙江大学、兰州大学、清华大学、北京大学、国际关系学院等上百所大学相继开设公共关系课程。

1985 年 5 月，中国高等院校第一个研究公共关系学的学术团体——广州中山大学公共关系研究会成立。同年 6 月，中国第一个官方公共关系学术研究机构——珠海市应用传播研究所成立。1988 年 10 月，中国第一家公共关系学专业学术团体——中国公共关系专业委员会在西安成立。

1985 年，被媒体誉为"中国公共关系之父"的法国人杜孟在中国创办了第一家中外合资的公共关系公司——中法公共关系（Interasia）。

---

① 余明阳. 中国公共关系史：1978—2007[M]. 上海：上海交通大学出版社，2007：30-32.

1985年8月31日,博雅公关公司和新华社下属的中国新闻发展公司签订协议,共同为在中国的外国机构提供公共关系服务。中国新闻发展公司为此特别成立了中国环球公共关系公司。该公司独家代理博雅公关及其客户在中国国内的公共关系业务,同时也为博雅公关公司介绍代理中国企业在海外的公共关系业务。1986年,随着博雅公关公司以与新华社合作的方式踏入中国市场,中国环球公共关系公司正式成为我国第一家本土公共关系公司。

1986年11月,中国第一部比较全面、系统地介绍公共关系理论与实践的专著——《公共关系学概论》正式出版。1990年,深圳大学开始出版中国第一套公共关系教材"当代传播与公共关系系列",包括《公共关系原理》《公共关系实务》《公共关系案例》《公关素质论》等。

1986年11月6日,中国第一家官方公共关系机构——上海市公共关系协会成立。1987年6月22日,中国公共关系协会在北京成立,中国社会科学院新闻研究所第一任所长安岗任主席,这标志着公共关系在中国得到了正式确认和接受。1988年4月,在澳大利亚墨尔本召开的第十一届世界公共关系大会上,国际公共关系协会中国分会成立,这标志着中国公共关系事业正式进入国际公共关系舞台。

1988年1月,中国第一家公共关系专业报纸——《公共关系报》在杭州创刊,向全国发行。1989年1月,中国第一份国内外公开发行的公共关系杂志——《公共关系》在西安创刊,费孝通教授担任顾问。

综上可见,20世纪80年代中后期的中国公共关系业茁壮成长。但是,这一时期也是公共关系被误读最严重的时期。中国公关业发展的繁华景象在1988—1989年达到巅峰,然后公关业的声誉急转直下,其标志性事件是"公关小姐"选美大赛的荒唐上演和电视剧《公关小姐》在全国的热播。①

1988年11月1日至3日,中国公共关系协会深圳办事处举办了"1988深圳公关小姐、公关先生首届全国邀请赛"。比赛设有公共关系专业知识对答、英文会话、个人特长表演和风度表演,主要考查选手的表达能力、社交能力、组织管理能力、自控应变能力和创新能力等。这个比赛在当时引发了较大争议,许多人认为选公关先生、公关小姐只是幌子,实则是选美,更有人斥责大赛是对公共关系的曲解和嘲弄。②

1989年10月,《公关小姐》在全国热播,最高收视率达90.99%,荣获"飞天奖"和"金鹰奖"。这是最早一部反映改革开放后公关行业职业女性的电视剧,主角以中国

---

① 胡百精. 中国公共关系史[M]. 北京:中国传媒大学出版社,2014:87.

② 余明阳. 中国公共关系史:1978—2007[M]. 上海:上海交通大学出版社,2007:58.

第一家中外合资的五星级大酒店——广州中国大酒店第二任公关经理常玉萍为人物原型,同时融合了几任公关经理的故事。《公关小姐》的爆火使"公共关系"这个新兴职业走入大众视野,但剧中呈现的美丽的公关小姐在豪华酒店与权贵富贾交际的场面让人产生了误解,以为公共关系就是一群脸蛋漂亮、打扮时髦的公关小姐陪客户吃饭、跳舞,甚至将公共关系污名化为不正当职业。

三、实践期:1991—1999 年

从 20 世纪 70 年代末 80 年代初公共关系被引入中国,历经十多年发展,中国公共关系业取得了较大的发展,但在公共关系理论运用、市场规范性等方面也暴露出来一些问题和偏差:国外的公共关系理论、公共关系经验和操作方法,不尽符合中国的实际;绝大部分公共关系从业人员缺乏系统培训,素质普遍不高;公共关系市场不够规范,很多活动打着"公共关系"的幌子,实则庸俗不堪甚至违法,使公共关系遭到误解。

到了 20 世纪 90 年代,1992 年邓小平视察南方发表重要讲话,掀起新一轮改革发展热潮,"三个有利于"标准的提出使人们进一步摆脱思想禁锢,市场经济蓬勃发展,由此引发了"第二个公共关系潮"。中国公共关系业开始总结和反思,纠正在实践过程中出现的问题和思想偏差,发展中国特色社会主义公共关系,中国公共关系事业步入结合中国国情进行实践与探索的新发展阶段。

1991 年 4 月 26 日,中国国际公共关系协会(CIPRA)在北京成立,中国首任驻美大使柴泽民先生任会长,提出了"让世界了解中国,让中国走向世界"的宗旨和"知道、协调、服务、监督"的公共关系工作方针,由此掀开中国公共关系事业发展的新篇章。

1993 年 6 月,中国国际公共关系协会参照国际惯例,举办了首届中国最佳公共关系案例大赛。这是中国公共关系业最具权威的赛事,每两年举办一届,吸引了众多国内外著名公关公司和企业参赛。大赛还设立了"杰出公关大奖""公关创意奖"等特别奖项。1996 年 4 月,中国国际公共关系协会举办首届中国国际公共关系大会,此后每两年举办一次,每次会议一个议题,使中国公共关系业朝着专业化方向发展。1997 年 7 月 5 日,中国国际公共关系协会接通因特网,中国公关网(www. chinapr. com)正式开通。

1991 年 5 月,中国公共关系协会在北京召开中国十大杰出企业公关评优颁奖大会暨全国公关工作会议,中共中央政治局常委李瑞环在给会议的贺词中充分肯定了中国公共关系事业取得的成就,认为中国公共关系事业"以新兴的管理科学,协调社会

各方面关系，密切党和广大人民群众的联系，调动各种积极因素，维护安定团结，促进社会主义建设”，这既是为中国公共关系“正名”，又为它的发展指明了任务和方向。会后，来自全国许多大中型企业的领导层、管理层和公共关系人员就“公共关系与企业发展”“走中国式企业公关道路”等问题进行了深入探讨。

这一时期，企业公共关系和政府公共关系从自发走向自为、从盲目走向自觉、从照搬走向自主创造。

首先，品牌理论、形象理论的推广和运用，推动了我国企业品牌、城市品牌建设的发展。1992 年，日本 CIS 之父中西原男先生到中国传播 CIS 理念，在国内企业界掀起 CIS 热潮。CIS 理论主张将企业文化与经营理念进行统一设计，利用视觉表达系统进行信息传达，使内外公众对企业产生一致的认同感，进而建立良好的品牌形象。在这方面实践较早、成果显著的是广州太阳神集团，它的率先垂范被称为“中国 CI 第一案”。

20 世纪 80 年代，广东有家乡镇企业叫东莞市黄江保健品厂，该厂经营总部在广州，生产的产品叫“生物健”口服液，注册商标是“万事达”。受 CIS 理念的影响，当时的总经理怀汉新率先导入 CI 系统战略，将东莞市黄江保健品厂更名为广东太阳神集团有限公司，将注册商标由“万事达”更名为“太阳神”，产品名称“生物健”也被放到了包装盒上最不显眼的位置。经过 CI 设计，该公司的产品、企业、商标被统一到全新的“太阳神”标志下，该标志由象征太阳的红色圆形和太阳神英文名 APOLLO 首字母 A 的黑色三角构成（见图 2-4）。之后，太阳神集团提出了“关怀人的一生，爱护人的一身”企业核心经营理念，拟定了企业内部 1000 多条行为、礼仪规范和生产操作程序，建立起较为完善的理念识别、行为识别和视觉识别系统，并增加了听觉识别系统，具有企业自己的形象歌和升旗曲。太阳神的 CI 导入非常成功，仅用 4 年时间，“太阳神”就成为妇孺皆知的品牌，企业销量更是提升至 200 倍以上，在中国企业界掀起了企业形象策划的风暴。一大批广东企业纷纷效仿，著名品牌如雨后春笋般崛起：健力宝饮料、金利来服饰、容声冰箱、美的风扇、华帝燃具、万家乐热水器、格力空调、康佳彩电、格兰仕微波炉、三九胃泰……CIS 成为广东品牌征战市场的一把利剑。

图 2-4　CI 设计后的太阳神标志

到 20 世纪 90 年代中后期，盛行全球的 CS 观念对中国企业发展战略产生了重要影响，越来越多的企业从 CIS 热潮中冷静下来。CS 是 Customer Satisfaction 的简称，意思是“让顾客满意”，这里的顾客既包括企业外部的公众，也包括企业内部的员工。它主张企业的经营活动要以顾客的满意度为目标，要从顾客的角度和需求制订企业发展战略，具体包括站在消费者的立场、需求角度研究和设计产品，从使消费者感到安全、安心和便利角度不断完善产品服务系统；尊重员工的权利、价值和愿望，让员工参与管理，让企业的经营理念融合员工的理想、信念、作风和情操。海尔集团的"真诚到永远"，是实践 CS 理念的典范。

从 CIS 到 CS，企业公共关系实现了跨越式的革命。90 年代中期以后，"以顾客为中心"成为企业公共关系的发展趋势。

1993 年，唐·舒尔茨(Don E. Schultz)的《整合营销传播理论》(*Integrated Marketing Communication*)传入中国。整合营销传播理论(IMC)的核心是将与企业市场营销有关的一切传播活动"一元化"，即 Speak With One Voice(用一个声音说话)。该理念主张将内容和资源进行整合，把广告、公关、促销、直销、CI、包装、媒体等一切传播活动都涵盖到营销活动的范围之内，使企业将"一个声音"传达给消费者，以增强品牌诉求的一致性和完整性。这一理论对 90 年代的公共关系实践也产生了重要影响。

其次，政府公共关系意识不断提高，出现具有中国特色的政府公关活动。在我国，政府公共关系主要承担着决策咨询、信息交流、舆论引导、沟通协调、形象塑造、公众服务的职责和任务。1993 年 8 月 14 日，国务院出台《国家公务员暂行条例》，中国行政管理教育进入一个崭新的发展壮大阶段，政府公共关系走向职能化、专业化、规范化的发展道路。

在 90 年代的政府公共关系实践中，较具特色的是全国各地政府的"办节"热潮，例如吐鲁番葡萄节、哈尔滨冰雪节、潍坊国际风筝节、青岛啤酒节、景德镇瓷都节、温岭海鲜节……各地政府在办这些"节"的过程中，运用大众传播媒介大力宣传当地的乡土文化、名优特产、旅游资源等，使国内外公众对举办地有更深入全面的了解，不仅繁荣了城市文化，而且推动了当地的贸易洽谈和经济发展。

1999 年 7 月，中国城市形象工程国际研讨会在北京举行，400 多位政府官员、协会领导和专家学者参加了会议，极大推进了全国城市形象的建设。1997 年香港回归，1999 年澳门回归，我国的国际公共关系迈出了历史性的一步，标志着政府公共关系上了一个新的台阶。

这一时期，公共关系教育和理论研究日趋成熟。1994 年，中山大学被国家教委批准开设部属院校第一个公共关系本科专业，同时在行政管理专业硕士点招收公共关系方向的研究生。随后，公共关系教育在全国迅速发展，到 20 世纪 90 年代中后期，开设公共关系课程的高校达 300 多所，有 20 多所学校开办了公共关系专科教育。

进入 90 年代,公共关系专家、学者在介绍、引进国外的公共关系理论的同时,开始总结、研究国内公共关系实践中出现的新问题、对策和经验,并形成了丰硕的理论成果。这一时期全国公开出版的公共关系专著、教材、译著、工具书等超过一千种。

1990 年 7 月,中国公共关系协会委托中国公共关系研究所举办了首届全国公共关系理论研讨会,之后到 1996 年,每年定期召开一次,共举办了 7 届,出版会议论文集有《公关与社会发展》(1990)、《公关与改革开放》(1991)、《公关与经济建设》(1992)、《公关与市场经济》(1993)、《公关与市场文化》(1994)、《公关策划之道》(1995)、《品牌竞争的公关战略》(1996)。

1992 年 6 月,我国第一部大型公关理论辞典《中国公共关系大辞典》截稿、审定,8 月由中国广播电视出版社出版。这是当代中国所编公关辞典中篇幅最大、资料最新、内容最全的大型理论工具书,共计 550 万字,由来自全国 24 个省市和中央有关部门、38 所高等院校、科研院所的 150 余名专家学者历时三年半编著完成。

此外,这一时期公共关系的职业化发展也取得了可喜成绩。1997 年 11 月,由中国国际公共关系协会柴泽民会长任主任委员、全国十多位公共关系专家和学者组成的“全国公共关系职业审定委员会”在北京举行了成立仪式和首次专家论证会。根据劳动部要求,委员会在广泛听取各方意见的基础上,对公共关系职业的名称、定义、工作描述、技能标准和签订规范等进行了论证。1999 年 1 月,国家职业分类大典和职业资格工作委员会专门设立“公共关系专业委员会”,组织编写《公关员职业培训与鉴定教材》并于 7 月通过鉴定,这标志着我国公共关系职业化迈出关键的一步。1999 年 5 月,经国家劳动和社会保障部批准,公共关系职业被载入《中华人民共和国职业分类大典》,公共关系职业进入国家正式职业行列。

综上,90 年代的中国公共关系事业无论在深度上还是广度上都取得了较大发展,在企业公关、政府公关、公关教育和公关理论研究方面都有不错的成绩。但是,随着市场竞争的加剧,中国公共关系事业依然面临着严峻挑战,到 90 年代末期,第二次公关热潮再度趋冷。

四、增长期:2000 年以后至今

2000 年,中国国际公共关系协会连同中国环球、海天网联、方圆、爱德曼、博雅等公关公司以及壳牌、可口可乐等著名企业公关部对北京、上海、广州等地几十家公关公司和企业公关部进行了问卷调查或走访。调查结果表明,中国公关业已经成为中国经

济的一个朝阳产业。

2001 年 12 月 11 日,中国正式加入世界贸易组织(WTO),成为其第 143 个成员。中国开始深度参与经济全球化发展,大幅开放市场,积极践行自由贸易理念,社会对公共关系的需求更加旺盛,中国公共关系业市场广阔,面临前所未有的历史发展机遇,步入“大公关时代”。

进入 21 世纪,中国在世界舞台上扮演着越来越重要的角色,公共关系在塑造国家形象、跨文化传播方面发挥着至关重要的作用。政府公共关系、国际公共关系、网络公共关系是这一时期中国公共关系业的发展重心。

2001 年 4 月,中国国际公共关系协会举办“中奥百城支持北京申奥签名活动”,召集国际公共关系公司为北京申奥献计献策。7 月 13 日,北京成功申办 2008 年奥运会。2002 年 12 月 3 日,上海成功申办 2010 年世博会。这两次成功为中国的政府国际公关积累了经验,推动我国国际公共关系事务朝着更高的方向发展。

2001 年 4 月,李岚清副总理在访问法国期间与法国外交部长签署了中法互设文化中心和互办文化年的《会谈纪要》,商定 2003 年 10 月至 2004 年 7 月,中国在法国举办文化年;2004 年 10 月至 2005 年 7 月,法国在中国举办文化年。2003 年 4 月 24 日至 5 月 3 日,我国在加拿大奥素幽士镇举办“中国文化节”。同年 12 月 4 日至 18 日,我国在泰国曼谷、清迈、廊开、洛坤府举办“2003 年中国西藏文化周”。无论是“文化年”“文化节”还是“文化周”,这些“文化外交活动”都是我国国家公关的重要手段,通过让中国文化“走出去”,让世界各地的人们了解中国文化,爱上中国文化,从而树立良好的国家形象。

2001 年 12 月,上海市优秀公共关系案例评选结果揭晓,浦东新区政府与黄浦区建委的两个公共关系项目均获得金奖。这是政府公关项目第一次获奖,说明中国政府越来越重视政府形象的建设,政府公关成为政府日常事务管理的重要组成部分。

2002 年 11 月 16 日,广东佛山发现第一例 SARS 病例,后迅速扩散至全国、东南亚乃至全球,直至 2003 年 7 月疫情才被逐渐消灭。这场突如其来的 SARS 危机对中国政府的危机公关能力提出了严峻考验。

2003 年 5 月 14 日,中国国际公共关系协会常务副会长兼秘书长郑砚农主持召开中国公共关系界抗击 SARS 危机管理电话会议,就 SARS 疫情造成的危机影响、危机管理对策、危机传播策略等进行了研讨,并形成相关报告送呈国务院新闻办,为中国政府有效化解 SARS 危机提供了重要的决策建议。9 月 22 日,国务院新闻办第一期全国新闻发言人培训班开课。此后,中央和地方政府全面开展新闻发言人培训,为各级政府建立突发事件应急机制、做好政府危机公关工作做准备。

2004年12月13日，复旦大学启动培训地级市以上秘书长和办公厅负责人的“PR1000”工程，这说明我国政府越来越重视政府领导干部的公共关系意识和能力培养。

这一时期，随着国家倡导“走出去”战略，越来越多的中国企业开始重视国际公共关系。首先，联想、铁通、菲亚特、联通、腾讯、华为、创维、美的等企业纷纷启用新的标志，以更好适应国际市场的竞争需求；其次，中国企业不断加强企业文化建设，用中华优秀传统文化为品牌增值，使民族品牌在世界市场上占据一席之地。

21世纪是网络的时代，网络发展迅猛，中国公共关系业也步入网络公关时代。根据中国互联网络信息中心（CNNIC）发布的第51次《中国互联网络发展状况统计报告》，截至2022年12月，中国网民规模达10.67亿，互联网普及率达75.6%。根据艾瑞咨询发布的《中国网络广告年度洞察报告》，2004年中国网络广告的市场规模是19亿元，2016年增长到1750亿元，到2020年达7666亿元，呈几何式增长趋势。2020年，中国网络广告中占比最高的是电商广告和信息流广告，分别占有39.9%和32.9%的市场份额。短视频与社交平台备受企业主青睐，内容营销成为网络公关策略的首选，企业和组织通过内容的可复制性、互动性触达目标受众，驱动受众之间的再生产与传播。这种传播方式契合了移动互联网时代“去中心化”的特征，从而实现高效的传播效果。

进入21世纪，中国的公共关系教育已经形成了覆盖中专、高职、本科、硕士、博士以及专业培训的全方位发展格局。2003年底，经教育部批准，复旦大学新闻学院设立我国第一个公共关系学硕士点，之后开始招收公共关系方向的博士研究生。2004年，中国传媒大学、中山大学设立公共关系学硕士点。到2009年，有16所高校设置了公共关系本科专业，4所高校设置了公共关系硕士学位点，5所高校设置了公共关系博士学位点。

公共关系理论研究全面展开，理论成果显著增加。2002年，由吴学谦、穆青、邵华泽、柴泽民、安岗任总顾问，徐光春任指导委员会主任委员，张龙祥任主编，1000多位公共关系专家学者联手，历时八年完成的《中国公共关系大百科全书》在中共中央党校出版社出版。该书对公共关系学科和职业作了全方位、系统化的论述，设有概论、传播、组织等13卷、150多个门类、近千项分类、上万个条目、318万字，涵盖了公共关系的所有领域和门类。2006年6月22日，中国国际公共关系协会学术委员会发布了由纪华强执笔、马志斌协助起草的《中国公共关系教育20年》白皮书。该白皮书系统阐述了中国公共关系教育的发展历史、现状和存在问题，并提出了未来的发展建议。调查数据显示，到2006年，我国共出版公共关系类书籍370本。[①]

公共关系的职业化进程进一步加快。2000年12月3日，全国首次公关员职业资格统一考试举行，来自全国24个省市、自治区、直辖市的近7000人参加了初级、中级、高级公关员职业资格统一鉴定考试。大批公关员持证上岗，这标志着中国公关业进入了职业化、专业化、规范化的新阶段。2001年9月，全国公关员培训与职业鉴定工作座谈会在北京召开，决定增设"公共关系师"和"高级公共关系师"两个职业等级。同年12月14日，中国国际公共关系协会第二届理事会第四次会议审议通过了《中国国际公共关系协会会员行为准则》，这表明中国公共关系行业进入规范化发展阶段。2004年3月，国家职业资格工作委员会公共关系专业委员会在北京审定通过了《公共关系员国家职业标准》（新版），进一步完善了公共关系从业人员的岗位资格培训和任职资格认证的国家标准和管理规范。

综上，进入21世纪，随着中国加入WTO，改革开放的进一步深入和市场经济的飞速发展，中国公共关系业迎来了巨大的发展机遇，呈快速增长态势。中国公共关系事业已经进入社会的各个领域，渗透到各行各业。在国家层面，公共关系是各国政府协调国际关系、实施民主政治、优化社会生存环境、推进社会文明进程的重要武器。在组织和企业层面，公共关系是优化组织/企业行为、塑造组织/企业形象、协调组织/企业内外部环境的重要手段。在个人层面，公共关系已经逐渐成为现代人的一种基本思想意识与能力素养，特别是对于公众人物、组织或企业的领导人而言，个人公共关系是他们在社会立足、事业取得成功的重要基础和保障。

近年来随着全球局势复杂多变，风云诡谲，中国国家形象的传播难度加大。中国公共关系业如何利用自身优势，通过创新手段让更多的中国企业走出国门，如何对"一带一路"合作伙伴讲好中国故事，传播好中国声音，是当下我们面临的考验和挑战。同时，面对日益开放的国际化市场，如何在"取其精华，去其糟粕"的基础上发展好中国特色社会主义公共关系，依然需要我们进一步探索。

五、公共关系的发展趋势[②]

当下，中国公共关系业正朝着国际化、规范化、专业化的方向发展，公共关系教育

① 余明阳. 中国公共关系史：1978-2007[M]. 上海：上海交通大学出版社，2007：220.

② 中国国际公共关系协会. 中国公共关系业2022年度调查报告[R/OL].（2023-06-12）[2023-12-01]. https：// www. cipra. org. cn/site/content/4515. html.

更加系统、深入和多样化,公共关系行业呈现良性竞争的发展态势,市场对公关关系的需求稳定增长。2020 年突如其来的新冠病毒疫情给中国公共关系市场带来较大影响,尤其是以线下业务为主的公司,影响程度较大。尽管如此,中国公共关系市场依然呈现增长态势。2019 年营业规模为 668 亿元,2020 年营业规模为 688.7 亿元。到了 2021 年,随着国家对新冠疫情的有效控制,公共关系市场开始恢复性增长,营业规模达 745.9 亿元,年增长率为 8.3%,2022 年营业规模为 765.3 亿元。

中国国际公共关系协会的调查显示,2022 年占中国公共关系服务市场前 5 位的是汽车、IT(通信)、快速消费品、互联网、金融,市场份额分别为 37.8%、13.6%、12.5%、10.6%、4.6%。汽车行业连续十多年高居榜首,占据整个市场份额超过三分之一。排在前十位的其他行业分别是制造业(3.8%)、娱乐/文化(2.8%)、医疗保健(2.8%)、奢侈品(2.3%)、旅游(1.2%)。(见表 2-1)

表 2-1　2018—2022 年中国公共关系行业市场份额变化

排行榜	行业市场份额	2022年	2021年	2020年	2019年	2018年
1	汽车	37.8%	41.3%	40.5%	37.4%	35.2%
2	IT（通信）	13.6%	12.7%	12.6%	11.6%	12.9%
3	快速消费品	12.5%	10.0%	7.3%	9.4%	9.5%
4	互联网	10.6%	12.1%	11.0%	9.9%	10.0%
5	金融	4.6%	3.3%	5.0%	4.2%	3.1%
6	制造业	3.8%	4.3%	3.5%	4.3%	5.0%
7	娱乐/文化	2.8%	3.2%	2.6%	1.8%	5.7%
8	医疗保健	2.8%	2.7%	2.2%	1.7%	1.3%
9	奢侈品	2.3%	0.8%	1.2%	3.1%	1.1%
10	旅游	1.2%	1.4%	2.1%	1.6%	1.3%

数据来源：中国公共关系业2018-2022年度行业调查报告

从公共关系业务类型来看,近年来中国公共关系市场的主要业务类型是“数字化传播业务”和“传播代理及执行”。在中国国际公共关系协会所调研的 30 家排名领先、10 家最具成长性的公关公司中,2022 年的线上业务比例是 81%,线下业务占比 19%,线上业务相比 2021 年的 76%有所增加。其中,20 家以数字化传播业务为主,16 家以传播代理及执行为主,3 家以顾问咨询为主,1 家以活动代理及执行为主。

从公共关系服务内容来看,近年来发展潜力比较好的业务市场有短视频营销、事件营销、意见领袖(KOL)管理、舆情监测、体育营销、企业社会责任、海外品牌传播管理、议题管理、城市营销、员工关系等。数字化传播的业务需求主要集中在产品推广、整合传播、企业传播、事件营销、口碑营销、意见领袖管理、舆情监测、危机管理、社区运营等方面。

纵观现阶段公共关系的发展态势,我们可以发现,从个体、组织到国家层面的公关思维与公关意识已经深入人心,并得到了充分重视;公共关系活动范围趋于全球化,公共关系策划不再是局部的、零星的、散乱的单个活动,而是全方位的整体策划;公共关系的传播渠道趋于网络化,现代信息技术和传播理念助力公共关系传播方式和手段的创新。

总体而言,蓬勃发展中的中国公共关系业正呈现如下的发展特点和发展趋势:

1. 大战略与公关全球化趋势为中国公共关系的发展带来机遇。随着全球化背景下国家公关意识和公关策略的不断增强,中国公关行业的服务范围和服务领域更广阔,公关从业人员的视野更开阔,市场也对公共关系服务水平和人员素养提出了更高的要求。

2. 公共关系行业分化越发明显,行业整合力度不断增大。伴随着激烈的市场竞争和行业跨界融合,一部分公关公司做大做强,成为服务领域广泛、跨界整合明显、国际化程度较高的综合性公司;一部分公关公司专注于深耕某一垂直领域,成为针对性强的专业型服务公司;小部分不能跟随市场变化作出调整的公关公司,面临被淘汰出局或被收购重组的困境。

3. 随着互联网营销、大数据、信息化的不断涌现,将科技与公关进行融合,运用互联网技术进行精准有效的传播成为大势所趋,公共关系正面临着从传统公关到新媒体公关的转型。具体表现在:公关与广告、营销的跨界融合开始提速,已形成行业之间优势互补、相互渗透的竞争格局;内容营销成为公关传播的核心要素之一,直播、人工智能、区块链等移动互联网技术在内容营销方面的应用成为热门趋势;随着线上业务需求不断增加,线上服务、直播带货、短视频营销等多种营销手段成为公共关系的重要手段;突发公共危机事件、企业危机频发使危机公关成为一种常态,如何在新媒体时代进行有效危机公关,是中国公关业面临的一大考验。

4. 内部公关的重要性越发凸显。企业成本管理、裁员与增效、公司信誉与社会责任再次受到关注。一些优秀的企业领导人把保住员工的就业机会当成优先考虑因素,内部公关成为塑造企业品牌形象的重要手段之一。

5. 如何加强国家形象传播、服务企业"走出去",成为新的课题。伴随"一带一路"倡议与公关全球化趋势的深入推进,中国公共关系如何利用自身优势帮助中国企业

“走出去”，如何对“一带一路”合作伙伴讲好中国故事，传播好中国声音，是接下来中国公共关系工作的重心。

【思考与实践题】

1. 请搜寻与公共关系有关的历史典故，分析其蕴含了什么样的公共关系思想。

2. 现代公共关系经历了哪四个发展阶段？每个阶段公共关系思想的核心是什么？

3. 公共关系进入中国后，经历了哪些发展阶段？每个阶段各有什么样的特点？

4. 根据现代公共关系和中国公共关系事业的发展历程，你认为影响公共关系发展的因素有哪些？

5. 新时期中国的公共关系事业呈现出什么样的发展趋势？

第三章　公共关系从业人员

本章要点

1. 公关人员的角色
2. 公关人员的工作任务
3. 公关人员的素养要求
4. 公共关系职业道德

关键概念

公关人员;职业素养;公关意识;公共关系伦理;公共关系职业道德

第一节　公关人员的角色和工作任务

公关人员,即公共关系人员。在欧美国家,对公共关系人员的称呼有 PR Practitioner(公共关系从业人员)、PR Man(公关人员)和 PR officer(公关官员),主要指从事公共关系理论研究、教学活动和实践工作的人员。在中国,学者习惯把这些人员统称为公共关系工作者,而我们通常意义上讲的公关人员,主要指的是公共关系从业人员。

公关行业作为高端服务业,它的发展与经济发展水平密切相关。从地域来看,公关人员主要分布在大中城市等经济较为发达的地区。例如美国的公关人员主要集中在纽约州、加利福尼亚州以及得克萨斯州、俄亥俄州、宾夕法尼亚州的大城市中,中国的公关人员主要集中于北京、上海、广州和各省的中心城市。

从行业来看,公关人员广泛地分布在各种组织中。根据美国公共关系学会(PRSA)的调查,美国的公共关系从业人员大约有40%分布在制造业、消费品业、金融业、保险业、媒介和娱乐业等企业和公司中,有27%服务于专业的公共关系公司、广告公司、市场营销传播公司和个人的咨询服务机构,14%在各类协会、基金会和教育机构中任职,有大约8%服务于医院、保健组织、诊所、医学机构、保健服务等保健领域,约6%在联邦、州和地方政府中工作,还有5%分布在慈善、宗教和其他非营利性组织中。①

从性别来看,女性公关人员要多于男性。根据美国劳工部对公共关系职业的统计数据,1968年女性公关人员的比例是25%,1983年底超过了50%,到1998年,在公共关系业工作的女性达到了65.7%。② 在中国,根据《中国公共关系业2022年度调查报告》,在专业公关公司中工作的女性也要多于男性,2022年女性员工的比例是62.6%。

一、公关人员的角色

1979年,美国著名公共关系专家布鲁姆和史密斯将公共关系从业人员的角色划分为四种:

1.传播专家。这类角色不参与管理决策,当管理层界定问题和选定解决方案的时候,他们通常不在场。他们是传播技术方面的专家,主要负责写作、编辑时事通讯,撰写新闻稿和特稿报道,开发和管理网站内容,处理媒体联络等。

2.专家诊断者。这类角色往往被人们看作发现问题、解决问题的战略管理专家和权威。他们站在管理者的立场,从战略高度界定问题、开展活动并且对于活动实施负有全部的责任。从实际情况来看,专家诊断者的角色只有在危机形势下和整个活动过程中偶尔才需要。

3.传播服务者。这类角色是组织与公众之间的联络人,提供解释、协调的服务。他们担任组织和各类公众之间的联系纽带,通过清除相互关系中的障碍、保持传播渠道畅通来维护双向的信息传播,并且促进交流。其目标是为管理层和各类公众提供他们在作出与相互利益有关的决定时所需的信息。他们协调相互作用,建立讨论议事日程,概括和阐述观点,对要求作出反应,帮助参加者诊断和纠正妨碍相互传播关系的条件。

---

① 卡特里普,等.公共关系教程[M].明安香,译.北京:华夏出版社,2001:27.

② 卡特里普,等.公共关系教程[M].明安香,译.北京:华夏出版社,2001:28.

4.问题解决者。这类角色与管理者合作共同界定和解决问题。与专家诊断者不同,他们被邀请参加到管理小组中,是战略策划小组的组成部分;他们与管理者的合作从第一个问题开始,一直持续到最后一个活动项目的评估。问题解决者帮助管理者将公共关系应用于分步骤管理程序中,这种程序是被实践检验过的,可以用来解决组织面临的问题。他们在整个问题的解决过程中提供决策意见和资源。

在中国,根据公共关系从业人员所从事的公共关系工作的性质、工作内容、承担责任的不同,公关人员的角色大体上可以分为三大类型:

(一)专家型角色

他们在公共关系工作中处于精英阶层,扮演领导者的角色,分为两种:一种是公共关系实践领域的高级工作者,拥有丰厚的公共关系实践经验和出色的业务能力,通常以公关顾问的身份为组织管理层提供决策建议,指导开展公关业务,解决各类危机。另一种是公共关系研究领域的专家学者,主要从事公共关系问题、公共关系现象和公共关系理论的研究和教学活动,通常以大学教师的身份为公共关系行业发展、公共关系教育作出贡献。

(二)技术型角色

这类公关人员专事某项具体的公共关系业务,例如新闻稿写作、图片和视频拍摄、创意和设计、新媒体编辑、视频剪辑、媒体运营、活动开展等。他们大多有一技之长,以各自的技术专长进入公共关系业务领域,是每个公共关系策划方案和项目的具体执行者和实施者。

(三)事务型角色

这类公关人员主要从事跟公共关系工作相关的行政事务工作,包括拟定和实施公共关系计划、联系客户、接待来访者、安排会议、发布通知、收集信息、整理文档、财务报销等。他们一般不直接参与具体的公共关系业务工作,是公共关系业务开展的组织者、协调者、沟通者和服务者,在公共关系工作中发挥着桥梁纽带作用。

二、公关人员的工作任务

斯各特·卡特里普和艾伦·森特曾经将公共关系从业人员要做的日常工作归纳

为十个类别，分别是：

1. 撰写和编辑。包括写作新闻通稿、时事通讯、信函、在线宣传文案、年度报告、演讲稿、宣传册、PPT 文案等。

2. 建立媒体关系。一是主动接触联络各类新闻媒体，请他们发布或采写有关组织的新闻；二是回应媒体提出的获取信息、核实有关报道、访问有权威的信息来源等要求。

3. 研究。搜集有关舆论、发展趋势、新涌现的问题、立法、媒体报道、特殊利益集团以及一个组织的风险承担者关心的相关信息。还包括设计课题研究、实施抽样调查、聘用研究公司等。

4. 管理和行政。包括界定各类公众，确定目标、发展战略和战术，管理人事、预算和安排时间表等。

5. 咨询。与关键决策者一起工作，提出管理环节上的建议和对策；对批判性、敏感性问题作出反应，对于如何避免危机、应对危机制订战略措施，向最高管理层提出建议。

6. 专项活动。安排并组织记者招待会，接待重要来访人物，策划并举办开幕式、周年庆典、剪彩、筹款、各类竞赛、颁奖活动以及其他具有特殊纪念意义的活动等。

7. 演讲。出现在各类公众和团体面前，指导别人完成演讲工作任务，管理好新闻发言人办公室，为组织在重要公众面前提供讲坛。

8. 制作。运用多媒体知识和技能完成音频、视频的录制和剪辑，以及其他宣传物料的制作。

9. 培训。指导组织管理者和新闻发言人处理好媒体关系以及其他公开露面的活动，提高组织公关人员的写作和传播技能，帮助组织引入文化、政策、结构和程序上的变化。

10. 接触联络。担任组织与媒体、社区和其他内部、外部团体的协调联络工作，倾听、交涉、管理冲突并且力求达成共识。

随着新媒体技术和公共关系业务市场的发展变化，公共关系工作的任务和内容也在发生着变化。根据《中国公共关系业 2022 年度行业调查报告》，目前中国公关行业的业务主要围绕四个方面展开：一是数字化传播，二是传播代理及执行，三是活动代理及执行，四是顾问咨询。其中，数字化传播已连续多年占比最高，工作内容涵盖产品推广、整合传播、口碑营销、事件营销、企业传播、意见领袖（KOL）管理、舆情监测、危机管理和社区运营等。

在国内知名的40家公共关系公司中,2022年主要为客户提供的公共关系服务项目包括短视频营销(37家)、事件营销(34家)、意见领袖(KOL)管理(25家)、危机管理(16家)、舆情监测(13家)、娱乐营销(12家)、体育营销(11家)、企业社会责任项目(8家)、海外品牌传播管理(8家)、议题管理(8家)、客户关系管理(7家)、城市营销(4家)、员工关系(2家)、政府关系(2家)。从这些调查数据可以看出,短视频营销、事件营销、意见领袖管理和危机管理是近年来公关市场的业务重心。

在当下,中国公关人员工作的"典型一天",大致包含以下内容:

一是写作。大约有三分之一的时间在写作各类新闻稿、社交媒体文案、研究报告、PPT等。遇到特殊时期,写作花去的时间可能达到一天时间的80%~90%。

二是联络沟通。大约有三分之一的时间用于与内外部公众的联络和沟通。包括与公司内部人员电话、会议、邮件沟通,拜访客户,与媒体、KOL、社区、政府官员等打交道。

三是调查研究。包括阅读和搜集各类信息,制订各类营销战略计划,为客户实施调查项目等。这项工作有时也比较耗时耗力。

四是个人发展。为了更好发展职业,有时也需要参加一些活动以积累人脉,提升职业素养。例如参加公关协会的培训或活动,参加媒体聚会、论坛等。

第二节　公关人员的职业素养

随着全球化背景下公共关系事业的不断发展,公共关系的专业化程度不断提高,公共关系工作的领域和范围不断扩大,这对公共关系从业人员的素养提出了更高的要求。有人把优秀公关人员需要具备的职业素养概括为政治家的眼光、企业家的精明、科学家的严谨、记者的敏感、外交家的风度……几乎囊括了各类职业素养的精华。①

国外一项对于公共关系最高行政官的抽样调查表明,公共关系行政主管比较看重员工的传播技能、有关媒体和管理的知识、解决问题的能力和好奇心。他们认为公关人员获得成功需要四个方面的条件:第一,在技能层面,需要具备写作能力和有说服力的演讲能力;第二,在知识层面,需要深入了解各种媒体,了解管理过程,具有商业、金

① 纪华强.公共关系的基本原理与实务[M].北京:高等教育出版社,2006:535.

融的洞察力;第三,在能力层面,要成为问题解决能手和决策者,为人处事灵活、自信,勇于承担责任;第四,在特性层面,需要稳定并且具有常识判断力,有活力并且热情,兴趣广泛,聪慧好奇,是良好的倾听者,对挫折有忍耐力,有风度。①

另一位学者比尔·坎托从“个性”层面总结了公共关系成功人士的十个基本特征,具体包括:

1. 对于紧张状态作出反应。成功人士往往越是在受到攻击的时候,状态越佳。

2. 个人主动性。他们通常不会等待上级指示,而是主动提出解决问题的方法、预测和适应变化,领导公共关系活动。

3. 好奇心和学习。他们具有追根究底的头脑,努力学习一切有关产品、服务、客户、组织以及竞争对手的东西。当他们尝试解决问题而没有成功时,并不把它看作个人的失误,而是一次学习的机会。

4. 精力、活力和抱负。他们快速地工作,不害怕承担意料之中的风险。

5. 客观思考。这一点在咨询工作中尤为重要。他们必须知道做什么、说什么,以及什么时候做,什么时候说。

6. 灵活的态度。成功的公关人员要善于从别人的角度观察和思考问题。

7. 为其他人提供服务。绝大多数成功的公关人员都具有想要帮助别人的自然愿望。

8. 友善。公关人员很少对他人抱怨、尖刻和表达敌意,他们与人接触时通常是亲切、友善且真心实意对待他人的。

9. 多才多艺。最佳的从业者应该是一个有特长的多面手。

10. 淡化自我意识。成功的公关人员是催化剂,他们常常在后台发挥作用,把别人投影成众人注目的中心。②

根据中国国际公共关系协会的市场调查,目前国际公关公司和本土公关公司对人才选拔的标准,强调与客户的沟通能力、外语水平、文案写作能力,以及是否能适应高强度、具有挑战性的工作。

以上无论是对公共关系成功人士的特点总结,还是公关公司提出的人才招聘标准皆表明,公共关系行业对公关人员的素养要求是全方位的,从观念意识、知识储备、专业技能到性格特质,都对成为一名优秀的公关人员提出了具体标准。

---

① 卡特里普,等. 公共关系教程[M]. 明安香,译. 北京:华夏出版社,2001:43.

② 卡特里普,等. 公共关系教程[M]. 明安香,译. 北京:华夏出版社,2001:44.

一、公关意识

公共关系意识是公共关系从业者首先应该具备的核心意识,它指导和约束着公关人员的思考方式和行为方式。良好的公共关系意识能使公共关系从业人员保持一种积极主动的工作心态,能有效应对公共关系实践中出现的各类突发状况和问题,能创造性地完成各项公共关系工作任务。

(一)公众意识

公众是公共关系工作的主要对象,是我们开展公共关系工作和公共关系活动所要面对的群体。公关人员在开展公共关系工作时,要时刻把公众放在心中,自觉地从公众的角度去理解和把握公共关系工作的要义,“急公众所急”“想公众所想”“做公众想做的事”“说公众想听的话”,牢固树立以公众利益为中心的思想;要广泛征求公众意见,站在公众的立场上思考问题、设计活动方案,真诚地为公众提供服务,只有这样,才能真正获得公众的信任和支持。其次,要“做公众看得懂的事”“说公众听得懂的话”,即公关人员在制订公共关系工作方案时,要充分考虑目标公众的接受习惯和接受心理,他们在哪里生活,有什么样的购买行为和媒介接触习惯,他们如何看待广告和公关,崇尚什么样的价值理念,有什么样的兴趣爱好,平时关注些什么……只有从公众的认知、心理、行为等特点出发开展公共关系工作,才能实现最佳的公共关系效果。

(二)形象意识

形象是公共关系工作渴望建立和达成的目标,它是公众对组织或企业的属性、个性、价值等在心理上形成的综合性感受和评价。形象是一个抽象的概念,它一旦形成和确立,就可以转化为一种凝聚力、吸引力、推荐力和感召力,是组织和企业的无形资产。良好的形象来源于公众对于组织的特定印象、态度和观念,公关人员要树立形象意识,就要在开展公共关系工作时重视公众对组织的评价,主动采取行动提升公众对组织的印象和态度,自觉维护组织形象,积极调整、塑造、展示、巩固组织形象。可以说,公共关系工作总体上都是围绕组织的形象目标而展开的。

(三)沟通意识

沟通是公共关系工作的本质属性和达成公共关系目标的重要手段。公共关系从本质上来讲,就是通过一系列的沟通手段和方式,维系社会组织与公众之间的良好关系。组织与公众之间的关系既有对立的一面,也有合作的一面。在公关人员的日常工作中,沟通意识意味着公关人员要主动去发现和调节潜藏在组织与公众之间的“对立性”因素,通过卓有成效的公共关系工作使“对立性”因素向“合作性”因素转化,为组织创造更好的生存和发展环境。当组织陷入危机时,公关人员要迅速出击,在真诚沟通原则的指导下,准确抓住站在对立面公众的诉求和心理,积极承担责任,对公众说真话,安抚公众的情绪,尽快消除对立性因素对组织形象带来的不利影响。

(四)创新意识

创新是公共关系工作取得成功的重要保障,是公共关系工作可以持续发挥作用的重要动力来源。公共关系学既是一门科学,有可供遵循的工作规律、工作程序和工作方法,又是一门艺术,追求新颖独特、别具一格的说服技巧和沟通策略。公关人员在开展公共关系工作时,要敢于突破固有思维模式,勤于思考,大胆设想,寻求思路方法的变化和创新。例如在进行公共关系策划时,要运用科学创新的策划方法分析、整合各类信息、渠道和资源,提出新颖独特的活动主题和方案。只有创新,公共关系工作才能塑造起个性鲜明的组织形象,在同行竞争中脱颖而出;只有创新,公共关系工作才能打动和征服公众,为组织在公众心目中建立起良好形象,赢得声誉。

二、知识储备

公共关系学是一门应用性很强的综合性、交叉性学科,传播学、管理学、社会学构成其理论基础,又吸收了广告学、市场营销学、人际关系学、心理学等学科的最新研究成果而发展起来。公共关系从业人员要想出色地开展和完成公共关系工作,需要全面而丰富的知识储备,既需要掌握文学、历史学、哲学、政治学、经济学、法学等基础学科知识,也需要掌握传播学、管理学、社会学、市场营销学、心理学、人际关系学等与公共关系学相交叉的学科知识,更需要掌握系统化的公共关系学专业知识和理论。

公关人员可以通过学校课程、课外培训、专业会议、讲座、研讨会、自学资格认证考试、工作实践等方式获取以上知识。

(一)系统化的专业学习

要想成为优秀的公关人员,如果没有公共关系学的专业学科背景,也应通过培训、自学等方式系统化地学习和掌握公共关系专业的学科知识。根据《公关员国家职业标准》,公关人员必须掌握的专业学科知识包括公共关系的定义和要素、公共关系的功能、公共关系的历史与发展、公共关系的主客体、公共关系的工作程序和原则、公共关系实务领域的基础理论知识等。公共关系从业人员的专业学科知识越深厚扎实,越能卓有成效地开展公共关系工作,完成公共关系任务。此外,对于传播学、管理学、心理学等与公共关系学密切相关的学科知识,公关人员也应尽量掌握其基础理论和要义。

(二)不设限的大量阅读

许舜英被誉为"华文广告界最具影响力的创意人之一",她在一次题为《给中国品牌的文化处方》的讲座中提到:"无论是文学、哲学、美学、戏剧、音乐、电影……这些都可以成为现代中国品牌的创意养分,赋予它们一种有质量的美学价值和生活智慧。"① 单一的学科知识远远不能满足求新多变的公共关系实际工作的需要,公关人员应多方涉猎,广泛阅读,成为博采众长的"杂家"。大量阅读文史哲的经典作品一方面可以开阔公关人员的视野,提升公关人员考虑问题的全面性、纵深性和广阔性,形成更大的格局;另一方面也可以为公关人员提供源源不断的灵感和创意,是创造性地开展公共关系工作的重要保证。多看、多听优秀的美术、戏剧、音乐、电视、电影作品,可以培养公关人员"审美的眼睛"和"音乐的耳朵",使公关人员具有更高的审美意识和审美能力,从而创造出更多优秀的公共关系案例。

(三)经常性的总结反思

实践出真知。公共关系学作为一门应用性强、实践性强的学科,其理论体系是在实践中不断形成、发展和完善起来的。一方面,公关人员应加强对优秀公共关系案例的学习和借鉴,分析其成功之处和策略技巧,总结出普遍规律和经验启示。另一方面,公关人员在自身的公共关系实践过程中要善于梳理和复盘,总结成功经验,吸取失败教训。这些"普遍规律""成功经验"日积月累,就会成为公关人员拥有的知识财富。如果公关人员朝着一个方向不断思考、总结、积累,就会成为某个领域的公共关系专家。

---

① 许舜英. 给中国品牌的文化处方[EB/OL]. (2014-01-28)[2023-03-01]. https://www.topys.cn/article/13049.

三、专业技能

公共关系工作重操作性,因此公共关系从业人员在技术层面需具有完备的技能素养。根据公共关系工作的范围和任务要求,公关人员的专业技能至少包括良好的写作能力、有说服力的演讲能力、与客户沟通的能力以及熟练运用信息技术的能力。

(一)写作技能

对于公关人员来说,良好的写作技能主要表现在三个方面:一是熟悉各类公关文体,会写各类公关稿件,包括新闻稿、企业通讯、人物特写、调查报告、宣传文案、演讲稿、解说词、说明书、工作简报、公文等;二是能给各类公关文稿润色、加工,使其语言更丰富、生动、优美,更能打动人心,供发表和讲话使用;三是能依据公关文稿制作 PPT 等音视频演示文稿,做到形式美观、详略得当、重点突出,具有感染力。

公关人员写作技能的提升无捷径可走,需要公关人员具有扎实的文字功底和深厚的文化修养,需要在写作实践中不断锤炼文字运用能力。

(二)演讲技能

斯各特·卡特里普和格伦·布鲁姆等人在他们的权威著作《有效的公共关系》一书中提到,公共关系从业人员在技术方面需要具备两个能力,一个是写作能力,另一个就是有说服力的演讲能力。演讲,通常是指在公众场合,以有声语言为主要手段,以体态语言为辅助手段,针对某个具体问题鲜明、完整地发表自己的见解和主张,阐明事理或抒发情感,进行宣传鼓动的一种语言交际活动。它是一门语言的艺术,旨在调动听众情绪,引起听众共鸣,从而传达出演讲者的思想和观点。

在古今中外的公共关系发展史中,优秀的公关人才都具有出色的演讲能力。雅典时期,亚里士多德在《修辞学》中告诉人们如何在公共演讲中说服大众。罗马时期,恺撒大帝继承了雅典时期的演讲术,重视通过演讲来树立自己的政治形象和社会威望。在中国古代,专事沟通和游说工作的冯谖、苏秦、张仪等人都是一流的演说家,他们凭借精湛的演讲技巧影响和改变着诸侯争霸的格局。在现代公共关系发展史上,从巴纳姆、艾维·李到伯内斯,都擅长公共演讲,特别是伯内斯,他在任职于克里尔委员会为美国进行战时宣传时,“四分钟战时政治宣传”的演讲是重要而有效的宣传动员手段。

当下,公共演讲已经成为通识教育的组成部分,演讲技能也成为现代人获得成功的必备技能。对于公关人员来说，良好的演讲技能有助于更好地开展新闻发言人工作。无论是公关人员代表组织发声，还是指导和培训组织领导人和新闻发言人，有技巧的意见表达和恰当的情绪传递，都能更好地引起公众的共鸣，从而让公众更易接受组织的观点。此外，运用演讲技巧也能大大提升说服性公关工作的效率，例如在向客户进行提案时，有效地使用演讲技巧可以提升公共关系提案的成功率。

（三）社交技能

公关人员作为组织与公众之间的关系纽带，肩负着沟通各类公众的重任。这种关系的建立和维护，主要依靠社会交往来完成。在社会交往中，公关人员通过施展自己的社交魅力和才能，能够有效协调组织与公众之间的关系，为组织赢得良好的形象。

通常而言，社交技能是一个人多方面能力的综合表现，一位优秀的公关人员应具备社会交往"五个力"。第一，要具有亲和力，能够在各种复杂场合与不同职业、不同性格、不同态度的公众亲切、自然地交谈、交往，给对方留下良好的印象。这既需要公关人员从表情、语言、肢体到行为保持一种热情、友好、真诚的交往姿态，也需要公关人员通晓和遵守各种社交场合的礼仪规范，以免因言行不当冒犯到交往对象。第二，要具有表达力，能够条理清晰、简洁明了、准确恰当、吐字清楚地将自己的意见和观点传达给交往对象。这需要公关人员提前做好充足的准备，经常锻炼自己的口头表达能力。第三，要具有沟通力，遇到对组织存有误解或偏见，与组织意见相悖或存在明显敌意的公众，要积极地进行沟通、解释和说服，消除公众对组织的误解和敌意，为组织争取更多公众的支持和信任。第四，要具有应变力，面对复杂多变的环境和突发的意外状况，能够处变不惊、处变不乱，迅速分析判断，果断采取措施。这需要公关人员具有敏捷的思维和丰富的临场经验，以自己的言行及时挽救出现的失误。第五，要具有宣传力，能够代表组织形象在社交场合为组织代言、为组织发声，能够在社交平台、网络等公共空间做好有利于组织形象提升的舆论引导工作。这需要公关人员将个人形象与组织形象融为一体，对自己的一言一行高标准、严要求，使自己成为组织形象的宣传大使。

（四）传播技能

随着科学技术的不断进步与信息传播技术的飞速发展，公共关系的传播生态也在发生着变化。数据与技术、创意与内容、广告与公关、电商与销售正在无限融合，一体化的营销传播平台正在形成，从产品设计、创意传播到用户体验、线上销售，已形成一个闭环。优秀的公关人员要建立大传播的公关理念,将一切有效的媒介技术和信息渠道运用到公共关系传播中来,并能熟练掌握多媒体知识和技术进行信息传播活动。

公关人员需要掌握的传播技能包括广告摄影、平面设计、音视频录制、音视频剪辑、网页制作、H5 制作、网文编辑、公众号运营等。

四、性格特质

性格是一个人在对人、对事的态度和行为方式上所表现出来的个性心理特征,一般通过倾向性态度、意志、活动、语言、外貌等方面表现出来,例如勤劳、勇敢、无私、懒惰、懦弱等,都是性格的体现。

根据《中国公共关系业 2022 年度调查报告》,在中国排名前 30 的中外公共关系公司中,公关人员每周的平均工作时间为 49 小时,人员的平均流动率达 26.5%,足见专业公关人员工作的辛苦。总体来看,公关行业的工作压力也是比较大的,公共关系职业曾被评为美国压力最大的工作之一。尽管这样,飞速发展中的公共关系业仍然吸引着大批公关人员前仆后继,推动公共关系朝着国际化、规范化、专业化的方向发展。这背后的动力和支撑力量,就是公关人对公共关系职业的热爱。从性格来说,有些人天生就适合从事公共关系工作,但也有些人需要作出调整。那么,优秀的公关人员具有什么样的性格特征呢?

(一)热情

公共关系是太阳。公共关系工作在本质上是与人打交道的工作,为了建立和维护组织与公众之间的良好关系,公共关系工作应该是一种有温度的工作。据此,公关人员首先应该具备的性格特征是热情,你很难想象一个冷冰冰、缺乏感情的人可以做好公关工作。

公关人员首先要对工作有热情,热爱公共关系职业,对公共关系工作感兴趣,这一点很重要。只有对公关工作充满兴趣、饱含热情,才能不怕困难,不怕挫折,不断进取,以积极乐观的心态应对困境,迎接挑战。其次,要对公众热情,要重视公众的意见、态度和诉求,要在交谈和交往中让公众感受到组织的善意和尊重。只有对公众友善热情,以公众的需求和利益为先,才能为组织赢得公众。

(二)好奇

优秀的公关人员像孩子一样,喜欢问为什么,对生活中的新鲜事物充满了好奇:这个新出的耳机为什么要这么设计？这条街上为什么就这家店异常火爆？这个人为什么这么受年轻人的喜欢？这个网络段子为什么会火？这条新闻为什么会上热搜？为什么我们需要这样的产品，它可以被替代吗？为什么他明明在做善事，公众却不买账？……

好奇之余，优秀的公关人员还会观察，会思考，会分析原因，会总结规律。也许是一个新方案的灵感，也许是一个棘手问题的解决思路，就此产生。

(三)抗压

有人说，公关人员是救火队员，反应要快，决策要准，心理素质要强。也有人说，一入公关深似海，从此全无早睡时。在所有不穿制服的职业中，公关行业压力最大。这些虽然是网友的调侃，但道出了公关人员工作的艰辛：既要面对冗杂的日常事务，又要处理突发的危机事件，工作压力可见一斑。当遇到棘手问题或十分危急的问题难以处理时，公关人员要沉着冷静，尽力调整好心态，避免盲目冲动和情绪化，理性分析，积极寻找对策。出色的危机处理专家一般都具有较强的抗压能力和挫折承受能力，他们遇到了困难，不埋怨自己，不指责他人，不放弃信心，不逃避责任，整合所有资源积极面对困境和挑战。

(四)正直

马克思指出，正确理解的利益是整个道德的基础，利益关系的调整是人们道德活动的基本内容。公共关系本身是为追求组织和公众关系的最佳境界——和谐，因此它本质上是一种道德活动，在利益的协调过程中需要公关人员具有较高的道德品质和思想素质。可以说，公关人员的道德品质和思想水平决定了公共关系工作的质量。一个正直的公关人员，可以更好践行组织对公众、对社会的责任，能够保证各项公共关系工作在国家的法律、政策允许范围内进行，能够保证公共关系活动与整个社会的发展、组织的发展协调一致，最终为组织赢得承担社会责任的形象。

第三节　公共关系伦理与职业道德

生活中，我们经常会听到、看到一些令人气愤的事情：

某医生为了赚取利润，指定患者进行一些不必要的检查或购买昂贵的药物。

某律师成为特殊利益集团的枪手,通过提起民事诉讼对当事人进行威胁,阻挠司法程序。

某记者私下收受红包,无视产品的安全隐患在新闻报道中加入对企业有利的内容。

……

这样的社会新闻层出不穷,腐蚀着公众对医生、律师、记者这些职业的信任。

约翰·库尔特根(John kultgen)在 *Ethics and Professionalism*(《道德和职业精神》)一书中写道:"如果我为了正确的目的很好地完成了我的工作,我的生命就有了实质的内容和意义。如果我蹩脚地完成了我的工作或者为了错误的目的,我就浪费了我的生命——不管我有多么兴旺发达。"①库尔特根所说的"正确的目的",即职业精神或职业道德,它是人们在职业生活中应遵守的原则和操守,是一般个体道德和社会伦理在职业生活中的具体体现,也是社会赋予各种职业的职责与义务。

职业道德是从事一定职业的人在工作岗位上与其他社会成员产生联系,在这个过程中逐渐形成和发展起来的约定俗成的行为准则,一般表现为"职业守则"或"职业公约"。职业道德一旦形成条文并以文件的形式公布,将指导和约束各行各业的职业实践,既成为行业自律的准则,也成为规范和制裁职业行为的依据和基础。

各行各业几乎都有需要遵守的职业道德和行为准则,公共关系也不例外。

一、公共关系的伦理内涵

公共关系是通过塑造组织的良好形象来实现组织利益与社会利益的统一,追求的是在组织与公众之间建立一种和谐的关系,处理的是组织与公众之间产生的真实、信任、责任等问题,因此具有深刻的伦理内涵。

(一)在理念层面上

公共关系以伦理观为核心建构社会组织的价值观,它从管理好企业的价值观入手,校正了利益理性的片面性,补充了道德理性的内容:讲真话;组织利益应与公众利益保持一致,有利于公众的必定也有利于组织;关注社会责任;等等。

---

① KULTGEN J. Ethics and professionalism[M]. Philadelphia: University of Pennsylvania Press, 1988: 371.

(二)在行为层面上

从20世纪70年代CIS理论以“产品”为中心,到90年代CS理论以“顾客”为中心,企业在经营活动中越来越以“人”为中心。这种人本思想具体表现在消费者和员工两个层面:面对消费者,站在消费者的立场研究和设计产品,不断完善产品服务系统,最大限度地使消费者感到安全、安心和便利。面对内部员工,充分尊重员工的权利、价值和愿望,让员工参与管理,在企业价值观中融入员工的理想、信念和价值。

(三)在视觉层面上

公共关系为组织树立的形象从根本上说是一种道德形象,在社会上起着示范引领作用。例如小米公司的logo中“MI”代表“Mobile Internet”,2011年8月小米启用了新logo,设计理念为Alive,生命感。这个新logo诠释了人类与科技之间的关系:科技越是进步,越接近生命的形态,人类与科技是不断接近的,由此展现小米科技为人类服务的品牌理念。这一视觉形象蕴含了道德属性,体现出小米对人的关怀。

二、公共关系面临的伦理困境

回顾公共关系的发展历史,很多学者将它的兴起归因于精英阶层在艰难的社会转型期控制公众的需求。20世纪初,资本主义从自由竞争走向垄断集中,垄断大亨以牟利为目的,无视公众利益,社会矛盾尖锐,工人罢工、暴力对抗频发。公共关系正是在这样的背景下诞生的,它迎合了精英阶层的需要,主张以沟通代替镇压,缓和社会矛盾,制造认同。在激烈的社会冲突中诞生的公共关系及其实践方式,一度被人们理解为“说服”“控制”,也被称为“制造同意的艺术”。

对此,社会学家哈贝马斯曾批判公共关系是启蒙运动以来最值得警惕的社会现象之一,乔姆斯基批判现代公关先驱艾维·李、伯内斯等人是操纵舆论的“邪恶教主”。这样的指责一直是公共关系在发展过程中挥之不去的阴影,百年来公共关系都在为自己的合法性做辩护,围绕着公关道德形成一系列的伦理思想和职业道德规范。

在公共关系实践中,组织的行为是否符合道德标准,由谁来判定呢?

答案是公众。公众是评价组织行为是否符合道德规范的重要力量,这是由利益相关性决定的。通常情况下,组织开展公共关系工作是为了实现组织利益最大化,减少损失,因此公关人员的道德敏感度是比较低的。而公众追求的是自身利益不受损害,一旦出现组织对社会、对公众不利的行为，道德警钟就会被敲响，人们会意识到道德标准的价值与存在必要性，继而对组织的行为作出监督和评价。

随着公共关系在各行各业中发挥的作用和影响力越来越大，人们对公共关系这一职业的评价可以说是褒贬参半。

（一）正面评价

1. 公共关系强调公众认可、公众利益，改善了组织行为。
2. 公共关系促使社会观点多样化、表达充分化，维护了公共利益。
3. 公共关系促进传播沟通，让信息取代误传。
4. 公共关系强化关系协调，以共识取代分歧。
5. 公共关系强调组织诚信的重要性，担负起社会诚信管理的责任。
6. 公共关系协助社会组织适应环境发展变化，满足社会需要。

（二）负面评价

1. 公共关系以牺牲社会、公众的福祉为代价，为特殊利益集团谋取利益。
2. 公共关系制造虚假新闻事件，混淆视听，堵塞了信息传播渠道。
3. 公共关系以玩世不恭的态度和不良信用腐蚀新闻传播媒体。
4. 公共关系塑造虚假品牌形象蒙蔽公众，诱使公众作出错误投资决策。
5. 公共关系通过策划、传播的投入，左右舆论，影响视听。①②

正是由于公共关系在实践过程中存在着损害公众利益、造假、操控媒体和舆论等伦理失范现象，公共关系事业的向前发展对公共关系职业道德提出了更高的要求。公共关系从业人员将公众利益、社会责任置于个人利益、组织利益之上，有助于实现公共关系的正面价值。

三、公共关系职业道德的基本内容

公共关系职业道德是指公关人员在开展公共关系工作时必须遵守的行为规范和准则。在公共关系发展史上，较早的职业道德准则是 PRSA 于 1950 年发布的《公共关系人员职责规范守则》。1954 年该准则第一次修订，改名为《公共关系实践中的职业

---

① 卡特里普，等. 公共关系教程［M］. 明安香，译. 北京：华夏出版社，2001：122-123.

② 纪华强. 公共关系的基本原理与实务［M］. 北京：高等教育出版社，2006：539-540.

标准准则》(以下简称《职业标准准则》),并于1959年、1963年、1977年、1983年、1988年几经修订。在1988年版的《职业标准准则》中,共列出17条会员必须遵守的职业道德准则。

1. 会员在他或她的职业生活中言行应该与公共利益一致。

2. 当会员对客户或雇主和民主进程履行双重义务的时候,他以自己的实际行动来证明高标准的诚实和正直。

3. 会员将公平地对待公众、对待过去的或是现在的客户或者雇主、对待同行业人员,对于别人的意见应该给予应有的尊重。

4. 会员将坚持最高标准的准确性和真实性,避免提出过分的主张或是进行不公平的比较,对于从别人那里借用来的观念和词语要指明出处。

5. 会员不得故意扩散虚假的或是使人误解的信息,应尽快地采取行动以便纠正他或她所负有责任的错误传播。

6. 会员不得从事任何以腐蚀诚实传播的渠道或是政府进程为目的的实践。

7. 会员随时准备公开地指认客户或雇主的名字,会员正是代表他们作出了有关的公共传播。

8. 会员不得自称服务或代表一个正当的组织或个人,或是自称独立或者公平,但是实际上服务于另一个未透露身份的利益集团。

9. 会员不得允诺可以完成超出会员直接控制能力的指定绩效。

10. 在充分披露了有关事实以后,在相关各方没有明白无误地表示同意的情况下,会员不得代表那些相互之间有冲突或是相互竞争的利益集团。

11. 会员不得将他自己或是她自己置于这样一种境地——这个会员的个人利益可能与一个雇主或者客户的义务相冲突,而没有向相关的各方披露这样的利益关系。

12. 考虑到充分披露了有关事实以后,除了会员为之服务的客户或雇主,在没有他们明白无误地表示同意的情况下,会员不得接受来自其他任何人的酬金、代理费、礼品或任何别的酬劳。

13. 会员将严格认真地保护现在的、过去的和潜在的客户或是雇主的机密和隐私权。

14. 会员不得故意损害另一个从业人员的专业声誉。

15. 如果会员有证据表明,另一个会员在实践中犯有不道德、不合法或是不公平的过失,包括那些违反本准则的人们,该会员有义务尽快地向适当的学会机构报告此信息,以便其按照附则第12款中确定的程序采取行动。

16. 在执行这一准则的过程中，被称为目击者的会员有义务到场作证，除非司法小组能够提供足够的缺席理由。

17. 一个会员将尽快断绝与任何组织或个人的关系，如果这样的相互关系要求从业人员的言行与本准则的相关条款背道而驰的话。①

除了以上条款，《职业标准准则》在开篇"原则宣言"中明确了制定该准则的目标：致力于在各种各样的个人、团体、社会机构之间建立更好的传播、了解和合作，以及在公共关系行业里的平等雇佣机会，并发出呼吁：公关人员的行为要专业化，要以真实、准确、公正的责任感面向公众；要通过继续研究和教育改善个人能力，增进专业知识和熟练程度；要遵守协会制定的职业标准准则。

此外，《职业标准准则》还附加了"有关的详细解释"，对条例中涉及的会员责任、义务和权利做了具体说明，规定了审理违规会员时陪审团和申诉委员会的职权及工作程序。《职业标准准则》的颁布和施行得到了公关业界的广泛认可，对美国公关业的有序性、规范化发展起到了积极推动作用，对公关从业人员的职业行为也起到了较好的规范和约束作用。根据美国公共关系学会 1991 年的报告，在 1954 年至 1985 年，学会至少有 10 名会员因违反了准则而被除名、停职、训斥或警告。

1955 年，国际公共关系协会（IPRA）在英国伦敦成立，致力于推动各国公共关系工作的职业化和规范化发展。1965 年 5 月，国际公共关系协会在雅典会议上通过了由法国公关专家卢亚恩·马特拉特起草的《国际公共关系道德准则》（又称《雅典准则》），这是该协会制定发布的第一个职业道德准则。之后，经过多次修订，1968 年 4 月在伊朗首都德黑兰召开的 IPRA 会议上通过了现行的《国际公共关系道德准则》。

《国际公共关系道德准则》无疑是全球影响力最大的公共关系职业准则，很多国家的公关组织都直接采用该准则，或是以该准则为范本制定适合本国实际的职业道德准则。

其主要内容分为三个部分，共涉及 13 条需要会员遵守的规定。

1. 国际公共关系协会成员必须竭诚做到：

（1）为建设应有的道德、文化条件，保证人类得以享受《联合国人权宣言》所规定的诸种不可剥夺的权利做贡献；

（2）建立各种传播网络与渠道以促进基本信息自由流通，使社会的每一个成员都有被告知感，从而产生归属感、责任感与社会合一感；

---

① 卡特里普，等. 公共关系教程[M]. 明安香，译. 北京：华夏出版社，2001：137.

(3)牢记由于职业与公众联系密切,个人的行为——即使是私人方面的——也会对事业的声誉产生影响;

(4)在自己的职业活动中尊重《联合国人权宣言》的道德原则与规定;

(5)尊重并维护人类的尊严,确认各人均有自己作判断的权利;

(6)促使为真正进行思想交流所必需的道德心理、智能条件的形成,确认参与的各方都有申诉情况与表达意见的权利;

2. 所有成员都应保证做到:

(1)在任何场合、任何时候,自己的行为都应赢得有关方面的信赖;

(2)在任何场合,自己均应在行动中表现出对所服务的机构和公众双方的正当权益的尊重;

(3)忠于职守,避免使用含糊或可能引起错误的语言,对目前及以往的客户或雇主都始终忠诚如一。

3. 所有成员都应避免:

(1)因某种原因而违背真理;

(2)传播没有确凿依据的信息;

(3)参与任何冒险行动或承揽不道德、不忠实、有损于人类尊严与诚实的业务;

(4)使用任何操纵性方法与技术,来引发对方无法以其意志控制,因而也无法对之负责的潜意识动机。

在中国,比较有影响力的公共关系职业道德准则有两个:《中国公共关系职业道德准则》和《中国国际公共关系协会会员行为准则》。

(一)《中国公共关系职业道德准则》

该准则于1991年5月23日在第四届全国省市公共关系组织联席会议上通过。它的诞生是我国公共关系走向职业化的第一步,是我国公共关系事业发展迈出的重要一步,对我国公共关系职业道德建设具有积极的促进作用。

《中国公共关系职业道德准则》在“总则”中强调:“公共关系工作者肩负着时代的使命,公共关系工作者必须以高尚的职业道德作为完善自身形象的行为准则。”其行为准则共有10条:

1. 公共关系工作者应当坚持社会主义方向,自觉地遵守我国的宪法、法律和社会道德规范;

2. 公共关系工作者开展公共关系活动首先要注重社会效益,努力维护公共关系职业的整体形象；

3. 公共关系工作者在公共关系活动中，应当力求真实、准确、公正和对公众负责；

4. 公共关系工作者应当努力提高自己的政治水平、文化修养和公共关系的专业技能；

5. 公共关系工作者应当将公共关系理论联系中国的实际，以严肃、认真、诚实的态度来从事公共关系学教育；

6. 公共关系工作者应当注意传播信息的真实性和准确性，防止和避免使人误解的信息；

7. 公共关系工作者不能有意损害其他公共关系工作者的信誉和公共关系实务。对不道德、不守法的公共关系组织及个人予以制止并通过有关组织采取相应的措施；

8. 公共关系工作者不得借用公共关系名义从事任何有损公共关系信誉的活动；

9. 公共关系工作者应当对公共关系事业具有高度的责任感，不得利用贿赂或其他不正当手段影响传播媒介人员进行真实、客观的报道；

10. 公共关系工作者在国内外公共关系实务中应该严守国家和各自组织的有关机密。

(二)《中国国际公共关系协会会员行为准则》①

该准则于 2001 年由中国国际公共关系协会在反复研究欧美等发达国家公共关系从业人员行为准则的基础之上，广泛征求国内外专家学者的意见和建议制定而成，2002 年 12 月由会员代表大会审议通过，2003 年 1 月 1 日起正式施行。相比之前的《中国公共关系职业道德准则》，《中国国际公共关系协会会员行为准则》对会员的责任和义务从制度、机制、处罚措施等方面进行了补充和完善，实践性、可操作性更强，更能发挥行业协会对公共关系从业人员的指导、监督和管理作用。

《中国国际公共关系协会会员行为准则》把公共关系界定为“组织机构进行信息传播、关系协调和形象管理的一门艺术和科学”，通过“一系列有计划、有目的、有步骤的调查、策划、实施、评估以及咨询等手段”来实现公共关系目标。作为国家正式认可的一个职业，它强调“公共关系业是一个严肃的职业，每个公共关系专业公司和从业人员都应该追求崇高的职业道德并遵循职业的行为准则”。

《中国国际公共关系协会会员行为准则》共有三章，第一章“总则”规定了 CIPRA

① 中国国际公共关系协会. 中国国际公共关系协会会员行为准则[EB/OL].(2020-05-06)[2023-03-01]. https://www.cipra.org.cn/site/content/2892.html.

所有单位会员和个人会员应该遵守的公共关系工作“四条原则”。

1. 教育、引导原则。为组织机构提供有效的、负责任的公共关系服务,教育社会公众并正确引导公众舆论,以服务公众利益。

2. 公平、公开原则。以公平、公开的态度对待组织机构、社会公众乃至竞争对手,争取良好的商业环境,促进社会进步。

3. 诚实、信誉原则。以诚实的态度服务组织机构和公众,准确、真实地传播信息;讲求商业信誉,将公众利益放在首位。

4. 专业、独立原则。运用专业技术和经验服务组织机构和公众,为组织机构提供客观、独立的建议和服务;通过持续的专业开发、研究与教育来推动本职业的发展。

在第二章中,从道德规范的七个方面规定了会员要遵守的 31 条“行为准则”。

第一条　信息传播是公共关系服务的基础,唯有准确、真实的信息传播才能更好地沟通组织机构与新闻媒体、政府、公众之间的关系,真正服务组织机构和公众利益。CIPRA 会员:

1. 确保信息传播手段和信息内容符合国家法律的有关规定;

2. 应该确保信息传播的完整性、真实性、准确性;

3. 应该兼顾公众利益和组织机构利益;

4. 不应该隐瞒事实真相或欺骗公众,有责任迅速纠正错误的传播信息;

5. 不应该向媒体赠送“红包”或其他形式的报酬,必须支付的版面费、车马费除外。

第二条　以组织机构利益为导向是本行业赖以生存的基础,应该通过不断完善的专业技术和经验来满足组织机构的需求,帮助组织机构实现既定的目标。CIPRA 会员:

1. 应该诚实地告知组织机构自己的专业能力,说明代理业务的规范流程,提交标准文案,明示收费标准;

2. 代表组织机构与公众沟通时,应该明示组织机构的名称;

3. 服务组织机构时,不应该在媒体上宣传自己和自己的组织;

4. 不应该承诺自己不能直接控制的结果;

5. 不应同时服务两个利益冲突的组织机构,除非在详细陈述事实之后得到组织机构同意。

第三条　专业服务涉及组织机构众多秘密,因此严格保守组织机构秘密和个人信息是获取组织机构信任、保持商誉的根本。CIPRA 会员:

1. 应该保守组织机构过去、现在以及将来的秘密；

2. 应该保护组织机构及其雇员的隐私；

3. 如发现组织机构秘密外泄，有义务向组织机构提示；

4. 严禁利用他人秘密获取商业利益。

第四条　避免现在、潜在的利益冲突以及建立组织机构和公众的广泛信任，是本行业健康发展的基础。CIPRA 会员：

1. 应该做到个人利益服从组织机构利益，组织机构利益服从公众利益；

2. 应该避免因外界因素而引起个人利益与行业利益的冲突；

3. 有责任向组织机构提示可能影响组织机构的利益冲突；

4. 有义务帮助本行业解决可能存在的利益冲突。

第五条　优胜劣汰，唯有保持公平、公开的竞争，才能不断完善健康、繁荣的行业大环境。CIPRA 会员：

1. 应该尊重平等的竞争，避免因竞争而损害竞争对手；

2. 应该通过提高专业技术水平和服务品质来增强竞争能力；

3. 严禁采取欺骗组织机构、诋毁竞争对手等手段来取得竞争优势；

4. 有责任保护知识产权，不应将他人的劳动成果据为己有。

第六条　人才资源是行业发展和繁荣的基本条件，只有不断培养和吸收优秀人才，才能不断壮大行业队伍，提升本行业在社会的地位。CIPRA 会员：

1. 有义务对其员工进行专业培训，同时将自己的经验和成果与行业分享；

2. 应该允许人才流动，但不得通过猎取人才来争取相关客户；

3. 流动人员应保守原公司的秘密和知识产权（如客户资料等）；

4. 流动人员不得主动争取原公司的客户资源。

第七条　没有行业的繁荣，也就没有个体的利益。每个成员应以不懈努力，创造一个不断发展、繁荣的行业为己任。CIPRA 会员：

1. 应该积极宣传和传播公共关系知识；

2. 应该不断追求专业技术水平的提高；

3. 应该正确诠释成功的公共关系案例或经验；

4. 应该维护和巩固本行业的职业地位；

5. 应该要求下属及相关人士同样遵守本《准则》的有关规定。

在第三章“附则”中，对违反公共关系会员行为准则的结果作出了规定：“如果 CIPRA 有足够证据证明某会员在履行其职业义务的过程中有违反本准则的行为，该会员将受到 CIPRA 的劝诫、警告、通报以及开除等处罚。”这为准则的施行提供了法理依据。

根据以上国内外公共关系职业道德准则的基本内容，我们认为，现代社会对公共关系职业道德的要求主要体现在四个维度上：

1. 对于组织而言

公关人员要提供有效、负责任的公共关系服务，为组织争取良好的发展环境；要以公平、诚实的态度为组织服务，严守组织的秘密。

2. 对于公众而言

公关人员要准确、真实地传播信息，保障公众的知情权；要坚持正确的舆论导向，引导公众形成正确的思想观念和人生态度；要将公众利益放在首位，维护公众利益。

3. 对于社会而言

公关人员要遵纪守法，维护社会的安全稳定，促进社会发展；要弘扬社会优秀文化，提升整个社会的精神文明水平。

4. 对于行业而言

公关人员要自觉维护公共关系职业的整体形象，不借用公关名义从事任何有损职业信誉的活动；要努力提高自己的职业素养和职业操守，提升整个社会对公共关系职业的评价。

【思考与实践题】

1. 在公共关系实践活动中，公关人员扮演着什么样的角色？

2. 请以某一类公关人员为例，谈一谈他一天的主要工作内容。

3. 一名合格的公关人员需要具备哪些职业素养？对标这些素养要求，你接下来有什么想法和打算？

4. 请简述公共关系伦理的基本内涵，为什么公共关系会出现伦理问题？

5. 请根据公共关系职业道德的基本内容，分析和研讨以下案例：

(1) 一家公司准备进入一个新的领域，这个领域可能会受到某些团体的反对。你所在的公共关系公司成为它的考虑对象，且你已经拿到了这家公司提供的机密信息，你可以凭此提出一个方案。可是这家公司最后把这项业务给了另外一家公共关系公司。

讨论：你能将这家公司的机密材料披露给它的竞争对手吗？为什么？

(2) 你的雇主要求你在公司服务的社区中发表一系列的讲话。你在演讲之前访问了这个工厂，发现他们准备的演讲稿中有几处不真实的内容。

讨论:你能继续按照对方撰写的稿子发表这篇演讲吗？为什么？

(3)你的雇主要求你向50家刊登了该公司广告的杂志社发送邮件,邮件内容是:为了避免潜在的冲突,任何包含政治、社会问题的编辑稿件或任何挑衅性、冒犯性言论的社论都必须事先告知你的雇主。任何刊登该公司广告的期刊在定稿前都需要提交一个书面摘要,内容为将要出现在杂志版面上的主要文章和主题。

讨论:你会答应雇主的要求写这封信,并发送邮件给这50家媒体吗？为什么？

(4)在新闻发布会上,为了防止记者提出一些超出发言人权限的问题,你预先安排人扮演记者混迹其中,提出一些已准备好的问题,从而引导新闻发布会朝着有利于组织的方向发展。

讨论:这样做可以吗？为什么？

(5)当你为一家企业举办公共关系活动时,为了防止出现冷场现象,你预先雇用了一些人充当现场的观众。

讨论:这样做可以吗？为什么？

(6)为了追求媒体的免费宣传机会,你在撰写消息时刻意掩盖其作为广告的目的,而采用了新闻写作的手法。

讨论:这样做可以吗？为什么？

延伸阅读

1.《公关员国家职业标准》

链接:https://www.cipra.org.cn/site/content/2889.html.

2.《公关服务行业自律公约》

链接:https://www.cipra.org.cn/site/content/2890.html.

3.《公关咨询业服务规范》

链接:https://www.cipra.org.cn/site/content/2893.html.

第四章 公共关系的主体

本章要点

1. 公共关系主体的构成及特点
2. 公共关系机构的主要类型
3. 公共关系部的主要工作职责、设置类型和优缺点
4. 公共关系公司的类型、服务内容、收费和挑选标准
5. 公共关系社团的工作内容、类型和特点

关键概念

公共关系主体;公共关系机构;公共关系部;公共关系公司;公共关系社团

公共关系主体是公共关系的构建者和承担者,它处于公共关系的核心地位。主体的经营理念和行为方式对公共关系的形成和发展起着至关重要的作用。主体不同,公共关系的工作对象不同;主体所处的发展时期和公共关系环境不同,公共关系的目标、策略和方法也会有所不同。

第一节 公共关系的主体构成

从传播学的视角来看,公共关系的主体是无所不在的,凡是一切维系与公众之间良好关系的传播活动的发起者都是公共关系的主体。小到个人,中到组织和政府,大

到国家，都需要运用公共关系的手段来争取公众的支持和认可，从而建立良好的形象。所以，公共关系的主体包括各种各样的组织和个体，它可以是一个明星，一个企业，一个学校，一个医院，一个社团，一个城市，甚至是一个国家。

总体而言，公共关系的主体由个人、社会组织和政府机构、国家这三个层面构成。

一、个人

个人公共关系主要是指以提升个人形象为出发点，有计划地、持续地运用传播手段，建立和维持个人与特定公众之间的相互了解和彼此认知，从而塑造良好的个人品牌形象，开创有利的生存发展空间。

根据个人公共关系的性质，可以将其分为独立个人和组织代言人。

无论是企业家、政治家、科学家、艺术家还是体育明星、影视明星，都需要运用公共关系手段彰显其与众不同、出类拔萃的形象，这就是独立个人公共关系。在日本，把个人公共关系视为“人际资产学”，它是个人在社会立足、成功的重要基础和本钱。

组织代言人可以分为两种情况，第一种是聘请名人代言，名人可以是影视、体育明星，也可以是社会名人；第二种是组织或品牌的创始人为自己代言，这些创始人本身的个性和成长故事为品牌带来丰厚的品牌资产。国外像比尔·盖茨(微软创始人)、乔布斯(苹果创始人)，国内如马云(阿里巴巴创始人)、雷军(小米创始人)、董明珠(格力创始人)等，他们在创立品牌的过程中，渐渐从一个管理者的角色转变为组织代言人的角色，他们的一言一行，对企业品牌起到了非常重要的宣传推广和形象提升作用。

无论是聘请名人代言，还是创始人自己代言，都具有一定的风险性，容易造成“一荣俱荣，一损俱损”的局面。在选定代言人时，组织或企业一般都会选择那些气质、外形、个性与组织文化、品牌形象相符且个人形象积极健康的名人，但我们无法控制这些名人在代言期间的全部言行，他们一旦出现吸毒、酒驾、出轨等丑闻，会对组织形象或品牌形象造成巨大伤害。

近年来，形象代言人“塌房事件”频频发生，虽然品牌方可以解约和索赔，但是前期围绕该代言人进行的活动策划和制作的各种宣传物料，都在一夜之间被叫停或被迫下架，公关人员的辛苦投入和辛勤付出都打了水漂。品牌创始人为自己代言，也是如此。

总之，良好的个人公共关系可以建立公共关系沟通对象对个人的社会认同，成为个人无形的社会资产。对组织或企业而言，良好的个人公共关系可以形成品牌的形象资产,公众会把对特定个人的喜爱、支持与信赖,投射给组织或企业,心理学上称之为晕轮效应。但是,这种喜爱、支持与信赖建立在公众对个人形象高度认可的基础之上,正所谓爱屋及乌,恶其余胥,一旦个人形象出现问题,公众投射给组织或企业的情感也会出现问题。

二、社会组织和政府机构

(一)社会组织

所谓社会组织,是指人们为了有效地达到特定的目标,按照一定的宗旨、制度和系统建立起来的共同活动集体。社会组织有明确的目标和职能,内部成员分工明确,设有协调其成员活动的关系结构。

社会组织有大有小,形式多样,功能不一,主要包括营利性组织和非营利性组织。营利性组织包括工商企业、贸易组织、服务业组织(酒店、医院等);非营利性组织主要指那些不以营利为目的的事业组织和社会团体,例如红十字会等慈善组织、中国教育发展研究会等学术组织、佛教协会等宗教组织,还有体育协会、妇女协会、商会等。

任何一个组织机构,不管是营利性质还是非营利性质,都需要开展公共关系活动来建立良好的形象和声誉。对于非营利性组织而言,其形象本身蕴含着“做善事”特征,因此公共关系工作的重心是扩大组织的知名度。对于营利性组织而言,要想建立良好形象和口碑,大力开展非营利性的公共关系活动是一个重要策略。相比营利性公共关系活动,非营利性公共关系活动更容易获得名人的支持,更容易获得媒体的义务宣传,也更容易获得公众的信任和支持。

(二)政府机构

中观层面的另外一个公共关系主体是政府机构,即国家的行政机关。它是国家权力的执行机构,对国家各方面事务具有指导、管理、服务、协调、监督、保卫等基本职能。各级政府部门作为公共关系的主体之一,应该运用公共关系思维和手段加强管理,争取公众的信任和支持,这对形成稳定和谐的社会政治局面至关重要。

从历史来看,公共关系是民主政治的产物,政府机构可以说是公共关系最早的实践主体,也是最具影响力的实践者。从内容来看,政府公共关系的任务主要有两个,一是“上情下达”,及时准确地传播信息,有效利用各种传播媒介和渠道宣传政府的政策、法令和工作方针,使民众更好地了解和支持政府;二是“下情上达”,主动、有计划地收集信息,通过多种渠道倾听民意、了解民意,促使民众积极参政议政,接受群众的监督,使政府成为负责任的政府。具体包括公共信息管理、形象声誉管理、媒体事件管理、舆论危机管理等。

现代最早的政府公共关系诞生于美国,始于美国独立战争时期和立宪运动时期,当时的塞缪尔·亚当斯和他的战友公开出版了1500多种小册子,采用宣传手段反对英国的殖民统治,为美国革命制造舆论。

20世纪20年代末至30年代,美国经济处于大萧条时期。为了求得民众对政府的支持,缓解萧条,美国总统富兰克林·罗斯福利用收音机向美国人民进行宣传与政治动员。1933年3月12日,罗斯福就职总统后的第8天,他在总统府楼下外宾接待室的壁炉旁接受美国广播公司、哥伦比亚广播公司和共同广播公司的录音采访。采访正式开始前,罗斯福说,希望这次讲话能亲切些,免去官话套话,就像坐在自己家里一样,双方随意交谈。哥伦比亚广播公司华盛顿办事处经理哈里·布彻说,既然这样,就叫“炉边谈话”吧,于是这次谈话就此定名。罗斯福用“炉边谈话”而非“讲话”的形式,一下子拉近了总统与民众之间的情感距离,形成一种休戚与共的心理感觉。这次“炉边谈话”对美国政府度过经济萧条难关,缓和危机起到了较大的作用。在罗斯福12年的总统生涯中,一共进行了30次“炉边谈话”,每当美国面临重大事件之时,他都采用这种方式发起政治动员,与美国民众进行沟通。他的“炉边谈话”不仅鼓舞了美国人民,坚定了人民的信心,也宣传了美国政府的货币政策以及改革社会的基本主张,赢得了人们的理解和尊重。“炉边谈话”成为公共关系史上利用大众传播手段进行政府公关的经典案例之一。

三、国家

以国家为主体的公共关系活动,实际上是政府的对外公共关系活动,在国际上称为“公众外交”,主要是以国家为主体,以外国民众为对象,以对外文化宣传活动为内容,以出版物、电影电视剧、文化交流、大众媒体的公开宣传为手段,以维护国家利益、提升国家形象为目的的一种外交方式。

在网络时代,日益透明、自由的信息传播以及日益融合的经济全球化趋势,使国家品牌建设和声誉管理日益重要和紧迫。通过公众外交,可以弥补传统外交、首脑外交的不足,让全世界充分了解本国的文化、制度、政策和发展现状,从而更加有力地向世界展示本国的整体形象。

那么,一个国家的国家形象,由哪些要素构成呢?陈先红提出了"国家形象六边形模型",认为从以下六个方面努力,可以建立起一个国家的良好形象:

1. 旅游宣传以及游客和访问者的感受;

2. 出口品牌;

3. 本国人民;

4. 一国政府的政策;

5. 文化和传统;

6. 投资和移民政策。①

2014 年 10 月 15 日,习近平同志在全国文艺工作座谈会上提出"讲好中国故事,传播好中国声音,阐发中国精神,展现中国风貌"②。"讲好中国故事,传播好中国声音"指的就是以中国国家形象为整体进行对外传播。

在 2017 年党的十九大报告中,我国进一步提出"推进国际传播能力建设,讲好中国故事,展现真实、立体、全面的中国,提高国家文化软实力"的战略发展目标,要求文艺界"繁荣文艺创作,坚持思想精深、艺术精湛、制作精良相统一,加强现实题材创作,不断推出讴歌党、讴歌祖国、讴歌人民、讴歌英雄的精品力作"③。

在 2018 年 8 月召开的全国宣传思想工作会议上,关于讲什么样的中国故事、如何讲好中国故事,习近平同志作出了重要指示:

"要不断提升中华文化影响力,把握大势、区分对象、精准施策,主动宣介新时代中国特色社会主义思想,主动讲好中国共产党治国理政的故事、中国人民奋斗圆梦的故事、中国坚持和平发展合作共赢的故事,让世界更好了解中国。中华优秀传统文化是中华民族的文化根脉……要把优秀传统文化的精神标识提炼出来、展示出来,把优秀传统文化中具有当代价值、世界意义的文化精髓提炼出来、展示出来。要完善国际传播工作格局,创新宣传理念、创新运行机制,汇聚更多资源力量。"④

---

① 陈先红. 现代公共关系学[M]. 2 版. 北京:高等教育出版社,2017:124-125.

② 习近平在文艺工作座谈会上讲话[EB/OL]. (2014-10-15)[2023-03-01]. http://culture.people.com.cn/n/2014/1015/c22219-25842812.html? from=androidqq.

③ 习近平. 决胜全面建成小康社会 夺取新时代中国特色社会主义伟大胜利——在中国共产党第十九次全国代表大会上的报告[R/OL]. (2017-10-27)[2023-03-01]. https://www.gov.cn/zhuanti/2017-10/27/content_5234876.htm.

④ 习近平. 举旗帜聚民心育新人兴文化展形象 更好完成新形势下宣传思想工作使命任务[EB/OL]. (2018-08-23)[2023-03-01]. http://media.people.com.cn/n1/2018/0823/c40606-30245183.html.

2018年9月2日，《光明日报》刊出《讲好中国故事 让世界更好了解中国》的评论员文章，认为“讲好中国故事是外宣工作的基本方法，也是提高中华文化影响力的基本途径”，我们要做好国家形象的对外宣传工作，需要“用世界语言讲中国故事，精心构建对外话语体系，增强对外话语的创造力、感召力、公信力，适应境内外传播格局新变化，广泛利用国际传播平台，找准国际社会需求，让外国人听得懂、听得进我们的故事，实现中国故事世界表达，提高国际传播的亲和力、感染力”。[①]

第二节　公共关系机构

公共关系机构是指专业从事公共关系工作，开展公共关系活动，从而达到预定公共关系目标的部门或机构，其实质是公共关系的实施主体。

现有的公共关系机构主要分为三种类型：

一是社会组织内部设立的公共关系部门，例如公共关系部、公共事务部等；

二是专门承接、代理公共关系业务的服务性机构，例如公共关系公司、公共关系事务所等；

三是由团体与个人自发组织成立的群众性组织或团体，例如公共关系社团。

一、公共关系部

公共关系部是组织内部设立的专门处理公共关系事务、从事公共关系活动的职能部门。它的出现是现代管理不断发展的必然结果，其职责、地位和规模通常由组织的自身状况、公众特点以及组织与公众之间的关系状况决定。

据报道，世界上第一个在其公司内部成立公共关系部的是乔治·西屋，他在1889年专门聘请两个人宣传推广交流电计划，最终打败爱迪生的直流电系统，使交流电成为美国的标准电力系统。到了20世纪初，美国的一些大企业在聘请公关顾问的同时，纷纷设立公共关系部。在中国，1984年，广州白云山制药厂第一个设立了公共关系部。

① 讲好中国故事 让世界更好了解中国——七论深入学习贯彻习近平总书记在全国宣传思想工作会议上的重要讲话精神[N]. 光明日报，2018-09-02(2).

(一)公共关系部的工作内容

在现代社会中,公共关系部承担的职能越来越多样化,也越来越重要。我们发现,公共关系部相当于组织的"情报部""参谋部""联络部""外交部"和"宣传部",具体的工作任务包括对内关系协调、对外关系协调和专业技术工作三个方面。

1. 对内关系协调

具体工作包括:与员工沟通,了解他们的情况;教育引导员工增强公关意识;编辑出版内部刊物;搜集员工的意见和想法;参加董事会、与生产营销相关的负责人会议;为组织领导确定公共关系目标提供方案和数据,提供决策参考;定期召开股东大会;编制年度报告;培训公共关系工作人员。

2. 对外关系协调

具体工作包括:与新闻界和出版机构合作,为新闻单位和出版单位提供各种新闻稿件、图片、数据和音像制品;与政府有关部门联系,及时了解与组织发展密切相关的政策和政府动向;与社区联系,了解社区内公众的需求,通过线上线下活动的开展加强与社区公众的联系;及时做好公众来信、来访、咨询回复等接待工作。

3. 专业技术工作

具体包括:策划组织庆典活动、开幕仪式、纪念活动;举办记者招待会、展览会、参观活动;安排组织领导人与新闻界接触;参与组织的广告策划和宣传促销活动;编辑出版介绍、宣传组织的外部刊物,办好组织网站;负责活动素材的拍摄等支持性工作;进行与组织发展相关的民意测验、舆论研究,监测组织环境的变化;选择、设计和赠送各种礼品、纪念品;及时处理各种突发事件。

(二)公共关系部的设置类型

公共关系部作为组织和企业中一个重要的职能部门,不是孤立存在的,需要得到组织内部各部门的理解与支持,建立一种相互促进、密切协作的工作关系。公共关系部在组织中的设置类型通常有五种。①

第一种是直接隶属型,公关部直属于组织的最高领导层,直接向最高决策层和管理层负责。这种类型的公关部负责人一般由组织中的最高决策者兼任,或由副职领导

---

① 陈先红. 现代公共关系学[M]. 2版. 北京:高等教育出版社,2017:131-134.

担任，公关部具有较大的沟通权限，可以直接介入决策，适用于部门多、分工细的大中型组织。

第二种是部门并列型，公关部与组织的其他职能部门平行排列，处于同一层次，一般由组织中的中层领导担任部长。这种类型的公关部可以平等自主地行使公共关系职能，适用于层次结构简单、机构最高领导下不另设副职的中小型组织。

第三种是部门隶属型，公关部从属于组织的某个职能部门，具体属于哪个部门，视情况而定，常见的有隶属于经营部、销售部、广告宣传部、外事接待部或办公室。这种类型的公关部往往不能全面发挥公共关系的作用，一般处于组织缺乏公关意识、公关对象比较简单的时期。

第四种是最高决策层间接领导型，公关部隶属于组织内的某个部门，但最高领导层经常直接过问公关部的工作。这种类型多见于层次较多、分工较细的中小型组织。

第五种是职能分散型，即在组织内部不设专门的公共关系部，由组织的主管领导牵头，各职能部门负责人共同组成公共关系工作协调委员会，统一指导和协调全局的公共关系活动。

（三）公共关系部的优劣

在组织内部成立公共关系部，有其明显的优势。

1. 提供公共关系咨询的专家是组织内部成员，相比外部咨询更具有亲密的工作关系，更能建立起信心、信赖和支持，有利于最高决策层将公共关系部作为关键角色放到管理层的适当位置。

2. 来自组织内部的公关人员更熟悉组织内部的情况，更容易抓住组织存在的问题，更能根据组织的实际情况提出有利于组织利益的公共关系方案。在为组织选取新闻发言人时，因为对组织领导层的熟悉，谁更擅长面对镜头和媒体，谁更能说会道，组织内部公关人员往往一清二楚。

3. 对于许多正在进行中的项目来说，更利于组织节省开支。由于内部公关人员已经掌握了必要的组织背景，也具备了充分的接触和了解，项目的启动成本往往更少。

4. 可以随时获得来自领导层和周围同事的直接帮助。当组织出现问题时，公关人员可以在最短的时间内与组织领导层坐下来面对面开会，商讨对策。在领导层的授意下，组织的其他部门、分支机构、运营单位主管也能加入解决问题的讨论中来，共同面对危机和困境。

5. 更能保证公共关系政策和公共关系工作的连续性和稳定性。一些外部聘用的公关顾问或者专业的公关公司往往是组织遇到问题或者开展某项特定公共关系活动时临时聘请来的,其公共关系工作理念无法真正融入组织的整个发展战略,只能解决一些临时性、暂时性的公关业务,很难持续发挥公关作用。

当然,在组织内部成立公共关系部也有其不利方面。

1. 公关人员出于日常的工作压力和组织内部的政治生态,容易丧失客观性,不能客观、正确地监测组织环境,对组织存在的问题不敏感,对情况的反映和处理也不够客观公正。在得到组织内部支持的过程中,他们也容易被团队成员的观点同化,从而采取折中调和的态度。

2. 如果组织对公关部的定位和职责不明确,公关部往往会处于召之即来、挥之即去的尴尬境地,有时公关部还需要处理与公共关系目标完全无关的事务,不能有效开展有价值的、得到高度评价的专业服务。

3. 组织内部公关人员长期为本组织服务,相比专业的公关公司人员经验范围要小,很难在工作中有较大的创新和突破。

总体而言,任何一个组织都需要面对一系列的公共关系问题,因此,如果条件允许,都应建立专门的公共关系部或公共关系工作协调委员会。但是如果组织条件不完全具备,例如组织规模较小,或缺乏专门的公共关系人才,也可以委托一些专门的公共关系公司处理公关事务。组织在组建公关部的时候,要根据自身的规模、财力、内部结构、管理思想等明确公关部在组织中的地位和职责,尽可能提供人力、物力、财力等方面的保障和支持,确保公共关系部在组织内部的相对独立性。特别是组织的领导层,要重视公共关系部职能的发挥,不能让公共关系部形同虚设。公共关系部及其工作人员应具有清晰的公共关系理念和扎实的业务素养,应专门负责组织的公共关系事务,在其职责范围内高效、专业地行使公共关系权力,对组织的公共关系状态负责。

二、公共关系公司

公共关系公司是指受客户委托,以代理者、实施者身份有偿提供公共关系咨询或进行公共关系活动的服务性机构。其大都由经过一定的专业知识学习和技能训练、具有较多工作经验的公共关系专家组成,具有较高的专业水平、广泛的社会影响力和显著的工作效果。与组织内部的公关部不同,公共关系公司是具有法人地位的独立营利性机构,它依靠为客户提供服务所收取的费用而生存。

公共关系公司在 20 世纪得到了迅速发展。1903 年,艾维 · 李和乔治 · 派克创办的“宣传顾问事务所”是世界上第一家专业公关公司。1920 年,美国人 N. 艾尔创立了世界上最早的公共关系公司。1986 年,北京成立中国首个公共关系公司——中国环球公共关系公司,随后在广东、深圳、上海等地涌现出许多专业的公共关系公司。

经过近一个世纪的发展,公共关系公司已由早期的以代理为主发展为咨询与代理并重。由于其较高的专业水平和显著的工作效果,公共关系公司在政治、经济、文化、生活各领域的作用和地位正日益被人们所重视。

(一)公共关系公司的类型

近年来,伴随着激烈的市场竞争和行业的跨界融合,一部分公共关系公司开始做大做强,成为服务领域广泛、跨界整合明显、国际化程度较高的综合型公司,一部分公司则深耕于某一个专业垂直领域,成为针对性强的专业型公司。

公共关系公司一般没有固定的结构模式,大体上可分为综合型和专业型这两种。

1. 综合型公共关系公司

该类公共关系公司一般拥有先进的调查系统,能广泛收集各国的政治、经济、文化、法律等政策和市场动态;拥有一批擅长处理各种问题、协调各种关系的经验丰富的专业公共关系人才;公司规模较大,实力雄厚,可以为不同类型的客户提供各种专业性、技术性的服务。例如:为客户提供政府关系、员工关系、媒体关系、社区关系、消费者关系等的咨询;制订公共关系计划,设计公共关系活动方案;监测组织的环境,提供、搜集情报,为某个公共关系问题进行专门的调查研究;组织品牌形象和领导人形象的设计,编辑组织内刊;设计制作商标、广告、海报、视频等各种宣传物料和印刷材料;撰写公共关系新闻稿,建立与新闻界的密切联系;举办各种专项的公共关系活动,如组织周年庆、新闻发布会等。

2. 专业型公共关系公司

该类公共关系公司也拥有经验丰富、专业性强的公共关系人才,但是一般只为客户提供特定行业或特定公关项目的服务,例如专门为金融业或旅游业提供咨询或代理服务,专门为客户提供广告设计服务、市场调查服务,专门为客户提供参谋和咨询,就其公共关系事务提出意见和建议,等等。该类公司的经营规模和业务范围较综合型公关公司要小一些。从近年来公关业的发展态势来看,这类公关公司一旦在某个专业领域小有名气,很容易成为 WPP、宏盟、阳狮、IPG、电通等世界大型广告集团争夺的对象,最终可能被这些大集团收购,成为该集团下属的一个子公司。

(二)公共关系公司的服务内容

公共关系公司的一般工作程序为:接受委托后,先调查了解客户的信誉,审查其委托项目的真实性和可行性,然后同客户签订协议,按照协议的要求为客户开展公共关系工作。

公共关系工作的内容总体上分为三大板块:一是通过调查、搜集和分析信息,帮助客户确立正确的公共关系目标;二是通过制订并实施一系列公共关系计划,为客户进行宣传推广,协助客户与相关公众进行有效沟通,帮助客户建立良好的声誉和形象;三是通过提供顾问咨询、危机处理等服务,为客户解决突发事件或棘手问题。

具体而言,公共关系公司主要为客户提供以下四个方面的服务。

1. 数字化传播

当今社会,我们已经身处一个由计算机、互联网、移动通信、新媒体、人工智能、大数据等构成的数字世界。数字化时代的到来,打破了原有的传统传播方式和时空壁垒,形成了基于电视、报纸、广播等传统媒体与网络视频、AR、VR等数字技术相结合的立体传播、动态传播和指尖传播。

数字传播技术的发展和广泛运用为公共关系业带来了新的生机,数字化传播服务已经成为当前公共关系公司最主要的业务类型,具体工作内容包括:

(1)为客户进行各种数字化信息传播,包括撰写新闻稿件、选择新闻媒体、管理网络意见领袖、举行记者招待会或新闻发布会、开展事件营销和口碑营销;

(2)为客户设计、制作各类适合数字媒体传播的宣传资料、产品广告和公共关系广告,为客户拍摄制作短视频,开展短视频营销;

(3)为客户优化媒介组合,制订整合营销传播方案;

(4)为客户监测网络环境。

2. 活动代理及执行

主要为客户策划、组织、开展各类公共关系活动,具体包括:

(1)组织、安排重要的交往活动,如贵宾、社会政要、媒体记者的参观访问等;

(2)策划、组织各种专题活动,如周年庆典、签约仪式、剪彩仪式、社会赞助等;

(3)组织开展各种会议,如信息交流会、新品发布会、产品展销会、合作洽谈会等;

(4)策划开展各类公共关系事件活动,如环境保护日的保护环境主题活动、世界读书日的读书节活动、五四青年节的街头快闪、与线上推广配合的线下活动等。

3. 顾问咨询

主要为客户提供各种公共关系咨询工作，具体包括：

(1)为客户提供政治、金融、文化、科技等方面的情报资料，提供市场信息、公众意向、消费者心理等的调查分析报告，提供舆情监测报告；

(2)为客户进行公共关系问题的分析和诊断，为客户面临的危机提供解决方案；

(3)为客户的公共关系形象进行设计和评估，为公共关系形象的提升制订战略规划和决策建议。

4. 人员培训

组织在组建公共关系部和开展公共关系工作时，常常因缺乏专业的公共关系人才而苦恼，公共关系公司可以为其员工进行职业培训，使其具有更好的公共关系知识和技能。包括：

(1)开设培训班，提升公关部人员的公关意识和公关技巧；

(2)派专家指导工作，提升组织领导人的形象管理能力和媒体应对能力；

(3)安排组织的公关部人员到公共关系公司见习，提升组织公关人员的业务能力。

(三)公共关系公司的收费方式

公共关系公司是营利性企业，通过为客户提供公共关系服务而收取费用。公共关系公司收取的费用主要根据完成委托业务所花费的时间、实际的各项开支、一定的利润收益等来计算，一般有五种收费方式。

1. 按项目收费

主要将公共关系工作分解成不同的项目，根据项目内容和实际项目开支计算总费用。收费项目包括：(1)项目劳务费，即项目实施期间工作人员的工资、与项目有关的高级管理人员、文秘的工资以及专家提供咨询指导的费用；(2)行政管理费，即项目实施期间所产生的房租、水电费、电话费、税费等；(3)项目活动费，即项目实施过程中开展一系列公共关系活动的费用，如印刷费、材料费、场地费、餐费、差旅费、邮寄费等；(4)项目委托费，即扣除所有的项目实际开支后，公共关系公司预留的“项目利润”，一般根据项目难度、工作量大小、所花费的人力和时间等由双方共同商定。

2. 按小时收费

主要根据参加客户委托项目的工作人员的类型和工作水平，确定单位时间内的收费标准，按小时收费。收费标准的制订主要考虑工作人员的工资、行政管理费用、营业间接成本和适当的利润等要素。一般来说，每小时收取的费用是工作人员每小时基本工资（含工资和奖金）的2~5倍。在美国，按小时收费的酬金主要看工作人员的资历、声望和工作的难易程度，聘请一位等级较低的助理工作人员也许只需花费每小时25美元，但聘请高级顾问或公共关系公司的主管，则需支付每小时数百美元。芝加哥一家金融关系董事会对项目工作人员的收费标准为每小时60美元至400美元。[①]

3. 预先收费

即公共关系公司与客户根据业务需要，协商确定此次委托业务的总费用，在业务开始前向客户一次性收取费用。这种收费方式的优点是便于公共关系公司对"有限的"资金进行统筹分配，更合理使用资金，也不会出现赊账或垫资等问题。但缺点是客户难以对每一项开支进行有效监督。

4. 分次逐项收费

即公共关系公司根据项目的实施进度和实际需要，按每一个子项目的完成情况向客户收取费用。这种收费方式对于客户来说是比较有利的，既可以监督经费的使用情况，又可以监督公共关系公司的业务质量。如果对该公司的服务不满意，剩下的业务可以选择其他公共关系公司来代理完成。

5. 按项目成果分成

这种收费方式由客户负责项目的实际费用支出，公共关系公司负责项目的调研、决策研究和制订、实施公共关系计划，最终形成项目成果。这类成果一般可以长期获利，公共关系公司按照成果每年收益的百分比享受分成。例如一些科技类项目，项目在推广和被应用过程中会产生经济收益，公共关系公司按照事先与该科技公司签订的协议进行利益分成。当然，也会出现项目成果收益减少甚至没有收益，公共关系公司拿不到分成的情况，因此这种收费方式需要公共关系公司和客户共同承担风险，一般较少见。

---

① 卡特里普，等. 公共关系教程[M]. 明安香，译. 北京：华夏出版社，2001：76.

(四)挑选公共关系公司的标准

组织在挑选合适的公共关系公司前,一般应核查该公司的以下五项指标:

1. 信誉

需要调查和了解该公司成立的时间、人员和营业规模、财务状况、业务类型、在行业内的口碑和影响力、已有成功公关案例、公司的发展潜力等。信誉是服务质量的重要保证,信誉越好的公司,越能提供高质量的公关服务,越能受到客户的信赖。

2. 员工

需要核查该公司公关人员的职业资质、在该公司任职的时间、业务能力和水平、对待客户的态度、以往工作业绩、职业道德和操守、有无重大工作过失等。员工的情况往往是一个公司综合实力最真实的体现,越是人员流动率小的公司,越能提供稳定的服务。

3. 客户

需要了解该公司过去接待过的客户名单、现在的客户名单、平均每年的客户数量、最老的客户及其服务时间长度、客户的行业地位、客户的满意度、近三年流失的客户名单等。根据客户的情况,可以侧面验证该公司的信誉、能力和服务水平。

4. 专长

需要了解该公司最擅长的业务领域和服务专长。每个公共关系公司都有其专长,有的擅长处理危机、调查研究等具体事务,有的擅长处理政府关系、社区关系、媒体关系等公众关系问题,有的擅长处理汽车、快消等特定行业的公关问题。公共关系公司的服务专长与客户的实际业务需求越契合,选择越佳。

5. 费用

需要明确该公司的收费方式和收费标准,判断其收费是否合理。通常而言,越是信誉好、员工业务水平高的公关公司,其收费标准也越高。

对于组织而言,在挑选公共关系公司时不能只看重信誉、名气和公司拥有的专业地位,而要综合考察以上五个要素,有所比较后选出最适合自己的公共关系公司:既在自己的经费预算承受范围之内,又能高质量地完成自己的委托业务。

三、公共关系社团

公共关系社团是指社会上从事公共关系工作,热爱公共关系事业的团体与个人自发组织的、非营利性的从事公共关系理论研究与实务活动的群众组织和群众团体,包括公共关系协会、学会、研究会、专业委员会、俱乐部、沙龙、联谊会等公共关系机构。它的蓬勃发展反映了公共关系从业人员为提升专业能力和职业地位所作出的重大努力。

在现代公共关系发展史上,第一个公共关系社团是1915年7月成立于美国芝加哥的金融公共关系协会,该协会隶属于世界广告协会,1970年更名为银行和市场协会。1917年4月,美国高等院校公共关系协会(当时名为美国高等院校新闻协会)宣告成立。1944年4月,美国公共关系协会(APRA)成立。1948年2月4日,美国全国公共关系协会(PRSA)成立,总部设在纽约,下设80多个分会,成员超过1万人。1964年,APRA和PRSA合并,当时APRA有会员3359个,PRSA有会员826个,大约有100个公关人员在两个组织中都拥有会员资格。APRA通过出版《公共关系杂志》等出版物和各种会议促进行业内公共关系观念的交流,推动专业意识的形成,促进服务高标准和职业道德的发展。

总部设在瑞士日内瓦的国际公共关系协会(IPRA)无疑是全球最具影响力的公共关系社团。尽管它1955年成立于英国伦敦时只有5个国家和15名会员,但到2000年左右已发展到77个国家和1000名会员。国际公共关系协会有效推动了各国公共关系业的发展,帮助各国建立全国性协会,每年开会两次,出版《国际公共关系评论》季刊,探讨全球公共关系业的主要问题。

在英国,英国公共关系学会(IPR)也成立于1948年①,有12个地区性的团体和总计3500个会员。它每年出版八期《公共关系》,发起成立了传播广告与市场营销教育基金会,在推动公共关系专业化、职业化发展,以及学术性的预备教育方面一直是引领者。英国还有一个公共关系顾问协会(PRCA),成立于1969年,是一个致力于促进咨询服务机构专业化发展、提高其实践标准的社团组织。在成为它的会员之后,咨询服务机构就可以采用“注册公共关系顾问”的称号。由这个协会制定的章程、定义、指导方针、准则以及仲裁和纪律程序,构成了德国、法国、意大利、荷兰、比利时等欧洲共同

---

① 除了美国公共关系学会成立于1948年,加拿大公共关系学会也成立于这一年。

体国家采用的基础。

在中国,第一个公共关系社团是 1985 年 7 月成立的中山大学公共关系研究学会。1986 年底,上海公共关系协会成立。1987 年 5 月,中国公共关系协会成立,到 90 年代中期,该协会已有团体会员 500 余家,个人会员 2000 多名。1991 年 4 月,以促进国内外公关界交流与协作为己任的"中国国际公共关系协会"在北京成立,它创办了《国际公关》杂志,并从 1993 年起举办每两年一届的中国最佳公共关系案例大赛。

(一)公共关系社团的工作内容

以中国公共关系协会为例,根据 2020 年 8 月 22 日协会会议表决通过的《中国公共关系协会章程》,协会的工作内容主要包含六个方面。

1. 加强公共关系理论研究,围绕国内外公共关系领域最新动态和重要热点问题深入进行调查研究,注重实践总结和理论创新,推动学术交流,建设具有中国特色的公共关系理论体系。

2. 按照主管部门要求,协调制订公共关系行业标准、职业道德准则,规范行业行为;加强与地方公关组织和有关公关机构的联系,配合有关部门开展行业监督,推动行业自律和行业健康发展。

3. 开展教育培训,普及公共关系知识,建设公共关系人才队伍;通过举办活动、建设新媒体平台、出版图书和影视作品开展公共关系传播,推广研究成果,展示行业发展。

4. 提供高质量研究成果,开展高水准公关活动,履行服务政府职能,参与社会治理;为国内外组织机构、企事业单位和社会团体提供公关策划、信息咨询等服务。

5. 加强与世界各国以及中国香港、中国澳门和中国台湾地区相关机构和人士的联系与交往,参加国际公关组织的有关活动,不断扩大中国公共关系事业的影响力。

6. 策划组织形式多样、内容丰富的对外交流、公关活动,推动中华文化走出去,讲好中国故事,传播中国声音,展示中国形象。组织开展中外文化交流,促进文明交流互鉴,推动构建人类命运共同体。

而依据《中国国际公共关系协会章程》,中国国际公共关系协会的工作主要有:

1. 开展高层次、多渠道、多形式的公共关系活动,促进公共关系领域相关社会组织同海内外之间的相互了解和联系,发展国际交流与合作;

2. 进行公共关系的理论研究和实践探索,培训国际公共关系人才,组织海内外的公共关系学术交流,推进中国公共关系的专业化、规范化和国际化发展;

3. 为国内外组织、企事业单位及个人提供多种形式、内容丰富的信息咨询与服务，依照有关规定，利用出版公共关系书籍、报刊、网络等途径与海内外进行专业信息交流；

4. 搭建与政府间沟通平台，为政府购买公共服务提供咨询与帮助，在参与社会治理中发挥应有作用。

北京大学公共关系研究协会作为一个实践性的学生社团，致力于为北大学生提供一个全面学习公关理论、接触公关实践、了解公关行业的平台。该社团对会员进行长期的公关培训；挑选精英会员进入著名的公关公司实习；定期举办有关公关的论坛与讲座；与国内外公关公司、公关学者建立与保持长期联系。

由上可以看出，公共关系社团的工作内容大体上分为六个方面：

1. 联络会员，建立经常性的联系；

2. 制订职业道德及行业标准；

3. 提供专业培训，培养公关人才；

4. 进行理论和实践研究，编辑出版公共关系报刊、书籍等理论成果；

5. 开展公共关系活动；

6. 联系其他公关社团和组织，加强对外交流。

（二）公共关系社团的类型

根据公共关系社团的成立目的、工作对象、工作内容，公共关系社团可以分为以下四种类型。

1. 综合型社团

这类社团主要是国家和地方成立的各级公共关系协会，例如中国国际公共关系协会、中国公共关系协会，以及各地分别成立的公共关系协会等。

2. 学术型社团

主要是以公共关系的理论与实践研究为中心工作的纯学术性团体组织，这类社团旨在完善公共关系学科的理论体系，提升公共关系从业人员的理论水平。例如：安徽省公共关系学会、武汉公共关系学研究会、湘潭大学公共关系学会等。

3. 行业型社团

指在某一个特定行业成立的公共关系社团组织，这类社团的主要职责是保障公共关系事业在某一个行业深入发展，一般根据行业特点开展公共关系活动。例如汽车行业公关传播委员会、中国煤炭公共关系专业委员会等。

4. 联谊型社团

这类社团大多以公共关系俱乐部、沙龙、联谊会等形式存在，一般无固定的会员章程和组织形式，旨在成员之间沟通信息、联络感情、建立良好的人际关系。例如公关人休闲吧、公关加油站等。

（三）公共关系社团的特点

1. 广泛性

公共关系社团成员一般既包括公共关系从业人员、公共关系学者，也包含其他诸如新闻媒体、党政机关、科研机构等单位的人员。

2. 松散性

相比专业的公共关系公司和组织内部成立的公关部，公共关系社团没有严格的组织结构，管理上相对松散，会员入会和离会手续办理也相对简单。

3. 公益性

公共关系社团一般不以营利为目的，其成员一般在不同的职业领域都有自己的正职工作，社团任职只是他们的业余身份或社会兼职。

4. 权威性

公共关系社团在行业内拥有较高的口碑和社会地位，通常能汇聚公共关系领域内最著名的专家和学者，从而为社团组织建立起较高的社会威望和信誉度。

【思考与实践题】

1. 公共关系的主体有哪些？他们各有什么样的特点？

2. 请结合生活中的经历或见闻，谈一谈对个人公共关系的认识和理解。

3. 请举例说明，国家形象包含哪些维度？

4. 请选择一个组织，介绍其公共关系部的工作职责和设置类型。

5. 请选择一个公共关系公司，介绍其业务特色、经典案例，以及如何进入这家公司。

6. 请选择一个公共关系社团，描述其类型、工作内容和特点。

第五章　公共关系的客体

本章要点

1. 公众的内涵和特点
2. 公众意见的测量维度和影响因素
3. 公众的分类及概念
4. 目标公众的定义和类型
5. 几类主要目标公众的作用和关系协调技巧

关键概念

公共关系客体；公众；目标公众；员工公众；顾客公众；媒介公众；政府公众；社区公众；名流公众

公共关系的客体主要指公共关系工作的对象，即：公众。公众及其态度就像大气层一样，决定着组织生存环境的优劣。公众资产可以说是组织的无形资产之一，争取公众的理解和支持也是公共关系工作的核心任务。

准确了解公众的特点、构成和分类，可以帮助我们更全面地了解公众对组织态度的生成逻辑，可以更好地争取不同类型的公众对组织的理解和支持，从而为组织建立良好的舆论环境，更好达成组织目标。

第一节 公众概述

一、公众的内涵

在公共关系学中，公众是一个重要的概念，它不同于“一般公众”。一般意义上的公众是指“社会上大多数的人”，是人群、民众、大众，与“私人”“个体”相对应。每个人都是社会上的公众，但是他不一定是公共关系学意义上的公众。

公共关系学中的公众具有特定的内涵，特指与公共关系主体相互联系并发生作用的个人、群体或社会组织的总和，是对所有公共关系工作对象的统称。我们可以从以下几个方面来理解公众的内涵：

1. 公共关系学中的公众，既包含群体，也包含了个人和其他社会组织。例如对某个企业而言，公众既包括该企业的员工、股东、消费者、媒体记者、代言人，还包括其他竞争企业、工商管理部门、卖场等社会组织。其既可以是公众群体中的一群人，也可以是这个群体中的某个人。

2. 公众只有与某个特定组织之间发生了某种关系，例如购买了组织的产品或服务，或即将购买，是组织的潜在客户或想争取的客户，或是他的态度和行为对组织发展产生了影响，这样的公众才是公共关系学中的公众。

3. 与组织相互联系并发生作用的这些个人、群体和社会组织因共同的利益或问题联结在一起，形成某个公众群体，对组织施加影响。例如，受恶劣天气影响，航班延误，旅客滞留。这些旅客有可能是单独乘机返乡的大学生，有可能是去参加比赛的球队，还可能是由旅游公司组织的旅行团。原本不会产生交集的大学生、球队和旅行团，因为航班延误都面临航班何时恢复正常、旅客如何被安置等问题，他们成了航空公司的一类公众，有了共同的利益诉求。

4. 公众与组织之间的关系是相互的。公众为了实现自己的利益，会对组织施加影响；反过来，组织的行为也会影响公众态度和意见的生成。组织的生存和发展离不开公众的支持和帮助，为了建构和谐良好的关系，争取公众的满意和支持，组织应主动了解公众的利益诉求，并尽可能地满足它。

二、公众的特征

公众广泛地存在于社会组织的内部和外部，是公共关系工作中非常重要、活跃的群体，与公共关系主体的利益密切相关，对公共关系主体产生重要的影响。在自媒体时代，公众在信息传播过程中既是信宿，又是信源。公众的需求是推动公关传播活动的直接原因，公众的反馈影响和制约着公关传播活动的深入开展。了解和掌握公众的特征，可以更好地开展公共关系工作。

总体而言，公众具有如下特征：

（一）整体性

从概念上来说，公众是公共关系工作对象的总称，它不是指某个单一的沟通对象，而是与组织运行有关的整体环境。任何组织的生存和发展都离不开一定的公众环境，它是组织运行过程中必须面对的社会关系和社会舆论的总和。我们在分析公众时，要把公众看成一个系统的、完整的有机体，这样才能宏观把握和统筹公共关系工作。每个组织都与社会上的各类公众存在着千丝万缕的联系，公众的整体性特征，要求公关人员在开展公共关系工作时，与组织的各类公众都建立一定的联系，不能只关注一类公众而忽略其他。例如，在与组织的外部公众保持密切联系时，也要关注组织内部员工的需求，注重内部员工的工作激励和归属感营造。

（二）同质性

美国著名哲学家和教育家约翰・杜威（John Dewey）认为，公众是由受到影响的人们构成的积极社会单元，他们认识到可以寻求共同的方法解决共同的兴趣和问题。道・纽森等也认为，公众是出于某种共同的兴趣或利益而被松散地结合在一起，对组织产生影响的社会群体。①

可见，公众不是一盘散沙，而是具有某种内在共同性的群体。当一群人、一个社会阶层、一个社会团体因为共同的利益、需求、目的、兴趣、问题和背景而发生内在联系时，他们便成为一类公众。这种共同性可能是现实已存在的，也可能是潜在的，当某个事件发生时，原本看似毫无关联的个体会因为这些共同点而采取相同或相似的态度和

① 纽森，等. 公共关系精要［M］. 6 版. 大连：东北财经大学出版社，1998：140.

行为。这一特点使公众不再是一个笼统的、模糊的、不可数的概念，而是具体的、特定的、可测量的现实存在。

(三)多样性

公众的存在形式不是单一的，而是丰富多彩、复杂多样的。“公众”作为统称，不是一个抽象的概念，具体表现为个人、群体，或是组织。公共关系的日常工作对象，包括各种各样的个人关系、群体关系和组织关系。他们既有共性，又有各自的特殊性，在性格、需求、价值观、行为等方面存在较大差异，这决定了公共关系工作的复杂性。针对不同的公众，公共关系工作的侧重点和沟通策略应有所不同。公关人员应在受众调查的基础上，选择最能引起目标公众情感共鸣的沟通主题，最能打动目标公众的沟通方式和沟通渠道，实施精准传播。

(四)变化性

公众是一个开放的系统，处于不断发展变化的过程中。任何组织的公众，其数量、范围、形式、态度等都会随着主体条件和客观环境的变化而变化。对于公众来说，他可以支持、喜欢某个组织，也可以疏远、讨厌这个组织，拥有自主选择权。公众对组织的态度发生变化，必将导致公共关系工作目标、策略和手段发生变化。反过来，组织环境的变化也会导致公众产生或消失，公众数量增加或减少，公众态度变好或变坏。因此，我们必须以发展的、动态的眼光来认识和把握公众，了解公众真正的喜好和需求，并能正确应对公众的变化，这样才能赢得公众的信任和支持。

(五)相关性

公众虽然广泛存在，但它不是各个组织通用的，而是与特定组织相关的。公众总是相对一定的公共关系主体而存在的，公共关系主体因为自身的性质、地位、环境、形象等，与特定的公众发生利益关系，从而形成组织特有的公众对象。例如，对于高校而言，其公众对象主要有学生、教师、家长、教育主管部门等。这些公众对象的意见、态度和行为对公共关系主体产生实际或潜在的影响，制约组织的发展，甚至决定组织的成败。相关性是公共关系的关键所在，公共关系工作的一项重要任务就是发现、建立和发展这种相关性，进而通过公关手段影响目标公众的意见、态度和行为。

三、公众意见

公众在一定时间、对一定问题形成的意见集合，称为舆论（Pulic Opinion）。国外有学者认为，公众意见的形成"发生在相互传播的人群内部，他们在一起确定有什么问题，它为什么会成为公众关心的原因，以及能为它做些什么。当这个过程毫无疑问地涉及私人认识的时候，个人对于社会问题的思考在形式和内容两方面都有赖于公众的讨论"。通过讨论，各种观点得到"表达、调整和妥协，从而逐步形成集体决定的行动方案"。①

（一）公众意见的测量维度

在公共关系工作中，我们可以用三个维度来测量公众意见。

1. 意见的方向

即公众对组织的态度倾向：积极—消极—中立、赞成—反对—未决定，或支持—反对—无所谓。

2. 意见的强度

即公众对他们的态度的强烈程度：很不同意、不同意、无所谓、同意、很同意。

3. 意见的稳定性

即公众在多长时间内已经拥有或即将拥有某种态度和情感：经常、偶尔、从不。

（二）公众意见的影响因素

1. 信息支持

指公众对意见对象拥有信息的多少。当公众拥有的信息越多，越有助于公众对组织形成正向的意见倾向；反之，则容易形成"中立""未决定"或"无所谓"的态度；如果拥有的信息对组织不利，还会形成"消极"或"反对"的态度。因此组织应与公众之间保持积极正向的信息沟通，并尽可能多地让公众掌握和了解有关组织的信息。例如，可以邀请公众到企业参观产品的流水线，或是利用虚拟技术邀请公众沉浸式体验产品的生产过程，以此让公众建立对产品质量的直观感受。

---

① 卡特里普，等. 公共关系教程[M]. 明安香，译. 北京：华夏出版社，2001：215.

2. 社会支持

指公众意见在特定的社会环境里得到其他人认同和支持的情况。当一个人的意见在一定范围内与大多数人的意见一致时，他得到的社会支持就越高，他所持有意见的强度和稳定性也越高。反之，当一个人的意见与大多数人意见不一致时，他得到的社会支持比较低，意见的强度和稳定性也会变弱，他所持有的意见很容易受外界影响而发生变化。这个时候，是组织改变公众意见的良机。针对持中立或反对意见的公众，组织可以加强舆论引导，在一定范围内形成多数公众对组织的正面意见，然后由这些"多数的正面意见"对少数中立或反对意见形成"低社会支持"压力，促使他们向正面意见转化。

关于社会支持的效果测定还显示，得到的社会支持越多，公众意见的强度和稳定性越高；反之，则越低。这为公共关系开展说服性沟通提供了思路和技巧：我们可以找到目标公众认可的意见领袖为组织或品牌"背书"，由意见领袖影响、改变公众的意见和态度。邀请的意见领袖在公众心目中的份量越重，产生的社会支持力度就越大，越能影响公众意见的生成和发展。

第二节　公众的分类

公众的同质性、多样性和变化性等特征，决定了组织需要对公众进行分类，以此确定开展具体公共关系工作的对象目标，加强公共关系工作的选择性、针对性和科学性。可以说，公共关系计划的制订、公共关系活动的开展，都离不开科学地区分、界定组织的公众。

根据公共关系工作的实际需要，依据不同的分类标准，公众可以被分为不同的类型。

一、按公共关系活动的内外对象划分

公众可以分为内部公众和外部公众。

（一）内部公众

内部公众主要指组织内部的成员，包括组织的领导、职工、股东、后勤人员等。他

们是与组织有最多共同利益的公众,是组织开展公共关系工作的基础和保障。

组织要重视内部公众,加强与内部公众的情感沟通和联系,营造相互了解、彼此信任的关系环境。这是一个组织和企业寻求发展的根本所在。

(二)外部公众

外部公众主要指组织的外部沟通对象,包括顾客、合作伙伴、竞争对手、员工家属、社区居民、政府部门、金融机构、新闻媒介、社会名流、专家学者等。这类公众数量众多,分布广泛,需要组织根据实际工作需要逐一界定,持续与之建立联系,争取他们的支持和信任。

二、按公众发展过程的不同阶段划分

公众可以分为非公众、潜在公众、知晓公众和行动公众四类。

(一)非公众

非公众是指与组织不发生联系,其观点、态度和行为不受组织影响,也不对组织产生实际作用的公众。这类公众虽然不是公共关系工作的实际对象,但他们处在组织的影响范围之中,从发展的眼光来看,非公众也可能发展为潜在公众。例如,小学生及其家长对于高校而言,是非公众,但是等到小学生步入中学,高考填报志愿时,他们就成了潜在公众。组织要用发展的眼光看待非公众,早接触,早建立印象。

(二)潜在公众

潜在公众是指由于潜在的公关问题而形成的潜伏公众或未来公众,他们由非公众发展而来,处于公众发展的第一个阶段。这一阶段是开展公关工作的最好时机,如果潜在公众对组织发展有利,公关人员应抓住时机,及时开展公关工作使其向知晓公众和行动公众转化;若潜在公众对组织发展不利,公关人员则应采取防范措施,及时将问题解决在萌芽状态,避免酿成危机。例如某新品在街头举行产品试吃活动,对于企业而言,路过的行人就是其潜在公众。有些人尝过以后觉得新产品很好,现场的工作人员要及时跟进,可以邀请他们参加一些后续的公关活动;有些人尝过以后觉得口味一般,包装不好看,工作人员应积极搜集他们的意见反馈,活动结束后及时将意见反馈给产品研发部门。

(三)知晓公众

知晓公众是指已经明确意识到自己面临的问题与特定组织有关,迫切要求进一步了解与该问题有关的所有信息,甚至开始向组织提出有关权益要求的公众。他们是潜在公众逻辑发展的结果,是组织不可回避的沟通对象。特别是在公共关系危机的处理过程中,知晓公众一旦形成,组织的公共关系工作就刻不容缓。

首先,组织要及时、主动地与知晓公众沟通,满足他们的知情权,这对于掌握舆论的主动权非常重要;其次,要真诚道歉,安排组织的重量级人物与之对话,充分安抚知晓公众的情绪和情感;最后,要积极承担责任,尽力满足知晓公众的一切利益诉求。只有这样做了,知晓公众才会对组织建立信任感,他们接下来的行动才会朝着组织预期的方向发展。

(四)行动公众

行动公众是知晓公众发展的结果,是公众发展的最后阶段。他们是已经采取实际行动,对组织构成压力,迫使组织必须采取相应行动的公众。例如因不满组织行为聚集到组织门口讨要说法的公众,聘请律师与组织对簿公堂的公众,将组织投诉至工商行政部门的公众,都是行动公众。

面对行动公众,公关人员必须全力以赴,采取行动积极应对,于危机中寻求转机,尽快解决行动公众的现实问题,否则将威胁到组织的生存与发展。

按公众的发展过程对公众进行细分,有助于公关人员用发展和变化的眼光来看待公众。对于处于不同发展阶段的公众,公共关系工作的开展要有提前量,要预先针对非公众、潜在公众和知晓公众进行联系沟通,从而为组织培养有利的行动公众。

三、按关系的重要程度划分

公众可分为首要公众、次要公众和边缘公众。

(一)首要公众

首要公众是指对组织的生存和发展有重要影响,对组织的成败起决定作用的公众。这是对组织而言最重要的一类公众,是公共关系工作的对象重心。例如企业的员工、股东、客户,学校的老师、学生,医院的医生、护士、病人,等等。

（二）次要公众

次要公众是指对组织的生存和发展有一定影响，但不起决定作用的公众。例如社区居民、当地政府部门、新闻媒介等。对于这类公众，组织也不可放松，要适当进行关系的建立和维护。

（三）边缘公众

边缘公众是指与组织存在一定关系，但不影响组织正常运转的公众。例如企业的竞争对手。

例如，某汽车企业的一位工程师，他是汽车企业的首要公众。当他辞职去了跟该企业有合作关系的科研院所时，他就成了汽车企业的次要公众；当他进入另一家汽车企业时，又变成了边缘公众。需要注意的是，首要公众、次要公众和边缘公众的划分是相对的，在特定条件下三者可以相互转化。组织在有限的公共关系资源条件下，应动态调整公共关系资源的分配，保证首要公众，兼顾次要公众。

四、按公众对组织的态度划分

公众可分为顺意公众、逆意公众和中立公众。

（一）顺意公众

顺意公众是指对组织的理念、行为和产品持赞成意见、支持态度的公众。例如企业的合作伙伴，产品的忠实消费者。这类公众是组织的拥趸，是公共关系工作希望达到的理想结果。

（二）逆意公众

逆意公众是指对组织的理念、行为和产品持否定意见、反对态度的公众。例如在网络上发表负面评论的消费者，明星的黑粉，跟企业恶意竞争的对手，等等。他们是组织最不愿意面对的一类公众，这类公众的出现通常伴随着危机，组织如果不及时采取对策，将导致危机升级和恶化。

（三）中立公众

中立公众是指对组织持中立态度，观点和意见不明朗的公众。他们对组织漠不关心，既无好感，也无恶意，是组织需要竭力去争取的“大多数”。公关人员应通过卓有成效的公共关系工作，提高这些中间分子对组织的认知度和好感度，使其尽早站到顺意公众的阵营中来，还要防止他们发展成为逆意公众。

五、按组织对公众的态度划分

公众可分为受欢迎公众、不受欢迎公众、被追求公众。

（一）受欢迎公众

受欢迎公众是指完全迎合组织的需要并主动对组织表示兴趣和交往意愿的公众。例如慕名而来的消费者，主动为品牌背书的网络意见领袖，为组织积极发声的新闻媒体，等等。这类公众和组织之间不存在沟通障碍，能够一拍即合，双方都处于一种积极主动的状态。

（二）不受欢迎公众

不受欢迎公众是指违背组织的利益和意愿，对组织构成潜在或现实威胁的公众。例如态度不友好的记者，对组织反复索取利益的消费者。这类公众跟逆意公众一样，也是组织力图躲避的一类公众。组织在应对这类公众时，要注意方法和技巧。正所谓“君子易处，小人难防”，本着“息事宁人”的原则，组织能忍则忍，能不得罪就不得罪，但也不必一味退让，必要时也要借助法律武器捍卫组织的权益。

（三）被追求公众

被追求公众是指符合组织的利益和需要，但对组织不感兴趣且缺乏交往意愿的公众。这类公众通常具有一定的话语权和社会影响力，是各个行业的意见领袖，例如受公众欢迎的网络主播、知名专家学者等。组织希望与他们建立亲密的关系，借助他们的社会影响力来扩大组织的影响力。但这不是件易事，需要组织拿出交往诚意，还需要讲求一点契机。

六、按公众构成的稳定程度划分

公众可分为临时公众、周期公众和稳定公众。

(一)临时公众

临时公众是指因临时性因素、偶发事件或公共关系专题活动而形成的公众。例如即兴演讲的听众、促销现场的围观群众、因航班延误而滞留的旅客等。在“人人皆媒体”的时代,临时公众不仅是公共关系工作的对象,也是宣传推广组织的主体。身处演讲会和促销现场的公众,有可能把演讲会和促销产品用手机记录下来发到社交媒体上;滞留旅客也可能在社交媒体上吐槽,抱怨航空公司不作为、耽误旅客行程。这些都会影响公众对演讲者、活动主办方、产品和航空公司的看法。

(二)周期公众

周期公众是指按一定规律和周期出现的公众。例如节假日的游客、竞选时的选民、招生时的考生和家长等。周期公众具有可测量性,公关人员可以根据周期公众的出现规律,精心制订公共关系计划,使周期公众向稳定公众转化。例如,夏日度假酒店可以针对夏季游客推出淡季时的优惠套餐,吸引游客在淡季时光顾。

(三)稳定公众

稳定公众是指与组织之间具有稳定关系的公众。例如组织的长期合作伙伴、商店的回头客、节目的忠实观众等。稳定公众是组织珍贵的人际财富,组织应给予特别优待或特殊照顾,以示亲近。诸如“查网龄赠流量”“答谢老客户”等活动,都是抓住稳定公众可采取的公关策略。

总之,明确公共关系沟通对象的类别和特点,是开展一切公共关系工作的起点。针对不同的公众对象,公关人员应确定公共关系工作的不同任务目标和工作范围,制订亲疏有别、区分轻重缓急的公共关系计划,采取不同的沟通策略和活动方式。

第三节　目标公众及其关系协调

每个组织都有自己特定的公众对象,他们是公共关系工作的主要对象,称为目标公众。组织的性质、规模、类型不同,目标公众的范围和数量也不同。同样是企业,一个跨国企业和一个地方性企业,其目标公众的范围是不一样的;同样是事业单位,政府机构和医院、高校的目标公众也有很大差别。

面对不同的目标公众，组织要根据其特点有针对性地运用公共关系策略和技巧，这样才能取得理想的公共关系工作效果。

一、员工公众

员工公众又叫员工关系对象，是指组织在管理过程中形成的人事关系，包括上下级之间的关系，各个职能部门和科室之间的关系，以及员工与员工之间的关系，其具体对象包括领导、管理干部、职员和工人。他们既是组织内部公关工作的对象，又是组织外部公关工作的主体。

员工公众是与组织关系最为密切的公众，是组织赖以生存和发展的基础。员工的态度和行为对组织各方面的工作有着最直接的影响，组织为公众提供的产品和服务、对社会创造的价值都需要员工去实现；组织的制度、文化、工作环境、经营理念等，也会对员工的态度和行为产生重要的影响。

（一）员工关系的作用

在公共关系工作中，良好的员工关系是组织的粘合剂和润滑剂，是组织内求团结、外求发展的重要保证。

1. 可以增强组织成员的认同感和归属感，吸引和留住人才；

2. 可以调动组织成员的积极性和创造性，提升组织的竞争力；

3. 可以培养组织成员的主人翁意识，使组织成员自觉维护和珍惜组织的声誉和形象；

4. 可以调和组织成员之间的内部矛盾，提升组织的向心力和凝聚力。

（二）协调员工关系的技巧

1. 建立畅达的信息沟通渠道

人与人之间的误会往往是由于缺乏有效的沟通而产生的。作为组织的一员，如果对组织的规章制度、工作条例、工资待遇等不了解，也没有渠道和途径了解，员工就会对组织产生猜疑和对抗心理，久而久之组织与员工之间就会出现隔阂，甚至发生冲突。

为了沟通组织意图和员工诉求，组织与员工之间应该建立畅达的信息沟通渠道。一方面，通过内部网站、内部刊物、通讯简报等向员工介绍组织的基本情况、近年的发展战略、近期的工作业绩、遇到的困难挑战等，做好“上情下达”，让组织的管理制度、经营方略得到员工的理解和支持；另一方面，通过座谈、信箱、留言板等途径及时了解、掌握员工的思想动态、利益诉求和对组织的意见建议，并及时汇报给领导层，做好“下情上达”。

2. 建构软硬兼具的组织文化

组织文化是一个组织的灵魂，是推动组织发展的不竭动力。它通常由“硬文化”和“软文化”两个部分组成。硬文化，主要指组织的物质文化，例如厂容厂貌、产品或服务的特色、薪酬福利、组织开展的文化活动等。软文化，主要指组织的精神文化，包括组织的规章制度、价值观念、经营理念、服务宗旨、员工信条等。

一个优秀的组织必定具有优秀的组织文化，它像一只无形的手，将员工的意志和行为统一到组织的价值体系中来，使员工在思想上、行为上与组织的目标保持一致。例如华为集团的文化核心是“安全”和“独立”，作为全球领先的信息与通信基础设施、智能终端提供商，华为将构筑、实施端到端的全球网络安全保障体系作为集团的重要发展战略，将集团对网络、业务的安全保障责任置于商业利益之上；坚持独立的商业精神，全力为客户提供安全运营的技术支持。这样的组织文化赋予华为人“向上捅破天，向下扎到根”的探索未知、创造未来的志气，以及“用自己的聪明才智为人类社会的进步做贡献”“拖着世界往前走”的大格局。

3. 营造轻松愉悦的工作环境

良好的工作环境，可以带给员工饱满的工作热情和持续工作的动力，使其全身心地投入工作，充分发挥员工的创造力和潜能，提高工作效率。反之，糟糕恶劣的工作环境，会使员工的热情和积极性慢慢消散，从心里产生抗拒，工作能力再好也得不到发挥。

在谷歌(Google)，工作既是生活的一部分，又是乐享生活的源头。作为全球搜索巨头，谷歌公司十分重视家庭氛围的营造：员工上班可以不穿正装，可以携带宠物；可以按照自己的作息时间选择工作时间；可以根据个人喜好公费改装办公区域；可以随时使用办公区域旁边的按摩椅、台球桌和各种健身器材……这样的工作环境使员工犹如置身家里，感到安全、舒适、自在，可以尽情施展他们的才华。

4. 创建公平完备的薪酬福利体系

工资报酬、奖金福利是员工最为关心的问题，也是促使员工认真工作的原始动力。对于员工的劳动付出和创造的贡献，组织应制订公平合理的薪酬制度和完备的福利制度。

一般而言，薪酬制度的公平合理性体现在三个方面：首先，应注意“外部公平”，即组织员工的薪资水平在外部市场具有一定的竞争力，应略高于外部市场的平均薪资水平；其次，要注意“内部公平”，即组织内部应有一套公正客观的衡量薪资差异的标准，这套薪资标准要提前让所有员工知晓；最后，要注意“个别公平”，即对于作出突出业绩的员工，应设置一定的激励或奖励机制，不能“同工同酬”一刀切。

此外，组织在能力可承受范围之内，还应关心员工的住房、医疗、育儿、养老等问题，尽可能提供帮助，让员工没有后顾之忧。这是增强员工向心力和归属感的重要手段。国内著名电商集团京东，因“福利好”享誉业界，吸引源源不断的优秀人才加入京东。京东福利包括：向员工提供最高 100 万元的无抵押、无担保、无利息购房借款；为员工提供星级酒店标准的精装公寓，开通便捷班车；为员工子女开设幼儿园，免费提供母婴产品；女员工在法定产假外增加一个月带薪产假，男员工享受 7 天额外陪护假；春节期间为坚守岗位的员工提供 3000 元~6000 元子女团聚补贴……

5. 打造具有组织特色的仪式性传统

组织成立纪念日、岁末年终、端午中秋等时间节点，是组织对外展示形象，对内关怀员工的大好时机。通过打造仪式化的周年庆典、年会、节日礼盒等，可以增强员工对组织的荣誉感和归属感。

举办年会一直是很多互联网公司的传统。2017 年 9 月 8 日是阿里巴巴成立 18 周年，来自全球的 4 万多名阿里员工齐聚杭州黄龙体育中心共度集团生日。年会开始前，阿里巴巴制作了 4 块用 6 万个阿里员工笑脸拼成的巨型喷绘，竖在黄龙体育中心门口，内容为“亲”“hello world”“hangzhou”和集团 Logo。年会现场，阿里工程师把整个黄龙体育中心打造成阿里办公网，每个人配发一只阿里自主研发的 IOT(物联网)手环，构成会场上一个像素点，组成一张超过 3 万平方米的无线大屏。共有两千多名阿里员工参加了年会演出，集团领导人马云身穿迈克尔·杰克逊的舞台服，骑着哈雷摩托车登台表演，将年会气氛推至高潮。

此外，中秋节、春节等传统节日的“员工礼盒”，也是组织协调员工关系的有效方式。员工礼盒中除了月饼、新年红包等必备品，一般还有组织精心设计、彰显组织特色的个性物品。阿里巴巴 2023 年的员工礼盒是《阿里家书》，礼盒里除了红包、兔年公仔、对联窗花，还有组织领导人写给员工的一封信，“写家书”传统在阿里巴巴已持续了 11 年；携程 2023 年的员工礼盒是“GO 兔·探险 BUFF 箱”，礼盒以行李箱为外包装，内里除了红包、新年福帖，还有露营灯、口哨等旅行必备品，既传达了新年祝福，又体现出组织作为一家在线票务服务公司的形象。

二、顾客公众

顾客公众是指购买、使用组织提供的产品或服务的个人、群体或组织。如工商企业的客户、饭店的客人、电影院的观众、培训学校的学员等。

顾客公众是组织经营活动中最重要的公众之一,是与组织具有直接利害关系的外部公众。两者之间是相互依存的关系,顾客需要组织为其提供产品或服务,而组织的生存和发展离不开顾客的支持。顾客的有无和数量多少,直接关系着组织的生死存亡。从与组织关系的稳定程度来看,顾客公众是最不稳定的,组织想要长期、稳定地拥有顾客,需要付出艰辛的努力。

(一)顾客关系的作用

1. 为组织争取客户,开拓和稳定市场。现代企业之间竞争越来越激烈,良好的顾客关系可以帮助企业消除障碍,争取人心,获得更大的市场,从而为组织带来更多的利益。

2. 为组织赢得声誉,提高市场竞争力。良好的顾客关系可以让公众留下对于组织的良好印象,可以得到公众的正面评价,从而积累形象和口碑,提升组织的竞争力和行业地位。

(二)协调顾客关系的技巧

1. 以顾客为中心

坚持以顾客为中心,就是要树立以顾客为中心的经营理念,想顾客之所想,急顾客之所急,满足顾客之所需。20 世纪 70 年代,现代企业的经营理念以 CIS 为主导,以"我"为中心。到了 90 年代,以"顾客"为中心的 CS 理念逐渐取代 CIS 成为主流经营理念,"顾客至上""顾客第一"成为很多企业的经营哲学。

以顾客为中心,首先要以顾客的利益为重,充分保障顾客的权益。顾客的利益包括:了解即将购买、使用的产品或服务的真实情况;对即将购买、使用的产品或服务既有充分选择的余地,又有不受强制的自由选择权;在购买产品或服务时享有质量有保障、价格公平合理、计量准确无误等公平交易的权利;在购买、使用产品或服务时享有尊严和人身、财产安全;在购买、使用产品或服务时如果利益受损,可以进行监督,要求赔偿。

以顾客为中心,其次要尽力满足顾客的需求,让顾客满意。一方面,对于顾客提出的正当合理要求,组织应尽力满足;另一方面,组织也应通过消费者调查等方式主动去发现顾客的需求。有时,顾客的需求就代表着商机。有一年圣诞节,比利时著名巧克力品牌Godiva(歌帝梵)在美国推出了一款非常特别的巧克力礼盒,它的设计灵感就来源于客户的特殊需求:既想自己吃一口,但又不想吃太多;虽然是买来送人,但自己也想尝一尝。这个礼盒一共有四层,每一层都被设计成“盒中盒”的形式:当揭开一个盒子时,一半是巧克力,写着“to keep”(留着),另一半是个未开封的新盒子,写着“to give”(送出去)。这个巧克力礼盒巧妙地抓住了顾客的心理需求,一经推出就风靡全美。

2. 以诚信为根本

人无信,不知其可也;人无忠信,不可立于世。诚信自古以来就是中华民族的传统美德。在现代社会,诚信经常被比喻成人们的“第二个身份证”,它是维系社会群体与群体之间、个体与个体之间彼此信任、良性互动的道德基础,是一个社会发展的根基,也是一个组织的立根之本。做人讲求诚信,组织与顾客之间建立良好的关系,更需要诚信。

对于组织而言,诚信既是一种责任,也是一种准则。组织对顾客诚信要在两个方面积极承担责任:一是向顾客提供货真价实的产品和服务,讲信用、守承诺;二是真实、全面、客观地向顾客宣传产品和服务信息,不夸张,不弄虚作假。

3. 以服务为宗旨

在公共关系工作中,为组织塑造全心全意为顾客服务的形象、为顾客提供优质的售后服务等,是建立良好顾客关系的重要手段。

江苏无锡有个洗衣机品牌叫小天鹅,该企业自1958年成立以来一直秉持“全心全意小天鹅”的服务宗旨,是世界上少数能同时制造全种类洗衣机的第三大洗衣机制造商。20世纪90年代,小天鹅推出风靡全国的“爱妻号”洗衣机,“爱她,就送她小天鹅”成为90年代夫妻秀恩爱的最好方式。解放双手、减轻家务、便利生活的服务理念深入人心,小天鹅多次被评为中国消费者十大满意品牌。

众所周知,售后服务不能产生利润,却要求企业投入大量的资金、人力和物力,因此有些企业把售后服务视为负担,多数企业借用别人的网络代理售后服务。但海尔集团把售后服务视为企业发展战略的关键,建立了自己的维修服务体系,把售后服务作为沟通顾客、了解顾客需求的重要渠道。一位顾客打电话说新买的冰箱坏了，海尔马上派人上门处理。工程师赶了200多公里路到了顾客家，一番检查后发现是温控器没打开，打开温控器就一切正常了。对此，海尔没有埋怨顾客，而是进行了总结和反思：顾客没有错，海尔必须服务于所有顾客的需求；顾客有疑问，说明海尔的产品说明书存在问题，需要改进说明书让所有人都能看懂。服务意识深深刻入海尔的企业文化中，成为一种自觉、主动的行为，这不仅使海尔赢得了顾客的信赖，更赢得了巨大的市场。

4. 以管理为手段

要建立组织与顾客之间的稳定关系，还需要对顾客公众进行科学的管理。

首先，把数量众多、松散存在的顾客公众组织起来，通过消费引导和消费教育等形式，把他们原本盲目、被动的消费习惯改造成自觉、主动的消费意识，培养他们成为组织的忠实消费者。有人把这种方法称为“蓄水养鱼”。例如：编辑发行用户指导手册，举办实物操作演示，让顾客了解、熟悉产品或服务的特点、性能；撰写发布科普类文章、开办知识小课堂，让顾客掌握使用和保养产品的知识和方法；开设问答类互动平台，解答顾客关于产品或服务的问题。

其次，借助大数据建立顾客档案，按照兴趣爱好、购买频率、购买渠道、消费能力、购买习惯等形成分门别类的顾客数据库，并针对不同的顾客群体采取不同的营销策略。例如，对于老顾客，给予折扣、赠品、优先了解信息的奖励，定期给他们寄送折扣信息、积分兑换赠品信息以及新品信息。对于单次消费或一年累计消费达到一定金额的顾客，吸收其成为组织会员，为其提供会员折扣、个性化服务和会员活动入场券，满足顾客的社交需求和归属需求。对于新顾客，定期寄送精美的问候卡片和产品折页，不断加深他们对组织的印象和好感。

最后，与顾客保持通畅的沟通交流渠道，及时了解、解决顾客的需求和问题。一是进行顾客调查，掌握顾客的消费需求、消费心理和消费习惯，了解顾客对组织的态度和评价，为接下来制订公共关系目标和计划提供依据；二是妥善处理顾客纠纷和投诉，积极倾听，耐心解答，真诚道歉，尽量让顾客宣泄不满情绪，尽力满足顾客提出的利益诉求，对于组织确实存在的问题，积极调查，及时改进。

三、媒介公众

媒介公众又称新闻界公众，主要指新闻传播机构（包括报社、杂志社、广播电台和电视台等传统媒体机构，网站、微博、微信、短视频平台等新兴媒体机构）以及新闻界人士（记者、编辑、网络意见领袖等）。

媒介公众是公共关系工作对象中最敏感、最特殊的一类公众，具有双重属性。一方面，媒介是联系组织与公众的重要渠道，是公共关系目标赖以实现的重要载体，具有工具性。在公共关系策划中，制订媒介计划和媒介策略是重要的一个工作环节。另一方面，媒介公众又是组织竭力争取、努力追求的一类公众，具有对象性。媒介公众可以通过引导社会舆论来影响公众对组织的态度。作为“无冕之王”的记者及其新闻报道对组织的发展影响巨大，一篇新闻报道可以救活一个企业，也可以毁掉一个企业，组织对媒介公众必须格外重视。

（一）媒介关系的作用

1. 可以通过媒体广泛地传播组织信息，实现公共关系工作的规模化传播效果。借助媒介公众渠道，组织可以发布广告，召开新闻发布会，面向广泛的公众建立知名度和影响力，使公众快速了解组织的新产品、新服务和新动态。

2. 可以争取媒介公众对组织的正面报道，形成对组织有利的舆论环境。在现代公共关系发展史上，从 19 世纪 30 年代“新闻代理”兴起到 20 世纪初美国新闻史上的“扒粪运动”，组织和企业日益重视媒介关系，艾维·李等早期职业公关人的主要工作就是与新闻界建立联系，通过正面报道改善组织形象。

3. 可以监督组织行为，使组织朝着健康、有序的方向发展。媒介公众是现代社会中界定规范的一把标尺，它通过对各种违纪违法行为的揭露、批评性报道实行舆论监督，利用舆论维护公众利益和社会公义，规范政府、组织、企业和公民的言行。对于组织而言，媒介监督具有警示教育作用，促使组织管理层和员工不断自省自查，推动组织可持续发展。

（二）协调媒介关系的技巧

1. 准确定位与新闻界的关系

鉴于媒介公众的双重属性，组织与媒介公众之间应该建立良好的合作伙伴关系，遵循相互尊重、相互支持、相互促进的相处原则。

首先，组织要尊重新闻媒体及其工作人员的职业权利。对于媒体的主动来访，接待人员要以礼相待，热情友好，尽力为他们提供帮助和服务，不能拒之门外甚至恶言相向。在与媒介公众交往的过程中,要讲真话,向新闻界提供真实可靠的信息材料。如果涉及“家丑”或保密信息,应主动、坦诚、如实地与新闻界沟通告知,在不损害他人利益的前提下请他们酌情使用。

其次,组织要维护新闻媒体及其工作人员的职业声誉。对于投放了广告的媒体,组织不能以撤回或取消广告向媒体施压,实行对信息的检查和控制,不能挟广告费操控媒体;不能以宴请记者、编辑或送礼等方式笼络、收买个别新闻界人士,要求对方放弃原则,甚至弄虚作假,欺骗公众。

2. 主动与新闻界合作联系

英国公共关系专家弗兰克·杰弗金斯认为,公关人员开展媒体工作有两个基本职责:“第一,尝试利用各种媒介工具或手段;第二,提供媒介所需要的信息。为此,他们必须与新闻媒介建立相互的双向关系,即首先与媒介建立联系,努力赢得媒介的欢迎与尊重;而后,媒介与这些乐于助人的、富有同情心的、精明强干的新闻宣传人员,进行富有成效的合作。”①

据传,美国报纸的头版新闻中有将近30%的新闻内容是由各类组织提供的。组织的公关人员应积极与新闻界保持联系,主动提供媒体感兴趣的新闻素材。

具体做法有:

(1)安排专人定期与新闻媒体接触联系,建立长期友好关系。例如一周一次、一月一次的邮件、短信、拜访等。

(2)在组织官网上设立“新闻中心”,上传组织的活动新闻稿、图片、视频,以便媒体记者随时查阅下载。

(3)定期给媒体发送“公关资料袋”,内含组织的新闻通稿、照片、音视频新闻素材、特写稿、人物传记、产品说明、案例资料等。

(4)召开新闻发布会,向媒体通报组织重大事件、重要决策等。

(5)邀请媒体记者到组织参观采访,预先安排好合适的受访对象、能保证效果的摄影摄像环境。

(6)策划具有新闻价值的公共关系事件,吸引媒体记者、自媒体大V报道(本书第九章将重点介绍)。

3. 加强媒介资源管理

媒介资源是组织开展公共关系工作的重要保障,充足的媒介资源是组织重要的财

---

① 杰弗金斯. 最新公共关系技巧[M]. 夏晓斌,等译. 北京:北京大学出版社,1992:131.

富。组织要重视对媒介资源的管理。

首先,组织应全面梳理与其建立关系的媒介信息,包括出版时间、播出时间和周期,媒体的内容、风格和特点,媒介性质、立场、报道专长和媒介职责等。

其次,组织应建立媒介公众数据库,定期维护和更新。根据媒介各项指标、媒介与组织的亲疏程度,组织可以有针对性地发送公关资料袋,有针对性地接触和邀请记者,提高媒介关系工作效率。

4. 理性对待媒体批评

新闻媒体作为党和人民的喉舌,肩负着传播信息、引导舆论、监督社会的重任。当组织行为对社会有利时,媒介正面报道,为其扬名;当组织行为对社会不利时,媒介批评监督,促其整改。这是新闻媒体的职责。但有时,由于媒体记者缺乏充分、深入的调查和核实,或是出于个人主观偏见,媒体对组织的批评报道不尽客观公正,甚至存在歪曲事实、失实报道的情况。

面对媒体的批评报道,组织应保持理性、包容的应对态度。对于组织确实存在的问题,应主动承认错误,积极承担责任,反思整改;对于媒体的失实指控,应主动发声,抢占话语主导权,必要时召开新闻发布会,公布真相。

四、政府公众

政府公众指组织与政府之间沟通的具体对象,包括各级政府官员、行政助理、各职能部门(科技、文化、教育、工商、财政、税务、审计、司法、民政、国安、卫健、环保等)的工作人员。

政府公众是公共关系工作对象中最具权威性、最有影响力的一类公众。作为国家权力的执行机构,它通过立法、行政、司法和各种管理手段,制约和影响着组织的活动,对组织的生存和发展起着重要作用。可以说,处在一定管辖范围之内的所有组织都受到当地政府部门的管理和约束,都需要与政府官员、各类管理职能部门打交道。

(一)政府关系的作用

与政府公众保持良好的关系,可以争取政府及其职能部门对组织的信任和支持,从而为组织争取良好的政策环境、法律保障、行政支持和社会政治条件。

1. 可以为组织提供政策支持，通过制订政策法律、行政干预等手段保障有序的市场竞争。

2. 可以为组织提供数据支持，通过共享各职能部门的统计报告和调查数据，帮助组织更好地决策和制订计划。

3. 可以为组织提供资金支持，通过减免税费、财政拨款等方式扶助组织发展。

（二）协调政府关系的技巧

1. 熟悉政府职能部门的政策和运作

首先，熟知政府的各项法令、政策和法规，根据政策变化和适用范围及时调整组织的政策和工作方案，利用政策的灵活性规避风险，为组织创造竞争优势。

其次，熟悉政府各职能部门的机构设置、工作范围和办事流程，知道遇到问题该找哪个部门，该走什么流程。例如，组织计划在特定区域进行新品功能测试，需要得到环保部门的许可。为了测试如期进行，工作人员需要知晓环境风险评估的流程以及许可证的办理周期，并在测试日到来之前准备好相关证明文件。

2. 主动与政府职能部门联系沟通

一是及时将组织发展动态汇报给相应的政府主管部门，使政府了解组织的基本情况和发展前景，特别是组织对国家、社会作出的贡献，给职能部门留下好印象。具体包括组织在缴纳税金和承担社会责任方面的贡献，组织在助力高校毕业生就业方面的举措，组织在环保方面的投入和具体做法，组织在关爱留守儿童方面开展的项目，组织在保障消费者权益方面施行的政策，组织遵纪守法的情况，等等。

二是邀请政府主管部门领导出席组织的重大活动，通过展示组织的业绩和成就提高政府部门对组织的兴趣，增强他们对组织的信心和重视程度。例如，邀请他们主持奠基仪式、为新厂房的落成剪彩，邀请他们参加开业典礼、周年庆典、新品发布会，邀请他们参观工厂、产业园区，等等。

三是邀请政府主管部门参与组织的管理活动，及时把组织在发展过程中遇到的困境和挑战反映给相关职能部门，寻求他们的政策支持或资金支持；邀请他们参加组织的政策咨询会、座谈会，转达组织在执行政府决策过程中遇到的困难和问题，争取他们的指导和帮助。

3. 积极承担政府牵头的公益项目

为表示对政府工作的支持和尊重，组织应“急政府所急”，主动帮政府分担责任、排忧解难,积极承担由政府发起、组织的公益项目。2019年岁末,一场突如其来的新冠疫情席卷神州大地,在抗疫的关键时期,企业纷纷响应国家号召,紧急驰援武汉:百雀羚向武汉及周边地区捐赠价值2亿元的百雀羚及卫生清洁护理用品;辉瑞中国全球调配资源,捐赠武汉当地最紧缺的物品;顺丰在除夕当天派出两架飞机到武汉天河机场运送医疗物资……这些企业的做法既提高了组织的美誉度,又赢得了政府的信任和好感,可谓一举两得。

4. 讲好中国故事,积极传播国家形象

近年来,民族品牌纷纷走出国门,在国际市场上参与竞争。民族品牌是由中国企业原创、产权归中国企业的品牌。当前,中国已成为世界第一制造大国和出口大国,优秀的民族品牌不仅是国家经济实力的战略资源和社会脊梁,也是国家形象的名片和软实力的象征,优秀民族品牌的对外传播对提升国家形象和文化软实力具有重要的作用。

作为国家名片,民族品牌以优质的产品和服务在国际市场上赢得声誉,有助于提升国家形象。在对外传播组织形象时,民族品牌应树立国家形象意识,深入挖掘中华优秀传统文化的内核,将组织形象融入国家形象,讲好中国故事,自觉担负起传播国家形象的重任。在2022年华为的对外宣传视频中,华为与三位画师合作,让画师使用华为产品、取用河南博物院千年文物上的颜色绘制《山海经》神兽,以中国古色展现山海经的奇幻世界,向世界表达流传千年的中华文化之美。

五、社区公众

社区是一个社会学概念,英文是Community。尽管社会学家对社区的定义各不相同,但在"构成社区的基本要素"的认识上是基本一致的,均认为一个社区包括一定数量的人口、一定范围的地域、一定规模的设施、一定特征的文化和一定类型的组织。因此社区是聚居在一定地域范围内的社会群体、社会组织所形成的社会生活集体。

社区公众,是指在社区中与组织发生直接或间接联系的所有关系对象,包括地方政府部门、地方团体组织、周围的学校、医院、工厂、酒店、商店以及居住的居民。他们与组织有着共同的生活环境,是组织的利益共同体,与组织存在着相互制约和相互依存的关系。在现代社会中,随着经济成分、生活方式、社会组织形式、就业形势的日益多元化,大量灵活就业人员、流动人员进入社区,使社区公众的成分更为复杂,给发展良好的社区关系提出了更高的要求。

(一)社区关系的作用

美国公共关系专家罗伯特·狄思达等人认为,“公共关系正是从社区关系开始的”,“社区关系是公共关系中一个专门的组成部分,值得特别考虑、计划、实施”。① 建立、维护良好的社区关系,是一个组织赖以生存和发展必不可少的条件。

1. 可以为组织提供充足的劳动力资源和可靠的后勤保障。组织的大部分员工来自就近的社区居民,良好的社区关系可以吸引更多的人力和高素质的人才为组织效力。此外,组织的生产经营离不开社区内各种配套设施和基础服务,例如交通运输、水电供应、消防治安、员工的生活保障等。组织与这些机构、部门建立良好关系,能获得可靠的后勤保障。

2. 可以为组织创造一个团结友爱的生存环境。远亲不如近邻,良好的社区关系不仅可以为组织争取稳定的外部环境,使组织无后顾之忧,还能在组织深陷危机时施以援手,帮助组织渡过难关。美国俄亥俄州有个陶器厂遭遇火灾,几乎面临灭顶危机。火灾后的第二天清晨,出现了感人的一幕:陶器厂员工、镇上居民、酒店老板、教堂牧师等都聚集到废墟上,清扫残砖碎瓦。在短短的几个月时间里,周围的居民和组织有钱的出钱,有力的出力,竟在废墟上重新建起了厂房,陶器厂很快恢复了生产。陶器厂的东山再起,与它长期以来与社区公众建立的良好关系密不可分。试想,如果陶器厂与社区居民关系紧张,当它出事时,谁会愿意来帮忙呢?

3. 可以为组织赢得稳定的顾客和口碑。对于组织而言,社区公众不仅是人力、物力、后勤保障的提供者,也是组织产品、服务的直接消费者。在社区内出售产品,可以大大减少运输成本和仓储成本,使组织可以用略高于出厂价的实惠价格将产品卖给社区公众,售后服务也更为方便。这有利于组织形成稳定、忠实的顾客群体。此外,和谐的社区关系也有助于组织在社区内形成良好口碑,通过社区公众的口碑传播进一步扩大组织影响力。

(二)协调社区关系的技巧

1. 为社区创造良好的生态环境

一要自觉保护环境,废水、废气和固体废弃物的排放要符合国家标准,防止对社区

---

① 狄思达,福雷斯特. 公共关系手册[M]. 成立,等译. 北京:社会科学文献出版社,1989:112.

的空气、土地和水源造成污染；二要主动美化环境，种植花草树木，发展社区绿化，修建市民广场，打造休闲场所。近年来，红豆集团坚持走绿色发展之路，不仅斥巨资节能减排，还积极发展绿色生态产业，被誉为“环境的友好使者”，在江苏无锡拥有良好的社区关系。

2. 积极参与社区的发展建设

一是赞助社区的公共福利事业，例如造桥修路；兴建教育、医疗、体育、卫生等公共基础设施；赞助养老院、孤儿院、残疾人基金会等社会福利机构；赞助贫困家庭、失学儿童、孤寡老人等。

二是赞助社区的文化体育事业，例如赞助文化周活动，举办手艺人大赛，组建社区合唱团、足球队、棋牌俱乐部等。

三是协助发展地方教育事业，例如在学校设立奖助学金，兴建图书馆，开办老年大学、技能培训学校等。

四是积极为社区提供就业岗位，推动生产安全和劳动保护，保障工人的权益。

五是参与维持社会正常秩序，维护社区安全。例如在疫情防控期间，积极承担志愿者工作。

3. 加强与社区公众的沟通交流

一是对社区开放参观，邀请社区的政府工作人员、居民、学校的老师和学生等参观厂区，让他们了解组织的规模、员工的工作环境、产品的生产过程等，加深对组织的了解。

二是利用报纸、广播、电视、网络、组织自己创办的社区报刊、宣传手册等，向社区公众介绍组织的基本情况、产品特色以及组织取得的业绩、成就和贡献。

三是展开调研，邀请社区公众参加组织举办的座谈会、意见征询会等，了解社区公众对组织发展的意见和建议。

四是举办文体活动，增进社区成员之间的认识和交流。例如组织冠名的新年音乐会、露天电影展映、亲子运动会等，既丰富了社区的文化生活，又扩大了组织在社区的影响力。

六、名流公众

名流公众指对公众舆论、社会生活具有显著影响力和号召力的社会名人，包括政界、工商界、金融界的首脑人物,科学界、教育界、文化界的权威人士,艺术、影视和体育界的明星,新闻出版界的舆论领袖等。

这类公众虽然数量有限,但都是各行各业的精英和意见领袖,利用他们的专长、社会声望与公众进行沟通,可以发挥名人效应,有效影响、改变公众的意见和态度。因此,名流公众是组织极力追求的一类公众。

(一)名流公众的作用

1. 可以借助名流公众的知识专长为组织出谋划策。名流公众一般在专业方面有较高的造诣和成就,与他们建立良好关系,可以为组织的经营管理争取有益的意见咨询。每个组织都应该结交行业内的权威名流,例如高科技智能制造企业,应该与国内顶尖的工程研究院、科研院所、科技类大学寻求合作,邀请这方面的专家教授加入产品研发的智囊团。

2. 可以借助名流公众的社会声望提升组织的影响力。例如,组织开业、周年庆典邀请重量级名流到场助阵,新品上市邀请公众喜爱的明星代言产品,可以有效提升公众对组织、产品的关注程度和喜爱程度。

3. 可以借助名流公众的社会网络扩大组织的交往范围。在名流公众的关系网中,有组织想要争取的政府公众、媒介公众、顾客公众,也有对组织存在误解的逆意公众。组织可以请名流公众出面疏通关系,与要争取的公众建立联系,与逆意公众消除误解。

(二)运用名流公众的技巧

1. 辩证看待名流公众

名流公众是“被追求公众”,他们的专业素养、社会声望和社会关系网络能为组织的公共关系工作带来较大的助益。但是,事物都有两面性,名流公众也有局限性,其公众形象具有“不可控性”。近年来因为个人道德问题导致名流公众“形象崩塌”的事件频繁发生,给组织带来一定的挑战。组织应辩证看待名流公众的作用,理性选择、使用名流公众。

2. 建立、维护名流公众数据库

名流公众分布于各行各业。对于主动寻求合作的名流公众,组织要仔细甄别,抓住机会。20 世纪 80 年代末,美国总统老布什访华。一天,一位美国外交官夫人来到一家葡萄酒厂,建议该厂把葡萄酒拿到老布什访华的国宴上,让各国来宾感受一下中

国葡萄酒的风采。这原本是让该厂葡萄酒扬名的大好机会，但这个酒厂却要求这位女士先支付2000美元订金，最后错失了机会。这个酒厂的失误在于没有认识到这位外交官夫人的名流公众地位，只把她当成了普通顾客，太计较一时的得失。

据说，这位外交官夫人是中国人，所以才想把机会留给中国的葡萄酒厂。对于组织而言，这样的机会可遇不可求，大多数情况下需要组织主动去结交名流公众。组织应从公共关系目标和工作任务出发，积极挖掘合适的人选，逐步建立名流公众数据库。可以尝试的办法有：主动联系拜访，表明合作诚意；参加名流公众出席的会议和活动，邀请他们到组织开设讲座，担任活动嘉宾；通过第三方引荐。

名流公众数据库建好后，要加强维护。应派专人定期接触联系，一是增进情感交流，让名流公众对组织建立好感；二是汇报组织的发展动向和工作成绩，让名流公众对组织建立信任感和合作意愿；三是收集名流公众的职业发展动向和近期状况，动态更新其个人档案，对于不再适合担任组织名流公众的，要及时更换人选。

3. 设计和策划名流公众事件

名流公众作用的发挥有赖于公关人员对事件进行精心设计和策划。1984年4月美国里根总统访华，有人敏锐地捕捉到了背后的名人价值，通过做工作把总统访华的答谢宴从人民大会堂宴会厅搬到了刚开业不久的北京长城饭店。在500多名来自世界各地随行记者的宣传报道下，北京长城饭店的名字随着“里根总统访华”飞向世界各地，一夜之间享誉世界。这就是一次公关人员精心策划的事件。

除了以上六类公众对象，比较重要的目标公众还有国际公众和股东公众。

国际公众是在跨文化传播过程中产生的公众对象，主要指组织在国际性活动中面对的不同国家、不同文化背景下的公众对象，包括对象国的政府、媒介、消费者等。与国际公众建立良好的关系，有利于为组织创造良好的国际市场环境和舆论环境。

股东公众，即组织的投资者，包括董事会和各种类型的股东。融洽的股东关系可以为组织赢得良好的投资环境，可以不断壮大和稳定组织的股东队伍，从而最大限度地满足组织对资金的需求。

了解各类目标公众的特点和重要性，掌握处理、协调各类公众关系的技巧，可以帮助我们进一步理解公共关系工作的现象和本质，提高公共关系工作的能力和效果。

【思考与实践题】

1. 请举例谈一谈你对公众内涵、特征的理解。

2. 影响公众意见形成的因素有哪些?

3. 请根据自己的身份或经历,列出你曾经是哪几种类别的公众。

4. 请以某个组织为例,介绍该组织在协调员工关系方面的有益做法。

5. 假设你是某个组织的顾客公众,结合自己的心理需求,谈一谈该组织应该如何协调好顾客关系。

6. 媒介关系的协调,需要注意哪些方面的问题?

7. 请以某个组织为例,介绍该组织在社区运营方面的有益做法。

8. 请为你所处的组织列出一份名流公众名单,并谈一谈打算如何发挥他们的影响力。

第六章　公共关系礼仪

本章要点

1. 公共关系礼仪的内涵和作用
2. 个人礼仪的基本内容和礼仪规范
3. 交际礼仪的基本内容和礼仪规范
4. 商务礼仪的基本内容和礼仪规范

关键概念

公共关系礼仪；个人礼仪；交际礼仪；商务礼仪

礼仪，通常指人们在社会交往中形成并得到共同认可的敬人、律己的行为规范总和。

礼仪，是一个人、一个国家、一个民族道德水平和文化修养的外在表现，既包含内在的表示尊重、敬意、重视的精神实质，又包含外在的形式上的礼节、仪式和仪文。一个人重视礼仪，体现出他较高的思想道德水平、良好的文化修养和交际能力，这样的人在社会交往中更容易获得交往对象的尊重和信任；一个国家和民族重视礼仪，体现的是这个国家和民族良好的社会文明程度和道德风尚，更容易在国际交往中树立形象。

在公共关系活动中，社会组织为了树立和维护良好的组织形象，建构组织与内外公众的和谐关系，需要遵循一定的礼仪规范，我们称之为公共关系礼仪。良好的公共关系礼仪，可以帮助组织更好地沟通信息、协调关系、广结良缘、消除误解。

根据公共关系礼仪发挥作用的场合和方式,公共关系礼仪一般包括个人礼仪、交际礼仪和商务礼仪。

第一节 个人礼仪

个人礼仪是社会个体的生活行为规范与待人处世的准则,是个人仪容、仪表、言谈举止、待人接物等方面的个体规定,是个人道德品质、文化素养、教养良知等精神内涵的外在表现。在公共关系活动中,个人礼仪指的是公共关系人员在仪容、仪态、仪表等方面所要遵循的行为规范,目的在于为自己和组织在公众面前赢得良好的形象。

一、仪容礼仪

古人形容一个人长得好看,会用"仪容秀丽""仪容秀美""仪容不俗"等字眼。仪容,通常指一个人的外观、外貌,由发式、面容以及人体所有未被服饰遮掩的肌肤所构成。在人际交往中,美好的仪容能让人赏心悦目、心情愉快,给人留下整齐自然、大方得体、充满活力的印象。

在个人礼仪中,仪容礼仪是重中之重,要求卫生、整洁、修饰避人。

(一)卫生要求

1. 头发清爽,没有头屑,不粘连,无异味,不油腻;
2. 面部清洁,无泪痕,无汗渍,无餐后残渍;
3. 口腔口气清新,无异味;
4. 身上无烟味,无酒气,无汗味,不使用味道浓烈的香水。

(二)整洁要求

1. 男士每天剃须,不蓄须;
2. 经常修剪指甲,女士不涂有色指甲油;
3. 经常修剪过长的鼻毛、腿毛、手毛;
4. 不染颜色鲜艳的头发,男士不剃光头、不留长发,女士尽量选择短发,长发应注意不要遮挡脸部,出席正式场合要将长发盘起;

5. 女士面着淡妆,不使用颜色夸张的口红、眼影、唇线,佩戴小巧的耳饰。

(三)修饰避人

1. 不在公共场合上妆、补妆、喷洒香水;
2. 不在公共场合整理衣裤;
3. 不在公共场合处理个人卫生。

二、仪态礼仪

仪态,通常指一个人的姿势、举止、动作,有“仪态万方”之说。不同的国家和民族由于具有不同的历史文化背景,对仪态有着不同的标准和要求。西方国家讲究女士优先、绅士风度,东方人则看重谦恭文雅、含蓄平和。在《中国古代的风俗礼仪》中,对于仪态要求“站如松,坐如钟,行如风,卧如弓”;《论语·颜渊》中要求君子在公共场合举止不可轻浮,不可亵渎,应该庄重、谨慎、从容,做到“非礼勿视,非礼勿听,非礼勿言,非礼勿动”。在现代社会中,我们也要求“站有站相,坐有坐相”。这些都是对仪态提出的基本要求。

在公共关系工作场合,公关人员要力求仪态优美,通过良好的仪态体现个人修养,表达敬人之意。

(一)站姿

站姿是一个人仪态的核心。站姿优美,能体现出这个人饱满的精神状态;站姿不佳,则其他姿态都谈不上美观。

在公共关系交往中,公关人员在基本站姿的基础上可以变化出前搭手站姿、后搭手站姿和持物站姿等不同站姿。

1. 前搭手站姿:两脚尖展开,左脚脚跟靠近右脚中部,两手相搭置于腹前。这种站姿比较适合女士。

2. 后搭手站姿:两脚平行开立,脚尖展开,两手在身后相搭,贴在臀部。这种站姿主要适合男士。

3. 持物站姿:一手提公文包或拿手袋,一手置于体侧,男士两脚分开,女士两脚尖展开。

在公关场合站立时,应尽量避免三种站姿:首先,不可将双手插在裤袋里,这样显得过于随意;其次,不可将双手交叉抱在胸前,给人造成傲慢的印象;最后,不可倚靠在桌子旁边,给人精神不佳的感觉。

(二)坐姿

古人端坐,讲究平稳。坐如磐石蓄势发,起似浮云慢悠扬,要求坐着像磐石一样端正稳重,起身时像浮云一样缓慢轻柔。

在社交场合,应对号入座,依礼而坐,遵循"左进左出"的礼仪习惯。入座时,步伐轻而稳,男士先轻轻整理一下服装,女士先轻拢裙摆,而后入座。入座后,双肩平正放松,两臂自然弯曲放在膝上;挺胸立腰、下颌微收,臀部坐满椅子的三分之二,脊背轻靠椅背;双膝自然并拢,双腿正放或侧放。离座时,右脚向后收半步起身,靠左边离开。

(三)走姿

人们走路的样子千姿百态、各不相同。有的步伐雄壮、铿锵有力,给人英武、勇敢、无畏的印象;有的步伐稳健、端庄大方,给人沉着、庄重、斯文之感;有的步伐轻盈、敏捷伶俐,给人轻巧、欢悦、活泼之感。但也有的人不重视步态美,走路时弯腰驼背、步履蹒跚,或是摇着八字脚,晃着鸭子步,给人倦怠、随意、轻浮的感觉。

在公共关系场合中,公关人员的走姿应从容、平稳、轻盈,如风行水上,给人留下自信稳健、轻快自然的印象。具体而言,美好的步态应注意以下几个要点:

1. 头正、肩平、躯挺,双臂自然摆动,幅度以手臂距离身体 30~40 厘米为宜;
2. 大腿带动小腿,脚跟先着地,不宜声响过大;
3. 步位正,走直线,不瞻前顾后;
4. 步幅均匀,步速适当;
5. 女士随着着装与场合调整步幅,穿晚礼服、旗袍时步幅应小些。

(四)表情

表情作为无声语言,是内心情感在面部的表现,可以反映出一个人内心真实的想法。在人际交往中,适当的表情管理可以帮助公关人员更好实现沟通目的。

1. 微笑

微笑给人一种亲切、和蔼、热情的感觉,是公共关系交往中最具吸引力、最富价值的面部表情。保持微笑至少有三个方面的作用:(1)展现乐观向上、积极自信的性格魅力，让人产生信任感；(2) 传递热情友好、真诚善意的交往意图，让人产生亲近感；(3) 创造和谐融洽、轻松愉快的沟通氛围，易于化解矛盾。

具有感染力的微笑应发自内心，笑容中渗透出自己的情感；应表里如一，真实反映出内心的想法。但微笑也要看场合。在商务场合，讲究庄重、严肃，不宜发出响亮的笑声；在某些特定的场合，例如烈士纪念堂、纪念碑前，则不应该微笑。

2. 目光

在人际交往中，不同的目光可以表现出恭敬、尊重、轻视、冒犯等态度。公关人员在与交往对象进行目光交流时，应注意时间、角度、位置等问题。

(1) 目光交流的时间。一般情况下，一个大约 30 分钟的谈话，应与交流对象保持 10~20 分钟的目光接触。少于 10 分钟，容易让人感觉你轻视他；多于 20 分钟，容易给对方造成压力。

(2) 目光交流的角度。通常情况下，仰视表示尊重，平视表示平等，斜视有失礼之感，俯视能营造压倒性气势。在社交场合，公关人员应尽量保持平视，营造平等交流之感；在商务谈判场合，可适当俯视，营造一点压迫感；在拜访重要公众时，应在视线上表达尊重和敬意。

(3) 目光交流的位置。一般而言，从额头到眼睛的区域属于公务注视区间，目光在这个区域有利于掌握谈话主动权和控制权，适用于商务谈判、布置任务等。从眼睛到嘴巴的区域属于社交注视区间，这个区域让人感到轻松自然，适用于打招呼、握手、交换名片等。从嘴巴到胸部属于亲密注视区间，这个区域只适合夫妻、恋人、家人进入，否则容易给异性造成眼神的侵犯。

三、仪表礼仪

生活中，我们常常夸一个人仪表堂堂，说的是这个人容貌端正、穿着考究，给人威严的感觉。从古至今，中国人历来讲究穿着气度，佛要金装人要衣装，人靠衣装马靠鞍。

在公共关系礼仪中，仪表礼仪主要指一个人的仪表要与年龄、职业和所在的场合相吻合，表现出一种和谐之美，从而增进交往对象的好感。

(一) 不同场合的着装礼仪

不同场合有不同的着装要求，一个人的着装应该与所处的场合、环境保持一致，遵循当地的风俗习惯和礼仪规范。

1. 公务场合

公务场合指执行公务时涉及的场合，它对着装的基本要求是庄重保守、端庄大方，不应追求时髦，突出个性。适宜的服装款式有制服、套装、套裙、工作服等，不适宜穿夹克衫、运动装、牛仔装、居家服。

2. 社交场合

社交场合主要指在工作之余与同事、商务伙伴应酬交际的场合，例如宴会、晚会、舞会等。这些场合的着装应突出典雅、时尚、个性，可穿时装、礼服或民族服装，最好不要穿制服、工作服或便装。

3. 休闲场合

休闲场合是指在工作之余以调节和放松身心为主的闲暇场合，例如运动、旅游、看电影等。休闲场合的着装一般以舒适、方便、自然为主，例如运动装、牛仔装、休闲服等。

（二）西服的着装礼仪

1. 男士西服着装礼仪

（1）西服套装上下装颜色应一致，衬衣和领带颜色应与之有所区别；

（2）西服套装应搭配皮鞋，不宜穿运动鞋、布鞋；

（3）衬衣袖口应长出西服袖口 1~2 厘米，可搭配袖扣；

（4）领带的长度以触及皮带扣为宜；

（5）纽扣的系法：一粒扣西服，一般系上为佳；两粒扣西服，只系上面一粒；三粒扣西服，系上面两粒或只系中间一粒。

2. 女士西服着装礼仪

（1）穿套裙、裙装应搭配肉色长筒丝袜或连裤式丝袜，不宜光腿或穿彩色丝袜、短袜；

（2）如果穿衬衫，内衣与衬衫颜色要相近，穿面料较薄的裙子时应着衬裙；

（3）穿套装、套裙或裙装时应搭配皮鞋；

（4）可搭配胸针、耳环、项链等饰品。

(三)服饰的色彩搭配

服饰的风格和特征首先是由色彩决定的。一般而言,深色的服装显得人安定、沉着,浅色的服装显得人文雅、大方,冷色调显得人沉静、庄重,暖色调显得人热情、奔放。

我们在进行服饰的颜色搭配时,应坚持三色原则,选择一到两个颜色作为主色调,占据服饰的大面积,再选择少量的其他颜色作为点缀、装饰,例如丝巾、腰带、皮鞋、饰品等,以取得多样统一的和谐效果。

1. 三色搭配原则

出席正式场合时,服饰的颜色搭配应坚持三色原则,即上下装、衬衫、领带、皮鞋、饰品等加起来不超过三种颜色或三种色系。

2. 同类色搭配

同类色指色相性质相同、色度有深浅之分的颜色,例如青和蓝,墨绿和浅绿,咖啡色和米色,深红和浅红。同类色搭配能给人端庄、沉静、稳重之感,适用于公务场合。在实际搭配时,色与色之间的明度差异要适当,相差太小容易缺乏层次感,相差太大则容易割裂整体。

3. 对比色搭配

对比色指两个相隔较远的颜色,例如黄色与紫色,红色与绿色,黑色与白色。使用对比色搭配能形成鲜明的对比,凸显视觉个性,让人眼前一亮,适用于晚宴等社交场合。

第二节　交际礼仪

交际礼仪主要指人们在社会交往过程中形成的应共同遵守的行为准则和礼仪规范。常见的人际交往活动有打招呼、介绍、握手、递送名片、交谈、接打电话、拜访等。

一、称呼礼仪

称呼是指人们在日常交往应酬中彼此间的称谓语。在人际交往中,称呼是否恰当,既反映了说话人的思想文化修养,也影响到人际交往活动的效果。选择正确、恰当的称谓,是对他人尊重、友好的表示。

(一)称呼的方式

称呼是比较复杂的问题,目前国际上常见的称呼方式有六种:

1. 一般性称呼

又叫性别性称呼,是面对陌生人时最简单、普遍的称呼方式。比如:先生、小姐、女士、同志等。一般而言,未婚女子称呼"小姐",已婚女子称呼"夫人"或"太太",不确定是否结婚称呼"女士"。

2. 职务性称呼

这是在正式场合最常用的称呼,以交往对象的职务相称,以示身份有别、敬意有加。具体分为三种情况:只称职务,如董事长、总经理、主任等;姓氏+职务,如赵经理、孙主任等;姓名+职务,如赵某部长、孙某主任等。在使用职务性称呼时,对带有"总"字的头衔可用简称,如李总、周总。如果是副职,在称呼时一般去掉"副"字,如"王副经理"应称"王经理"。在正式、隆重的介绍场合,一般应使用职务的全称。

3. 职称性称呼

对于有职称的交往对象,尤其是对方具有高级、中级职称,可以用"姓氏+职称"进行称呼。如冯教授、陈工程师、马检察官等。在一般性场合,陈工程师可简称"陈工",马检察官也可简称"马检"。

4. 行业性称呼

对于从事特定行业工作的交往对象,可以用"姓氏+职业"进行称呼。如魏老师、齐律师、韩会计、李医生等。当不知道对方姓氏的情况下,也可直接以"老师""医生"等相称。

5. 亲属性称呼

指在交往过程中对非亲属的交往对象以亲属性称谓称呼。如李叔叔、张阿姨、王大哥等。这种称呼一般具有地域特色,例如北方人习惯将比自己年长的男性称呼为"哥",比自己年长的女性称呼为"姐"。

6. 姓名性称呼

这类称呼一般用于日常的交往场合和工作场合,限于同事和熟人之间。可以直呼姓名,也可以只呼其姓,在姓前面加上"老""大""小"等前缀,如小张、老王等;还可以只称其名，不呼其姓，常用于亲友、同学、邻里之间，或上级称呼下级，长辈称呼晚辈。

（二）称呼的礼仪规范

对于公共关系人员来说，在称呼的使用上应注意以下几个问题：

1. 对领导、长辈和客户不能直呼其名，应在其姓氏后面加上合适的职务或职称；

2. 在多人交谈场合，打招呼应遵循先上后下、先长后幼、先女后男、先疏后亲的顺序；

3. 对于特殊人群，如有生理残疾的人，应避免使用带有刺激或蔑视的称呼字眼；

4. 在正式交往场合，应避免使用容易引起误会的称呼。例如涉外场合中的“爱人”，在中国是丈夫、太太的意思，但在英语中是“情人”的意思。

二、介绍礼仪

在人际交往中，遇到不认识、不熟悉的交往对象，需要进行介绍。一种情况是把自己介绍给不认识的人，称为自我介绍；另一种情况是面对互不认识的双方，充当第三者进行介绍。

（一）自我介绍

根据交往场合的不同，自我介绍分为三类：

1. 应酬式自我介绍

用于不太重要的相遇场合。一般只需说明自己叫什么，任职于哪个组织，不必报上职务等信息。

2. 工作式自我介绍

用于社交场合，需要报上组织名称、职务等详细信息。例如：您好，我是××公司的公关部经理，我们公司主要生产×××，很高兴认识您。然后递上名片。

3. 礼仪式自我介绍

一般用于典礼发言的开头，需要说明自己的身份信息，表达作为发言代表的荣幸之意。例如：各位领导、各位来宾，大家上午好！我是××集团的公关部经理×××，非常荣幸能代表××在这里发言。

(二)第三者介绍

当公共关系人员充当中间人进行第三者介绍时,应注意介绍顺序。国际上公认的第三者介绍顺序是:

1. 先将年轻者介绍给年长者;
2. 先把地位低者介绍给地位高者;
3. 如果年龄和职务相当,先把男士介绍给女士;
4. 先把家人介绍给同事、朋友;
5. 先把未婚者介绍给已婚者;
6. 先把后来者介绍给先到者。

在介绍多人时,如果是正式场合,一般按职务高低依次介绍;如果是非正式场合,可按座位次序依次介绍。介绍时四指并拢拇指分开,用词准确,称呼上以方便彼此之间互相称呼、问候为宜。

三、握手礼仪

握手是人与人之间的一种交流方式,最早出现于人类社会早期的狩猎和战争年代。当时人们手上经常拿着石块或棍棒等武器,遇见陌生人时,为了显示自己无恶意,会放下手中的武器并伸开手掌,让对方抚摸手掌心,表示手中没有藏武器。后来,这种习惯逐渐演变成今天的握手礼节。

握手可以沟通原本隔阂的情感,加深双方的理解、信任,可以表达一方对另一方的尊敬、祝贺、鼓励、安慰,也能传递友好、和平、合作的意愿。在公共关系交往中,在恰当的时候进行恰当的握手,可以更好地促成公共关系交往。

(一)握手的时机

1. 被介绍相识时,握手可以表达“初次见面,很高兴认识你”;
2. 故友重逢时,握手可以表达再次相见时的喜悦之情;
3. 对方遇到喜事时,握手可以表示祝贺;
4. 对方遭遇变故时,握手可以表示慰问;
5. 公务应酬时,握手可以表示友好与合作。

(二)握手的伸手次序

1. 应给予女士选择权,女士先伸手。
2. 地位高者、长辈先伸手。
3. 当客人到来时,主人先伸手;当客人离开时,客人先伸手。

(三)握手的注意事项

1. 要热情专心,握手时看着对方的眼睛 2~3 秒,面带微笑;
2. 一般使用右手,握住对方的手掌垂直上下晃动,稍许用力;
3. 先伸手的人要主动迎上去,注意保持适当的身体距离;
4. 不要戴着手套、墨镜和帽子跟别人握手;
5. 在多人交往场合,不能交叉握手;
6. 当对方伸手时,尽量不要拒绝握手。

四、名片礼仪

名片最早出现于西汉,当时叫"谒"。《释名 · 释书契》中记载:"谒,诣也;诣,告也。书其姓名于上,以告所至诣者也。"东汉时,谒又叫"名刺",在挖掘的汉墓中发现,这种名刺由木片所制,长 22.5 厘米,宽 7 厘米,上有执名刺者的名字、籍贯,与今天的名片差不多。到唐代,木简名刺改为"名纸",当时的长安新科进士之间经常互换红笺名纸以增进交流。晚唐时期名纸又被叫作"门状""门启",都是自报家门的一种联络方式。宋代的名纸开始留有主人的手迹,北宋著名书法家黄庭坚、蔡襄的名纸因为上面有他们的书法手迹,被很多人珍藏。到元代,名刺、名纸改名为"拜帖",明清时又称"名帖""片子",内容上除姓名、籍贯外,还增加了官职。据考证,清代的名帖已不再是手写,而是写好楷书,镌好木戳印在梅红纸上。

清朝开始,正式有"名片"的称呼,这时的名片向小型化发展,与今天的名片格式几乎相同。到了现代,名片已然成为现代人必不可少的社交工具。

(一)名片的作用

1. 介绍自己

名片是交往对象之间互相认识、自我介绍的最快、最有效的方法。

2. 联系业务

一些名片被制作成跟产品、服务相关的形状,例如瑜伽馆员工的名片做成了瑜伽垫的形状,奶酪公司的名片做成了奶酪刨刀,乐高玩具公司的员工名片做成了乐高小人。这些特殊的名片除了介绍个人基本信息,还起到了宣传产品、服务的作用。

3. 充当礼单

可以在贺卡、礼品包装中夹上名片,一来告诉对方礼物来自谁,二来方便对方联系自己。

(二) 名片的使用规范

1. 名片不宜涂改,不宜提供两个以上头衔,不宜提供私宅电话。

2. 交换名片时,一般地位低者先给地位高者名片,主人先给客人名片,男士先给女士名片;双方情况不了解时,主动递上名片。

3. 接受名片时,要站立,迎向对方,双手捧接;要回敬对方自己的名片。

4. 接过名片要看,既表示尊重,又能快速了解对方的身份;看完要认真收起,放入口袋或手袋。

五、交谈礼仪

交谈是一门艺术,而且是一门古老的艺术。《礼记 · 冠义上》中记载:"礼仪之始,在于正容体,齐颜色,顺辞令。"顺辞令指的就是交谈技巧。说话,人人都会,但效果却大不一样,所以有"酒逢知己千杯少,话不投机半句多"之说,说明了交谈的优劣直接决定着交谈的效果。

在公共关系交往中,交谈是交流想法、表达思想及情感的重要工具,是连接组织与公众之间思想感情,增进好感、加强信任的重要手段。一个善于交谈的公关人员能为组织广结善缘,高效地沟通问题;反之,则容易因为言语失误与人结怨,使组织与公众之间产生隔阂,甚至加深矛盾。因此,公关人员要加强语言表达能力,掌握一定的交谈礼仪。

(一) 言之有物

在人际交往中,交谈的目的在于增长见识、沟通问题、交流情感,因此交谈要有观点、内容，聚焦谈话主题，不宜空洞无物、东拉西扯。

1. 适合谈论的话题

（1）如果交谈目的是交流信息，公关人员应围绕对方感兴趣的话题，在不涉及泄露国家、行业秘密的前提下，尽力满足对方的信息需求，使对方有所收获，从而建立交谈对象对组织的信任和好感。

（2）如果交谈目的是沟通问题，公关人员应围绕双方拟定的主题，准确、清晰、有理有据地表达组织的观点，运用沟通技巧做好解释、说服、调解工作，使交谈对象对组织加深了解，消除误解。

（3）如果交谈目的是联络感情，公关人员可以与对方聊一些格调高雅的话题，例如历史、哲学、时事热点；轻松愉快的话题，例如名人轶事、名胜小吃、休闲养生；对方擅长的话题，例如组织发展历史、行业发展动态。

2. 不适合谈论的话题

在正式交往场合，为了避免尴尬、误会，令人产生不愉快，公关人员应避免谈论以下六类话题：

（1）格调低、倾向错误的内容。例如非议党和政府，质疑现存法律和制度。

（2）庸俗、低级的内容。例如开浅薄低俗的玩笑。

（3）别人的隐私。例如涉及他人的收入、婚姻状况、健康问题等。

（4）国家或行业秘密。例如国家涉密文件、保密协议内容、产品秘方等。

（5）非议领导、同事、合作伙伴。

（6）作为客人非议活动主办方。

（二）言之有礼

交谈时有礼有节，可以创造和谐愉快的谈话氛围，从而为成功交谈奠定基础。对于公关人员而言，要遵循以下礼仪规范：

1. “三合作”

（1）表情要合作。面带微笑，神态自若，保持适当的目光交流。

（2）动作要合作。身体微微前倾，亲近示好，保持适当的交谈距离。

（3）语言要合作。文明用语，避免使用专业词汇，语速慢一点，让对方听得清、听得懂。

2.“四不要”

(1)不要打断对方。当对方谈兴正浓时,要积极倾听,不要轻易打断对方。

(2)不要质疑对方。尊重对方的意见和观点,当不涉及是非对错等原则性问题时,不要当面质疑。

(3)不要补充对方。一个人考虑问题难免有遗漏,对于对方没有说全的问题,不要随意补充,显得你更高人一等。

(4)不要独占讲坛。要给予对方表现的机会,多与交往对象互动。

(三)言之有术

在人际交谈中,公关人员还应注意交谈的话术与技巧。

1.谈问题要注意顺序

先说问题是什么,然后分析为什么,再谈怎么办。思路要清晰,逻辑要缜密。

2.提建议要注意角度

少用“我觉得”“我认为”,多用“你一定知道”“你一定听说过”。

3.做调解要注意共情

天边不如身边,道理不如故事。可以举身边的例子、个人的真实经历与沟通对象共情,提升说服、调解效果。

4.对不确定的问题不妨不答

对方提起的问题如果自己一知半解或不太确定,不如不回应、不回答。

5.话不投机时不要继续话题

对方如果在表情、动作等方面表现出对交谈话题不感兴趣,例如视线长时间看向别处、身体向后仰靠、脚尖有向外走的动势,这时要适时中止话题。

六、电话礼仪

电话是现代人必不可少的通信工具。在人际交往中,通过电话能粗略地判断一个人的人品和性格。对于每天需要大量接打电话的公关人员来说,其接打电话的礼仪将直接影响一个组织的声誉。

在交际礼仪中,电话礼仪主要涉及四个问题:

(一)打电话时谁先挂断?

1. 地位高者先挂。
2. 长辈先挂。
3. 客户先挂。
4. 女士先挂。
5. 地位均等时,主叫先挂。

(二)接待客人时,可以接外来电话吗?

答案是可以的,而且应该接电话。但是,要注意接电话的技巧。
1. 首先征求客人的意见,告诉客人现在有个重要来电。
2. 接电话时不走远,尽量不回避客人。
3. 电话不能长接,简要传达两个信息,一是目前有重要访客,二是告知回电话时间。

(三)什么时间适合打电话?

在电话礼仪中,讲究"择时通话"。

1. 不适合打电话时机

一般而言,周末、晚上 8 点后、早上 7 点前、一日三餐等休息时间,不宜打电话给工作伙伴或客户。

2. 适合打电话时机

一是工作日的上午 10 点左右、下午 3 点左右;
二是双方约定的时间。

(四)接打电话要注意些什么?

1. 接电话要及时,最好铃响不超过三声。
2. 态度要热情、得体、专心,不同时做其他事情。
3. 语言要规范,先自报家门,再说所为何事。
4. 长话短说,长时间通话要备好通话提纲。

5. 代接电话要确认对方信息，准确做好记录。

6. 会议场合等要将手机调成静音状态。

7. 不在飞机、加油站、病房等地接打电话。

8. 涉外电话注意信息安全。

七、拜访礼仪

拜访是最日常的公共关系工作内容，是组织收集情报、发现需求、促进参与、改善关系的重要手段。拜访有拜会、拜望、拜见之意，表达的是组织对交往对象的一种敬意。

（一）有约在先

拜访客户之前要做好充分的联系准备，这不仅能够提高拜访的效率，也能体现对拜访对象的尊重。

1. 明确拜访的目的和性质，厘清拜访的核心任务。

2. 做好拜访的人员、资料、礼品准备。包括明确哪些人去拜访，提前了解拜访对象的性格、喜好、教育背景、社交范围等，准备好给拜访对象的礼物。

3. 做好拜访预约，包括约定拜访的时间、地点，告知拜访的主题、人数。

（二）登门有礼

1. 注意个人礼仪。在仪容、仪态和仪表方面尽量给拜访对象留下良好的第一印象。

2. 在约定时间到达。如果提前或迟到，要预先通知。

3. 问候并致意拜访对象。如果去对方家里，要问候家里在场的其他人；如果去对方单位，要问候单位的领导和主要同事。

4. 注意拜访对象的规矩。例如进门是否需要换鞋、脱外套等。

（三）为客有方

1. 限定交谈内容。以事先约定的拜访主题为主。

2. 限定交际范围。未经拜访对象的同意和邀请，不随意参观。

3. 限定交际时间。将拜访控制在事先约定的时间内结束。

4. 适时表达感谢。总结此次拜访的收获，并送上礼物致谢。

八、馈赠礼仪

馈赠是人际交往中常见的一种礼节，是人们为了表达敬意、友好、祝贺等心意而赠送物品的一种形式。在公共关系工作中，馈赠是建立组织与目标公众关系的重要手段，组织向目标公众赠送礼品，可以表达情意，加深理解，增进合作与信任。

馈赠礼仪是指在礼品选择、赠送方式等方面需要遵循的礼仪规范。在公共关系交往场合，只有符合馈赠礼仪规范，才能使礼品发挥出恰到好处的作用。

(一)礼品的选择

1. 要轻重得当

应根据组织与赠送对象之间的关系确定礼品的形式。送给单位或个人、长辈或晚辈、老客户或新客户、内宾或外宾，礼品选择应有所侧重。例如，送给单位，应突出礼品的纪念意义和精神价值；送给长辈，以实用性为佳；送给外宾，要突出特色。

2. 要投其所好

应根据赠送对象的兴趣、爱好选择合适的物品。如果对方是个收藏爱好者，可以赠送虽然不贵重但限量发行的物品；如果对方是个环保主义者，可以选择简约大方、材质环保的礼物；如果对方是个爱猫人士，可以选择跟猫相关的礼品。这样可以大大提高馈赠效果，如果盲目赠送，礼物再珍贵对方也可能视如敝屣。

3. 要别出心裁

可以选择具有纪念性、独创性的物品，例如印有组织标志的典藏礼品，具有组织特色、行业特色、地域特色、民族特色的定制礼品，以凸显用心。

4. 要注意禁忌

在选择礼品的数量、颜色和名称时应注意不同国家、地区、民族的风俗习惯和文化禁忌，不能犯了忌讳。例如，中国人忌讳“4”这个数字，礼品数量最好不要送 4 份；“送钟”与“送终”谐音，时钟不能作为礼品相赠；贺礼应凸显喜庆、吉利，一般以红色包装为宜，或用红色缎带装饰。

(二)馈赠注意事项

1. 选择合适的赠送时机

例如：传统节日(春节、中秋节、端午节、重阳节等)、赠送对象的节日(晋升、获奖、开业、周年庆等)、酬谢他人、拜访他人。

2. 选择合适的赠送场合

一般而言，书籍、鲜花、组织批量定制的礼品可以在公开场合赠送。但生活化、组织标识不明显的礼品，不宜在公开场合、非商务场合赠送，容易让人误以为贿赂。

3. 选择合适的赠送形式

如果是赠送给单位，可以办一个赠送仪式以示隆重；如果是赠送给个人，态度要平和友善，举止大方地说明因何送礼，礼品的寓意、用途。

第三节 商务礼仪

商务礼仪是指在商务活动中体现相互尊重的行为准则和礼仪规范，具体包括宴请礼仪、迎送礼仪、签字仪式中的礼仪、剪彩仪式中的礼仪等。

一、宴请礼仪

社交宴请，是国际、国内社会交往中一种较高层次的礼仪形式，常用于庆祝节日、纪念日，表示祝贺、感谢和迎送贵宾等。宴请不是简单的吃喝行为，而是人与人之间情感交流的媒介。从宴请的准备、安排席位，到宴请的正式进行，都有较严格的礼仪规范。作为组织者、参与者，应了解社交宴请的基本礼仪规范，使宴请达到增进了解、联络感情的目的，避免不必要的损失和误会。

(一)宴请的准备

1. 明确宴请的目的、范围和形式

公关人员应事先明确宴请的目的和范围，根据欢迎、欢送、答谢、庆祝等不同情况，拟定宴请人员范围。然后根据宴请对象的身份、国籍、习俗爱好等确定宴请的规格、陪同人员和用餐形式。一般规格高、人数少的迎送、答谢宴请，采用宴会形式，级别最高的是国宴；庆祝性、纪念性的宴请，采用酒会、冷餐会更有气氛；以谈论工作为主题的宴请，可以选择工作餐；女士间的聚会，可以采用茶会。

2. 选择宴请的时间和地点

宴请时间原则上由宾主商定，以双方都合适为宜；地点根据宴请的规格、主宾身份及费用而定。规格较高的宴请最好选择知名度高、设施先进的酒店，一般宴请可以考虑环境优美、交通便利、凸显特色的饭店。

3. 发出邀请

一般提前两周左右时间发出邀请函，内容包括宴请的目的、形式、时间、地点、主人姓名，还可以根据需要写上对服饰的要求，注明交通路线、要求回复等。请柬发出后，应与邀请对象联系确认出席情况，以做好充足准备。

（二）席位排列礼仪

在中国的饮食文化中，“坐哪里”有讲究，它关系到宾主身份以及主人给予来宾的礼遇。一次，某企业邀请一些重要客户参加庆功宴。席间，为了表达对一位客户的重视，该企业经理再三要求他坐在主位上。客户推辞不得，最终勉强入座。等到结账时，企业经理发现坐在主位的客人已经把账结了，场面非常尴尬。为什么呢？因为在中餐礼仪中，主位是负责买单的位置。所以说，宴请中席位的安排十分重要，组织者应了解中餐的席位排列礼仪，以免出现失礼之举。

席位排列礼仪，主要包括桌次排列和席次排列。

1. 桌次排列

中式宴会一般采用大圆桌，通常 8~12 人一桌，人数较多时也可以平均分成几桌。桌次安排的具体原则是：

(1)以右为上

当餐桌分为左右两桌时，以面向门为依据，右边的桌子为上桌(如图 6-1)。

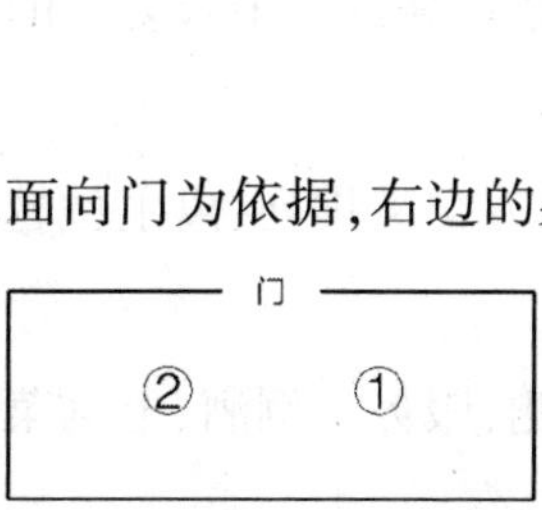

图 6-1　“以右为上”的桌次排列

(2)以远为上

当餐桌距离餐厅正门有远近之分时,距离门较远的为上桌(如图6-2)。

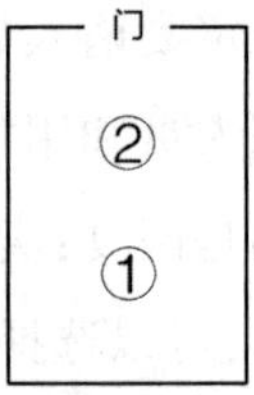

图6-2 “以远为上”的桌次排列

(3)以中为上

当三张餐桌并列时,以居于中间的桌子为上桌(如图6-3、图6-4)。

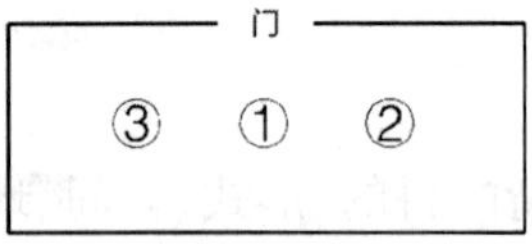

图6-3 “以中为上”的桌次排列

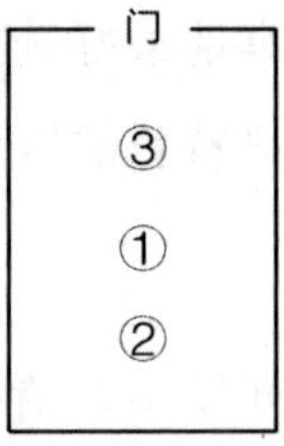

图6-4 “以中为上”的桌次排列

(4)主桌定位

在桌次较多的情况下,上述排列规则交叉使用,并遵循“主桌定位”原则。距离主桌越近,桌次越高;距离主桌越远,桌次越低。(如图6-5、图6-6)

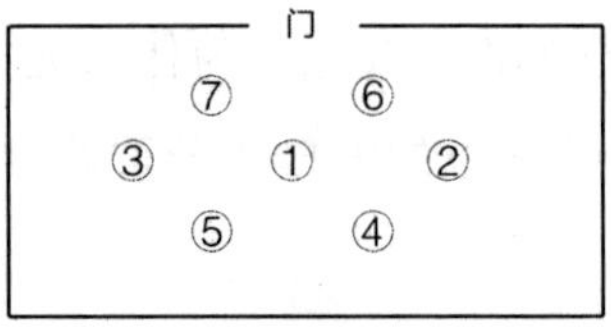

图6-5 “主桌定位”的桌次排列

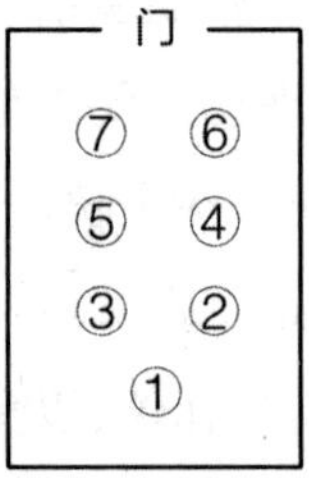

图6-6 “主桌定位”的桌次排列

2. 席次排列

席次主要指一个餐桌上的席位高低。中式宴会的席次排列原则是:

(1)面门为上

主人面对餐厅正门,主宾双方交叉排列;离主位越近,席位越高。

(2)主宾居右

最重要的宾客在主位的右侧,服务员倒酒、上例菜都从这个席位开始。

(3)好事成双

每桌人数一般为双数,喜庆的宴会尤其如此。(如图 6-7)

(4)各桌同向

每桌的人数、排位大体相同。(如图 6-8)

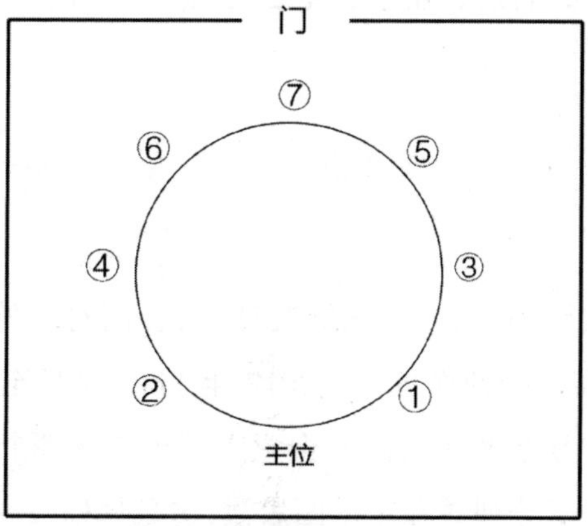

图 6-7　常规的席次排列

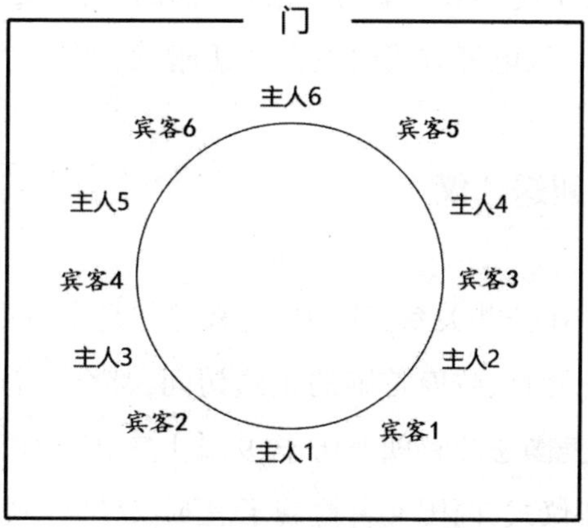

图 6-8　主宾交叉的席次排列

(三)主人宴请礼仪

在宴会开始前、宴会过程中、宴会结束后,主宾双方也有相应的礼仪规范要遵守。宴会开始前,主人应到门口迎接客人。如果是正式宴会,宾主握手寒暄后,由接待人员先陪同到休息厅休息。主宾到达后,由主人陪同进入休息厅与其他客人见面,然后一同进入宴会厅入座,接待人员则引导其他宾客相继入厅就座。

在正式宴会上,一般都有致辞,可以安排在宴会一开始,也可以在上完热菜后、上甜品之前。先由主人致辞,然后客人致答辞。在致辞即将结束时,通知服务人员替所有人斟满酒,致辞完毕后行祝酒。

中国人热情好客,为使宴会气氛更加热烈,在宴请过程中主人会经常向宾客敬酒、劝酒。敬酒时应选择合适的时机,应以年长、尊贵的来宾为主要对象,按照礼宾顺序先向主宾敬酒,再依次向其他宾客敬酒。敬酒、劝酒要文明,尊重对方的感受,不要强迫对方饮酒甚至言语挑衅,破坏宴会的友好气氛。如果用中餐宴请外宾,切忌劝酒。

(四)客人赴宴礼仪

客人接到宴会邀请后,应尽早答复对方,明确是否出席。出席宴会前,应根据宴请场合对仪容、仪表做适当修饰,以示尊重。赴宴要守时守约,一般提前半小时左右到达,先跟主人打招呼,然后听从主人、接待人员的安排确定自己的桌次和席次。

入席时,应让身份高、年长者和女士先入座,并主动对其他客人微笑点头示意、握手问好。入座后,坐姿要端正,举止要文雅,主人、主宾举杯祝酒时,应停止用餐,点头致谢。退席时,主人和主宾先离开,其他客人再依次离开。因故要提前离席,应向主人说明情况并表示歉意,然后悄悄离开,不要不辞而别。在参加完宴会的两三天内,可用卡片、致电等方式向主人表达谢意。

二、迎送礼仪

在公共关系交往中,迎来送往是常见的社交礼节。在国际交往中,各国对于外国国家元首、政府首脑的正式访问,都会举行隆重的迎送仪式。2017 年 11 月 8 日至 10 日,美国总统特朗普访华,9 日上午国家主席习近平在人民大会堂东门外广场举行了欢迎仪式,两国元首检阅了三军仪仗队,观看了分列式和军乐团表演,这是规格较高的欢迎礼仪。

对于其他官方人士、专业代表团队、非官方人员的访问,一般不举行欢迎仪式,而是安排特定人员在机场、车站、下榻宾馆等开展迎送工作。

迎送工作中的礼仪要求如下:

1. 迎送人员与来宾的身份最好相同,如遇特殊原因不能完全对等,应由职位相当的人员或副职出席,并向对方作出解释。

2. 迎送时如双方身份较高,可事先在机场、车站等安排贵宾休息室,并准备好饮料、茶点。

3. 尊重来宾的民族特点和风俗习惯,如需献花,在迎送的主要领导人与客人握手之后,由儿童或礼仪小姐献上。

4. 合理安排迎送车辆的座次。以小轿车为例,后排右侧靠窗的位置是上座,后排左侧的位置次之,后排中间的位置第三,司机旁边的位置最末。

三、签字仪式中的礼仪

国家与国家之间通过谈判达成政治、经济、文化领域的合作意愿,需要缔结条约、公约。地区、单位之间通过会谈达成合作意向,也要签署有关合作项目的协议、备忘录、合同书等。

签字仪式是条约、协议、合同等生效的必经步骤,体现双方的合作诚意和共祝合作成功的愿望,是礼仪性极强的一项活动。签字仪式的时间不长,却涉及各方面关系,有较高的礼仪要求。

(一)确定参加签字仪式的人员

参加签字仪式的人员由双方达成合作的性质和内容决定。如果是国与国之间的合作,参加人员为两国元首或主要政府首脑;如果是地区与地区之间的合作,参加人员为地方政府官员;如果是两个单位之间的合作,则由两个单位的主要负责人出席签字仪式。人员的安排遵循"对等"原则,即双方的签字人员在职务、职级上要对等。一般情况下,参加洽谈的双方人员均应在场,人数上大体相当。当两方达成合作意向后,客方应提前告知、协商出席签字仪式的人员,以便主办方做好安排。

(二)做好签约文本的准备工作

签字的文本内容由双方商定,然后定稿、校对、印刷、装订、盖火漆印。涉外双方缔结合约时,如双方使用不同的语言文字,签字文本应用双方的文字书写、印刷,具有同等法律效力。双方工作人员必须事先核对译本、副本是否与正本内容一致,对于细节问题或仍存在争议的问题,应在签字仪式前洽谈确认、磋商解决。作为主办方,应当在文本准备过程中为客方提供周到服务和便利的条件。

(三)选择和布置签字场所

签字场所依据参加签字仪式人员的身份、级别、数量等确定,一般有专门的签字厅,酒店和宾馆的会议室、会客厅等。不论是专门的签字厅还是临时使用的会议室,都要布置得庄重、肃穆、整洁。在我国,签字桌上一般覆以绿色、红色或白色台呢,桌上放置签字文本、签字文具,中间摆放旗架,悬挂双方国旗或印有组织标识的小旗。桌后放置两把签字人员坐的椅子,主方在左,客方在右。签字桌后的背景墙上可悬挂帷幕或条幅,或使用巨幅喷绘、LED 电子屏,上面标注签字仪式的时间和内容。双方观看签字仪式的人员一般不设座椅,签字时按身份顺序排列站于签字人员的座位后面。如果设观礼座位,设在签字桌的对面。签字桌的前方应保持开阔和敞亮,方便媒体记者和双方工作人员摄影摄像。

(四)遵循签字仪式的程序

首先,参加签字仪式的人员按时步入签字会场,签字人在签字桌前入座,双方观看人员各站一边,按身份、级别由里向外、由高到低依次排列,站于签字代表的座位后面。在签字文本较多的情况下,可以安排双方各一名助签人员站立在签字人的外侧。助签人员主要负责翻开文本,指出具体签字处,并与对方助签人员交换文本,协助签字者顺利完成签约,防止漏签。

签字时,遵循国际惯例采取"轮换制"。签字人先在自己保管的所有文本上签字,签在左边首位处。之后,双方交换文本,签字人在对方保管的文本上签字。当签完最后一份文本时,双方签字人起立,互换手中的文本,握手表示祝贺,并合影留念。

签字完成后,礼仪小姐端上香槟酒,双方参加签字仪式的人员共同举杯庆祝。如有媒体到场,双方应派代表共同接受媒体采访。

四、剪彩仪式中的礼仪

剪彩仪式是为了庆祝公司成立、工程项目奠基、纪念物落成、商场开业等而举行的一种隆重、热闹的礼仪形式。

1912 年,美国圣安东尼奥州一家百货商店开张,老板按照当地风俗一大早就把店门打开,并在门前横系一条布带以防止顾客提前涌入,等待营业时间的到来。布带系好后,老板 10 岁的女儿牵着一条狗从店里跑出店外,不小心碰断了这条布带。在外面等候的顾客一看布带没有了以为营业时间到了,争相涌入商店,一时间顾客爆满。不久,分店开张,老板想起前一次的开业盛况决定如法炮制,果然又生意兴隆。后来,每当有新店开张,老板都邀请年轻的姑娘来撕断布带,其他商家纷纷效仿,"剪彩"由此而来。

从剪彩的由来可以看出,剪彩主要是商家为了博取好彩头,因此相比签字仪式,剪彩仪式更注重喜庆、热闹气氛的营造。

(一)剪彩现场的布置

剪彩仪式一般在建筑物入口处、工程现场或室内举行。现场布置应烘托欢乐喜庆的气氛,可摆放花篮,悬挂横幅、气球、彩旗,铺上红地毯。

(二)剪彩用具的准备

1. 绸带。常用的有两种,一种是用整幅的红色绸缎在中间结花,花的朵数根据剪彩人数减一确定;另一种是印有组织标志的绸带,中间不结花,用鲜花做成的花柱代替花球。

2. 剪刀。剪刀要锋利,造型要美观,可做一定的装饰。

3. 手套。为显示剪彩仪式的庄重性,可以为剪彩人准备手套。

4. 托盘。主要用来盛剪刀、手套和剪下的花球。

(三)剪彩人员的确定

1. 剪彩执行人。可以邀请上级领导、合作伙伴、社会名流、客户代表等担任,一般3~5人为宜。剪彩执行人是整个剪彩仪式的重心,出席的剪彩嘉宾越重量级,越能凸显剪彩仪式的隆重性。组织应根据实际需求和条件,慎重决定人选。

2. 司仪。主要负责主持整场剪彩仪式,应熟知剪彩流程,熟悉组织和剪彩人的基本情况。可以由组织的公关部人员担任,也可聘请专业的活动司仪。

3. 礼仪小姐。主要引导剪彩人上场、退场,捧托盘,递剪刀、手套等。应选择形象佳、仪态好的年轻女性担任,统一着装。

(四)剪彩的基本流程

1. 司仪宣布剪彩仪式开始,礼仪小姐引导剪彩人上场。剪彩人站成一排时,应注意排位:中间高于两侧,右侧高于左侧,距离中间越远位次越低。

2. 剪彩人站定后,礼仪小姐捧着托盘从剪彩人的左后方递上剪刀和手套,然后退至左后方一米处等候。剪彩人相互示意后,一起行动剪断绸带。礼仪小姐上前接过剪彩人的剪刀和手套。如果使用的是花球,礼仪小姐还应用托盘接住剪落的花球。

3. 剪彩人和现场观礼人员一起鼓掌,合影留念。

4. 礼仪小姐引导剪彩人退场,司仪宣布剪彩仪式结束。

【思考与实践题】

1. 请结合你的生活经历或见闻,谈一谈公共关系礼仪的作用。

2. 假设由你充当中间人介绍第三者,应该遵循什么样的介绍顺序?

3. 在交际场合中,跟他人握手需要注意哪些礼仪规范?

4. 请结合具体案例,谈一谈如何提高谈话技巧。

5. 你所在的组织要与另一个组织举行一场签字仪式,要做哪些准备工作?

第七章　公共关系形象管理

本章要点

1. 组织形象的内涵和构成
2. 组织形象的重要性
3. 组织形象评估的要素和方法
4. 组织形象的塑造原则、维度和策略

关键概念

组织形象;形象评估;认知度;美誉度;和谐度;形象塑造

在社会学范畴中,社会组织的显著特点之一是具有明确的目标,即组织争取达到的一种未来状态,是组织开展各项活动的依据和动力。在公共关系中,社会组织开展公共关系活动也有要争取达到的目标,我们称之为“公共关系目标”。它是社会组织通过一系列公共关系工作欲达到的树立组织形象、与公众建立和谐关系的一种状态。

从组织的战略发展角度来看,组织开展公共关系工作最直接的目的是塑造组织形象,从而使社会公众对组织形成良好的印象和评价。建立、维护和提升社会组织的形象是最重要的公共关系目标,也是公共关系业务中最重要的一项工作任务。公关人员要把组织形象管理纳入整个公共关系工作体系,考虑各种情况对组织形象产生的影响,自觉地为组织形象服务。

第一节 组织形象概述

一、组织形象的内涵

形象,英文为 Image,有印象、反映、想象、声誉之意。组织形象,是社会公众对组织及其产品、服务的属性、价值、个性等所形成的综合感受,具体表现为社会公众对组织形成的印象和评价。

20 世纪 20 年代,李普曼在《公众舆论》一书中首次使用"Pseudo-environment"一词讨论"拟态环境"问题。他认为,在大众传播极为发达的社会,人们的行为与三种意义上的"现实"发生密切的联系:一是实际存在、不以人的意志为转移的"客观现实";二是经过新闻媒介有选择地加工后提示的"象征性现实"(即拟态环境);三是存在于人们意识中的"关于外部世界的图像",即"主观现实"。他提出,人们的"主观现实"是在他们对客观现实的认识基础上形成的,需要经过媒体搭建的"象征性现实"这一中介。经过这种中介形成的"主观现实"已经不再是对客观现实"镜子式"的反映,而是产生了一定的偏移,成为一种"拟态现实"。①

在李普曼的拟态环境假设中,组织形象就是人们头脑中形成的"主观现实"(拟态现实),"客观现实"是组织的实际情况,"象征性现实"即在新闻媒体上呈现的组织形象,它包含两个部分:一是组织在媒体上通过一系列的信息传播活动所建立的形象,属于组织行为;二是媒体对组织进行宣传报道形成的组织形象,属于媒体行为。

基于李普曼的拟态环境观点,我们可以从三个方面来认识组织形象。

(一)组织形象是可以塑造的

公众头脑中的组织形象不是凭空出现的,也不是公众头脑中固有的,而是在接收了媒体传播的信息之后,才逐渐在头脑中形成的关于组织的"图像"。这为组织"塑造形象"提供了可行性,即组织可以通过信息传播活动在公众心目中树立形象:首先,通过文字、视觉符号等的传播建立公众对组织的直观印象,激发兴趣;其次,通过组织理念、组织文化、价值观念等的深入沟通,引导公众理性认识和思考,形成对组织的态度和评价。

---

① 李普曼. 公众舆论[M]. 阎克文,江红,译. 上海:上海人民出版社,2006:198-247.

(二)组织形象塑造要投公众所好

组织形象是公众基于"客观现实""象征性现实"而形成的"主观现实"图像,带有较大的主观性。它既受组织在媒体上呈现的图像的影响,也受到公众个体审美取向、思维观念、个性喜好等的影响。同样的信息被不同的公众接收,可能产生不同的印象和评价。因此,组织在塑造形象的过程中要充分考虑公众的特点和需求,做到"投公众所好",这样更有利于形成公众对组织的良好印象和评价。

(三)组织形象塑造关键在于组织

虽然组织形象可以被塑造,但无论是"象征性现实"还是"拟态现实",其图像的形成都建立在"客观现实"的基础之上。即,组织的本来面目、真实形象,对于在公众头脑中形成什么样的印象和评价起决定性作用。如果组织本身产品质量差、管理混乱、员工素养低,那么通过媒体塑造起来的形象再好,也是一时的,时间一久就会暴露出组织的真实面目。因此"打铁还需自身硬",组织应加强自身建设,提供更优质的产品和服务,承担更多的社会责任,这才是塑造形象的长久之计。

二、组织形象的构成

从组织形象的形成来看,一般需要经过"组织的客观形象—媒体呈现的拟态形象—公众感知—公众参与—形成印象和评价"的发展过程。在这个过程中,公众首先通过媒体感知到组织信息,然后根据自己的价值需求选择性参与,再根据价值需求得到满足的程度形成印象、态度和评价。从这个过程可见,组织形象的形成与公众的价值需求密切相关(见图 7-1)。

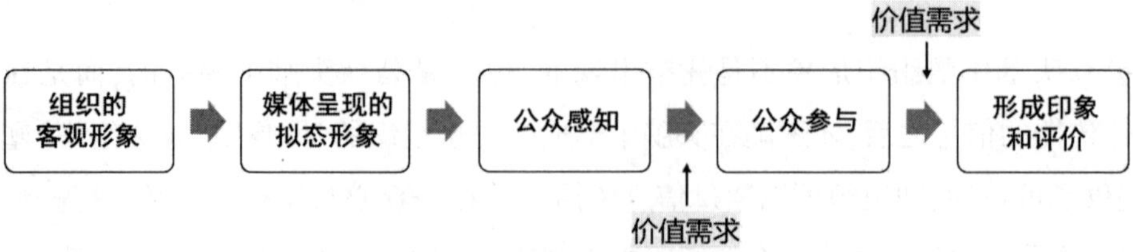

图 7-1 组织形象的形成过程

品牌大师戴维·阿克(David A. Aaker)认为,有效的价值主张能够促成"品牌—顾客"关系的建立,创建优秀的品牌就要为消费者提供价值主张,表达品牌为消费者提供的功能利益、情感利益和自我表达利益等价值。阿克所提的"价值主张",即满足公众的价值需求。

我们在创建品牌、塑造形象的过程中,应使组织形象包含一定的价值,包括功能性价值、情感性价值和自我表达价值。据此,一个组织塑造的形象应由三个部分构成,分别是功能性形象、情感性形象和象征性形象(见图 7-2)。

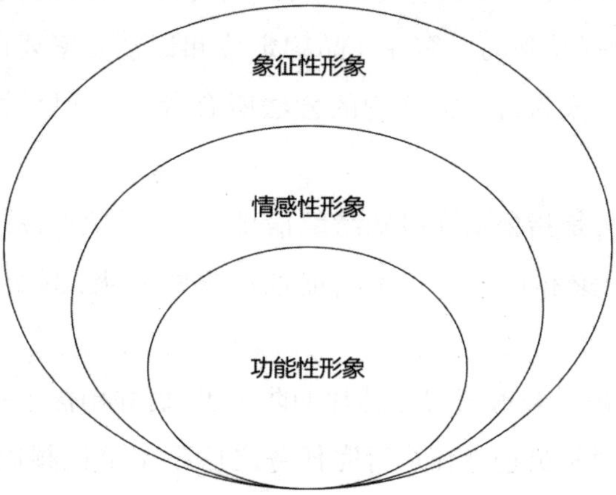

图 7-2　组织形象的构成

(一)功能性形象

所谓功能,即组织能为消费者提供有用的产品或服务,它是价值主张最明显、最普遍的基础,与消费者决策和使用体验直接相关。[①] 在现代语境中,消费是人们使用劳动生产出来的商品以维持生存、谋求发展的行为。饿了要消费食物,病了要消费医疗用品,乏了要消费精神文化产品。人们通过消费商品的"使用价值"来满足各种基本需求,商品的功能是影响公众对组织印象和评价的首要因素。

功能性形象,主要指公众对组织的产品、服务在功能层面上所形成的印象和评价。例如品质、有用、方便、健康等。

农夫山泉作为一家饮用水生产企业,品质一直是其追求的形象目标。从最初的广告语"农夫山泉有点甜"到"我们不生产水,我们只是大自然的搬运工",再到 2018 年推出的水源地实拍广告,农夫山泉不断向公众传递以"自然、健康"为核心的功能性形

① 阿克,乔基姆塞勒. 创建强势品牌[M]. 李兆丰,译. 北京:机械工业出版社,2012:72.

象,让“优质水源”“水源地建厂,水源地灌装”深入人心。

【链接】:农夫山泉水源地实拍广告[①]

(二)情感性形象

戴维·阿克认为,当消费者在购买或使用某个品牌时,如果能够产生一种积极的情绪和满足感,它可以丰富并加深品牌拥有与使用时的体验,与消费者之间建立牢固的情感联系。[②]“可靠性是一项强有力的品牌关联,检验品牌创建计划的试金石之一就是看它是否可以增强品牌的可靠性。品牌定位和识别要素要以触碰到品牌的真实情感进行传播,并使其成为目标关联物的合法所有者。”[③]可见,情感也是影响组织形象的重要因素。

所谓情感性形象,是指公众在接触组织信息、使用组织产品或服务时所产生的在情感层面对组织的印象和评价。它是功能性形象的升级,例如可靠、温暖、陪伴、守护等。

2017年,华为推出搭载人工智能芯片的防水手机,并拍摄了一支“ai在防水”的电视广告。在广告中,消防员爸爸在执行完任务之后跟家里视频通话报平安,女儿窝在妈妈怀里看着屏幕里的爸爸甜甜地说想他,下一秒却拿着手机推着小凳子打开了厨房的水龙头,将手机拿到水龙头下冲洗,原来是女儿看到爸爸的脸脏了,想帮他洗脸。小女孩“洗手机”的动作一下子就把观众的心给暖化了,屏幕另一端的爸爸听完女儿的话后绽放的笑颜也让观众对手机的防水功能印象深刻。这支广告在展示功能性形象的基础上,又传递了“爱”的主题,给人留下了温暖、有爱、守护的品牌形象。

【链接】:华为“ai在防水”电视广告[④]

(三)象征性形象

马克思说:“我们的需要和享受是由社会产生的;因此,我们在衡量需要和享受时是以社会为尺度,而不是以满足它们的物品为尺度的。因为我们的需要和享受具有社

---

① 资料来源:https://www.bilibili.com/video/BV1v54y1p7YX/? spm_id_from=333.788.videocard.19。
② 阿克,乔基姆塞勒.创建强势品牌[M].李兆丰,译.北京:机械工业出版社,2012:73.
③ 阿克,乔基姆塞勒.品牌领导[M].耿帅,译.北京:机械工业出版社,2012:249.
④ 资料来源:https://www.bilibili.com/video/av69873792/。

会性质。”①人的需要是社会性的，在不同的历史发展阶段和生产力水平下，人的消费需求有差异；在不同的社会阶层和消费水平下，人的消费需求也不一样。作为一个社会人，当商品的功能性价值和情感性价值得到满足之后，会产生更高层次的价值追求，例如个性的表达、自我价值的实现、精神的享受等。

因此，象征性形象是功能性形象、情感性形象的进一步升级，主要指公众在使用产品、服务的过程中在个性表达、自我价值实现、精神享受等层面对组织形成的印象和评价。

2015 年，梅赛德斯-奔驰公司启动“She´s Mercedes”公关项目。该项目聚焦奔驰汽车的女性用户群体，通过社交晚宴、主题沙龙、文艺活动等为女性提供展现自我、交流观点的平台，以“她”的视角、观点和经历让更多女性获得灵感与支持，激励女性勇敢追求梦想。“She´s Mercedes”的创意来自奔驰公司的创始人卡尔·奔驰的妻子贝塔·奔驰。130 多年前，贝塔·奔驰带着她的两个儿子驾驶世界上第一辆汽车完成了 12 个小时全程 106 公里的旅程，为丈夫卡尔·奔驰发明的汽车正名，展现出女性自信、勇敢、坚毅的一面。在“She´s Mercedes”的公关策划中，奔驰不再仅仅是汽车，而是象征着自信、勇敢、独立的女性精神。这是奔驰的象征性形象。

三、组织形象的重要性

在现代商品经济社会中，组织之间最高层次的竞争就是组织形象的竞争。谁拥有良好的组织形象，谁就拥有公众的支持，谁就拥有市场。组织形象的好坏直接影响到组织目标的实现，对组织的生存和发展意义重大。

（一）良好的组织形象能提升组织的资产价值

无形资产是组织资产的重要组成部分，它虽然不具有实物形态，但是存续时间长，可供组织长期使用，且具有比有形资产更高的资产价值。根据美国著名会计学家西德尼·戴维森（Sidney Davidson）的观点，组织的无形资产一般包括专利权、版权、秘密制作法、配方、商誉、专营权以及其他类似的财产。其中，商誉就属于组织形象，组织形象是无形资产的重要组成部分。

可口可乐公司的前董事长伍德鲁夫曾有一句名言：如果有一天可口可乐公司在大

---

① 马克思恩格斯选集（第 1 卷）［M］. 北京：人民出版社，1995：350.

火中化为灰烬,第二天早上新闻媒体的头条消息就是各大银行争着向可口可乐公司贷款。说明只要可口可乐这个牌子在,毁掉的工厂可以立刻重建。这就是组织形象的价值。良好的组织形象就像是为组织买了一份长期保险,不仅能帮助组织逢凶化吉,抵御风险,还能使组织的资产保持稳定增长。

(二)良好的组织形象能获得各类公众的信任和支持

1. 良好的组织形象既能培养忠实的顾客群体,又能吸引潜在的顾客,使之向行动公众转化。

2. 良好的组织形象有助于获得政府及其职能部门的信任和好感,从而为组织赢得更多政策、资金支持。

3. 良好的组织形象有助于获得社区公众的支持和帮助。当发生矛盾纠纷时,更容易被谅解;当发生危机时,更能获得及时的帮助。

4. 良好的组织形象有助于形成更好的投资环境,可以吸引更多的股东和股民,银行也更愿意提供贷款。

(三)良好的组织形象能增强组织的凝聚力和战斗力

良好的组织形象就像一面旗帜,能为组织成员树立行动标杆,让组织成员团结一心,还能让组织成员油然而生一种自豪感。

1. 良好的组织形象能规范组织成员的言行,激发组织成员的使命感,使他们在日常工作、生活中自觉自发地把个人形象与维护组织形象联系在一起。组织成员的个人形象越好,越能推动组织形成良好的形象。

2. 良好的组织形象能把个性不同的员工凝聚在一起,心往一处想,劲往一处使,形成一个团结协作、配合默契的高效率集体,大大提高组织的战斗力和竞争力。同时,良好的组织形象也更利于招揽人才、留住人才。

3. 良好的组织形象能使组织成员产生一种自豪感和荣誉感,促使员工建立拼搏进取、奋发向上的责任意识和成就意识,不断激发员工的工作热情和积极性,给组织注入源源不断的发展动力。

第二节 组织形象评估

在公共关系工作中,公关人员经常被问到这样一些问题:

组织现在的形象怎么样？公共关系活动开展了，有效果吗？形象提升了没有？下一步组织该制订什么样的公共关系目标和计划？

要回答这些问题，公关人员需要对组织形象作出评估。以往，我们通常用“知名度”和“美誉度”来衡量组织的形象状况，但由于缺乏细化的指标体系，只能得出一个比较笼统、模糊的关于组织形象的结论。

针对这一问题，李道平等提出了“公共关系三大目标”的概念，主张用“认知度”“美誉度”“和谐度”三个指标来衡量、评估组织形象，并创建了“公共关系状况等级全表”来量化表示组织的公共关系状态。①

应该说，认知度、美誉度、和谐度这三个概念的提出，意义重大。它们不仅科学地表述了公共关系目标，也使形象评估可以量化操作，使组织的公共关系工作具有可比性。有了这三个指标，我们可以把影响组织形象的各项要素进行分解、量化和综合，用具体的量化数据评估、描述组织的形象状况，也可以根据这三个指标的前后变化评估公共关系工作开展的好坏，从而使公共关系工作更好地服务于组织目标。

一、认知度

（一）认知度的内涵

认知(cognition)是20世纪50年代中期在西方兴起的认知心理学的核心概念，该心理学流派主要采用信息加工的方法研究人接收、储存和运用信息的过程，包括对知觉、注意、记忆、表象、思维和语言的研究。根据这一概念，认知是人们认识事物、知识的心理过程，包含了由浅入深、由表及里的从“听说”到“了解”的过程。

因此，由认知转换过来的“认知度”主要指一个社会组织被公众所认识、知晓的程度，包含被认识、知晓的广度和深度两个方面。一个组织的名称、产品、行业归属、历史沿革、组织领导人等信息在多大的范围内被公众认识，在多深的程度上被公众知晓，合起来就是这个组织的认知度。

认知度与“知名度”很相似，但根据认知的概念，认知度的内涵要比知名度更丰富一些。一般而言，公众只闻组织名，即“知名”；而认知度不仅包含组织的名称被公众知晓，也包含组织有多少信息被公众认识和了解。在知名的基础上，公众对组织的认

① 李道平，等. 公共关系学[M]. 3版. 北京：经济科学出版社，2008：132-148.

识越多、越深,对组织的作用和意义也越大。

(二)认知度的评估要素

在评估组织形象时,认知度主要依据组织被公众知晓的广度和深度来确立,一般用5个级别、10个档次来量化表示。

1. 认知的广度

根据组织被公众认知的区域范围,认知的广度共有5个级别,分别用5个字母表示:

A:国际级。

B:全国级。

C:大区级。包含东北(黑龙江、吉林、辽宁)、华东(山东、江苏、上海、浙江、安徽、江西、福建)、华北(河北、北京、天津、山西、内蒙古)、华中(河南、湖北、湖南)、华南(广东、广西、海南、香港、澳门)、西南(四川、云南、贵州、重庆、西藏)、西北(新疆、宁夏、青海、陕西、甘肃)7个大区的区域范围。

D:省级。包含23个省、4个直辖市、2个特别行政区、5个自治区的区域范围。

E:地市级。主要指省级以下的区域范围。

2. 认知的深度

按照由浅入深、由表及里的次序,认知深度共有10个评估要素。

(1)组织名称:组织名称的全称或简称。

(2)地理位置:组织所处的国家、省(州)、市、城镇或街道。

(3)行业归属:在我国的国家标准中,共将社会各行各业划分成20个门类、97个大类。具体包括第一产业(农业、林业、牧业、渔业)、第二产业(工业、建筑业)、第三产业(服务业、金融业、房地产、信息产业等)。

(4)规模档次:大型、中型、小型;归属中央、省或地市。

(5)发展历史:组织的成立时间、发展阶段等。

(6)组织业绩:组织的经济效益、社会荣誉、社会贡献、行业评价等。

(7)交换物:组织提供的产品或服务的名称、质量、功能等。

(8)组织领导:组织领导人的名字、性别、年龄、经历、业绩、领导风格等。

(9)个性概念:组织特色、产品或服务的特点、宣传推广风格(广告、公关)等。

(10)深层文化:组织理念、组织制度、组织文化等。

(三)认知度的使用方法

1.认知广度的确定方法

(1)根据组织的规模和级别来确定。以企业为例,根据企业的总资产、年产值、利润、员工数等分为大型企业、中型企业、小型企业。一般而言,大型企业的认知广度为全国级或大区级,少数为国际级;中型企业为大区级或省级;小型企业为地市级。如果是政府机关、事业单位,可根据它归属于中央、省还是地市来确定级别。

(2)根据与组织发生关系的公众分布范围来确定。对于生产性企业而言,如果产品的销售范围是全国,即全国级,销售范围在省内,即省级。对于服务性企业、政府部门而言,主要根据其服务对象的分布范围确定级别。

(3)根据组织被媒介传播的范围和频率来确定。例如,组织在中央电视台黄金时段投放了一年广告,组织的认知广度为全国级;组织在国外媒体上长时间投放广告,则认知广度为国际级。

在实际评估过程中,可以综合运用以上三种办法,为组织确定一个最恰当的认知广度。以华为集团为例,从组织的规模来看,属于国际级,从产品的销售范围来看,属于国际级,从投放的广告和被媒体报道的范围来看,也属于国际级,因此可以将华为的认知广度确定为国际级,用 A 表示。

2.认知深度的确定方法

认知深度的确立要建立在问卷调查和统计分析的基础之上。

(1)围绕认知深度的 10 个评估要素,设计问卷并展开调查。通过问卷调查和统计分析,得出认知深度 10 个要素的百分数。

(2)根据百分数确定认知深度的档级,用数字 1~9 表示。

在统计数据中,共有三种不同的变量值:众值、中位值和均值。如果进行深入的研究,这三个变量值都是值得重视和运用的。但在一般性的认知度评估中,只采用均值。

具体方法:把 10 个要素的百分数相加,除以 10,得到均值。由于计算出的均值带小数点,为了便于把握,把每 10 个百分点归为一个档次,即用十位上的数字表示认知深度的档级。例如:计算得出百分数均值是 63.3%,则组织的认知深度为 6 档。

二、美誉度

(一)美誉度的内涵

美誉度是指一个社会组织获得公众信任、好感、赞美、欢迎的程度,是组织形象受到公众给予的美丑、好坏评价的舆论倾向性指标。它与认知度的区别在于,认知度是中性的,不存在好坏之分;而美誉度是含有褒贬倾向的统计指标,是对组织道德价值的判断。

认知度和美誉度之间无必然的逻辑关系,不是认知度越高美誉度就越高。一个认知度只有地市级的组织,可能拥有比国际级组织更高的美誉度。同理,一个认知度达到国际级的组织,也可能美誉度非常低,甚至出现"臭名昭著"的情况。

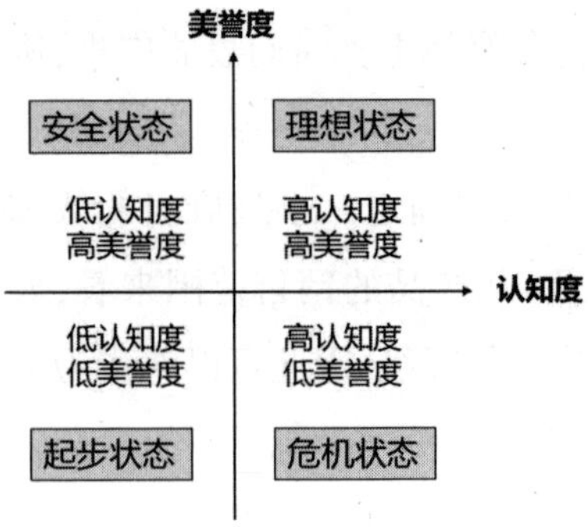

图 7-3 组织的四种形象状态

组织在认知度和美誉度这两个统计指标下,会出现四种形象状态(如图 7-3),反映出组织所处的不同发展阶段以及面临的不同公共关系形象任务。

1. 高认知度、高美誉度

这是组织最理想的形象状态,需要维持。

2. 低认知度、高美誉度

这是组织较为安全的形象状态,说明组织正处于发展阶段,具有良好的发展前景。

3. 低认知度、低美誉度

这是组织急需改变的形象状态,说明组织处于起步阶段,需要尽快塑造组织形象。

4. 高认知度、低美誉度

这是组织最不理想的形象状态,说明组织正处于危机之中,需要尽快解决危机,恢复形象。

(二)美誉度的评估要素

不同性质的组织,影响公众对其进行道德判断的要素也有所不同。

1.生产性企业的美誉度评估要素

(1)产品评价

包括产品的性能、使用材料的质量、技术含量、可靠性、美观性、价格等。

(2)服务评价

包括咨询服务、销售服务、售后服务、信息服务等。

(3)贡献评价

包括就业提供、纳税数量、环境保护、公益赞助、发展文化等。

(4)文化评价

包括企业名称与标识、品牌名称与商标图案、包装设计、广告定位、管理风格、企业理念、员工行为素质、企业家形象、企业环境等。

2.服务性企业、事业单位的美誉度评估要素

(1)硬件评价

包括建筑设施、技术装备、服务环境等。

(2)服务评价

包括服务项目、制度措施、信息咨询、服务态度、投诉处理、服务价格等。

(3)贡献评价

包括就业提供、经济效益、造福地方、公益赞助等。

(4)文化评价

包括环境设计、陈设布置、服务理念、管理风格、员工行为素质、领导人形象、宣传品位等。

3.政府部门的美誉度评估要素

(1)政绩评价

包括政策制订、政府投资收益、文明卫生建设、科教实绩、政府外交、社会稳定、民众生活质量、可持续发展状态等。

(2)服务评价

包括服务项目、服务渠道、服务能力、服务方法、服务效率、服务态度等。

(3)民主建设评价

包括民主制度的制订与执行、沟通民众的渠道与畅通程度、政府工作透明度、决策的民主程序、民众监督力度等。

(4)廉政建设评价

包括官员财产公开、干部任命公开公平、政府投资与采购招标、官员待遇公开、廉洁制度规范、廉政监督保证等。

(三)美誉度的使用方法

1. 根据不同类型组织的美誉度评估要素,设计调查问卷,展开调查,进行统计分析。

2. 通过问卷调查和统计分析,得出美誉度各项要素的百分数。数据统计时,一般将公众对组织的"十分满意""满意""比较满意""无所谓""不够满意""不满意""极不满意"等评价按程度不同,用正负5个等级表示。正向的等级越高,美誉度越高,反之越低。

3. 统计数据中依然有众值、中位值、均值三个变量。由于美誉度的评估最后落到等级上,通常采用众值,看这个众值位于哪个等级,该等级即为美誉度的等级。

通过这个方法,可以确定每一个组织美誉度评估要素的等级。

例如,某政府部门在"服务态度"这个指标上,得到的统计数据如下:

-2级(不满意)0.3%、-1级(不够满意)1.8%、0级(没感觉)13.1%、1级(有些满意)10.3%、2级(比较满意)46.8%、3级(满意)27.7%。

根据"美誉度取众值"的原则,众值是46.8%,对应的等级是2级,因此该政府部门在服务态度这项指标上的美誉度确定为2级。

三、和谐度

(一)和谐度的内涵

与美誉度一样,和谐度也是对组织道德价值的判断。不同的是,和谐度是美誉度在目标公众中的延伸,它体现的是组织与各类目标公众之间关系的协调状态。因此,和谐度主要是指一个社会组织在发展过程中获得目标公众态度认可、情感亲和、言语宣传、行为合作的程度。

在进行问卷调查时,认知度和美誉度面向的是普遍性的社会公众,而和谐度的调查统计只针对组织的目标公众展开。从各类公众对组织产生影响的重要程度来看,很显然,和谐度是三个形象指标中对组织发展影响最为直接、重要的一个指标。

(二)和谐度的评估要素

1. 态度赞同:在态度上认同组织的产品、服务、观点和行为。

2. 情感亲和:喜爱组织,与组织的关系亲近。

3. 言语宣传:为组织说好话,为组织“背书”。

4. 行为合作:在行动上支持组织,购买组织的产品、服务,帮助组织解决问题。

(三)和谐度的使用方法

1. 梳理组织的目标公众。和谐度的确立建立在对组织目标公众的调查统计基础之上,因此,首先要对组织的目标公众进行分类。组织的目标公众一般有员工、股东、顾客、媒介、社区、政府、名流等。

2. 针对不同的目标公众,从态度赞同、情感亲和、言语宣传、行为合作这四个方面设计调查问卷。

3. 面向不同的目标公众展开问卷调查,统计分析,得出和谐度 4 项评估要素的百分数。

4. 跟“美誉度取众值”一样,和谐度的测量也取众值。众值位于哪个等级,该等级即组织和谐度的等级。根据组织与目标公众之间“和谐—矛盾”的关系程度,和谐度也用正负 5 个等级来表示。

组织与每一类目标公众在态度赞同、情感亲和、言语宣传、行为合作这四个指标向度的关系状况,都可以用上面的方法来测量确定。

例如,一个组织在员工公众中“情感亲和”的统计数据如下:

-1 级(有些矛盾)2.8%、0 级(没感觉)3.9%、1 级(有些和谐)8.9%、2 级(比较和谐)19.8%、3 级(和谐)45.5%,4 级(十分和谐)19.1%。

根据“和谐度取众值”的原则,众值 45.5%对应的等级是 3 级,那么该组织在员工的情感亲和方面,和谐度确定为 3 级。

四、组织形象的量化描述及运用

根据李道平等创建的《组织公共关系状况等级全表》,认知度、美誉度、和谐度这三个指标确立之后,我们可以用 3 个数字和 1 个字母来量化表示组织的形象状况(见表 7-1)。

表 7-1 组织公共关系状况等级全表①

认知度		美誉度	和谐度
深度档级	区域等级		
9		5	5
8	A	4	4
7		3	3
6	B	2	2
5		1	1
4	C	0	0
3		-1	-1
2	D	-2	-2
1		-3	-3
0	E	-4	-4
		-5	-5

例如:6B34,表示组织的认知深度为6档,区域等级为全国级,美誉度为3级,和谐度为4级。这是一个全国知名的组织,组织形象总体良好,特别是与目标公众的关系状态比较和谐。

7C-31,表示组织的认知深度为7档,区域等级为大区级,美誉度为-3级,和谐度为1级。这个组织在区域范围内被公众所熟知,但是声誉较差,公众对该组织不满意,说明组织正面临一场危机,急需进行危机公关。

当组织形象可以量化表示之后,本节开头的问题就有了答案。我们可以据此开展科学、合理的组织形象提升工作。

(一)评估组织形象

1. 根据认知度、美誉度、和谐度三个指标的各项评估要素,设计调查问卷。

2. 面向特定的公众对象展开调查,统计结果。

3. 根据统计数据,确定组织的公共关系状况等级。这个状况等级,即组织的形象状况。

① 李道平,等. 公共关系学[M]. 3版. 北京:经济科学出版社,2008:148.

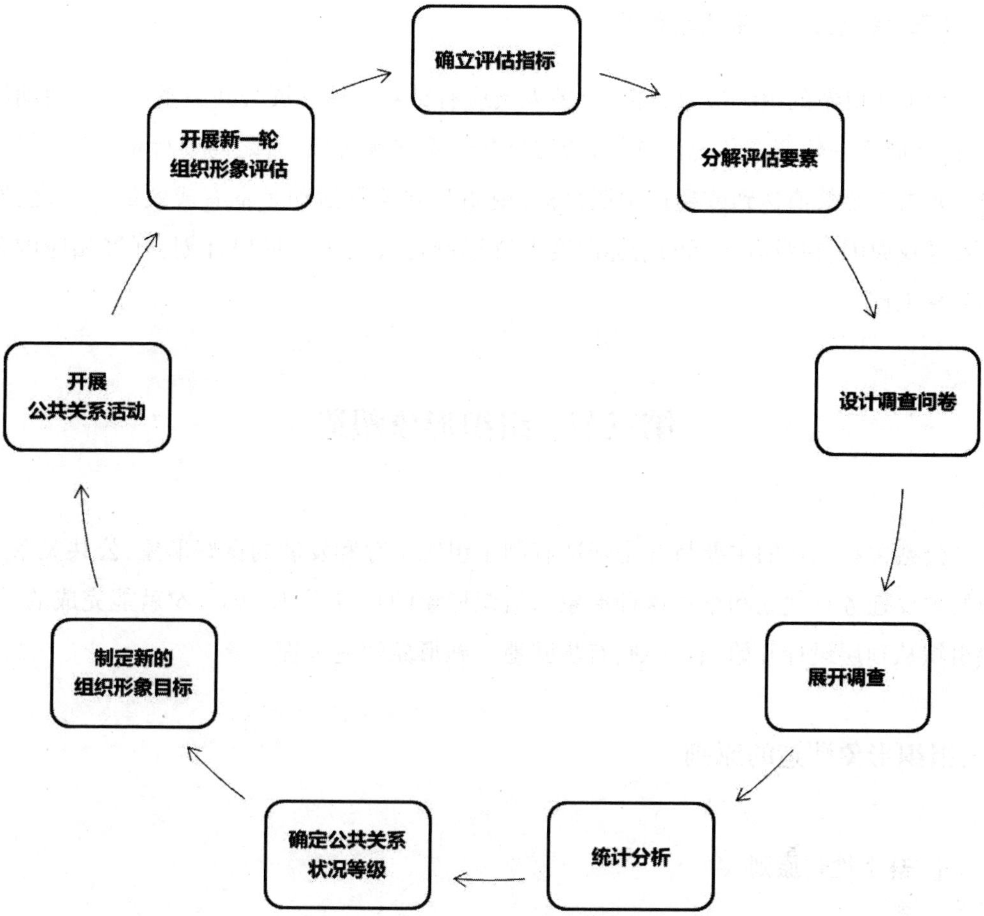

图 7-4　运用三个指标评估组织形象的过程、方法

(二)制订新的组织形象目标

根据评估得出的组织形象状况,例如 7E44,组织可以制订下一步的公共关系形象提升目标:

1. 将认知度的区域等级由当地 E 级提升到省级 D 级,把市场覆盖面扩大到全省;由于区域等级上升了,短期内不能奢望认知深度达到原来的 7 档,将认知深度确定为 5 档。

2. 要创建省级品牌,美誉度是基础,因此将美誉度仍定为 4 级。

3. 要开拓全省市场,目标公众将大幅增加,组织的和谐度将面临全新的考验,因此将和谐度降至 2 级。

因此,我们可以将组织的形象目标确定为 5D42。

(三)评估公共关系活动效果

为了达成新的组织形象目标,公关人员应有针对性地开展公共关系活动。活动结束后,开展新一轮调查和统计,得出新的公共关系状况等级,将之与目标值 5D42 作比较。如果 3 个数值达到或超过预期目标,说明公共关系活动是卓有成效的。反之,则需要寻找原因,在没有达标的指标向度上继续制订公共关系形象计划,开展相应的公共关系工作。

第三节　组织形象塑造

公共关系工作的主要目标是塑造有利于组织生存和发展的良好形象,公共关系工作的主要任务是建立和维护这种形象。组织形象的塑造不是一朝一夕就能完成的,需要组织从顶层设计开始,有计划、有步骤地实施形象塑造工程。

一、组织形象塑造的原则

(一)个性化原则

组织形象应具有鲜明的个性,这样才能在激烈的市场竞争中立于不败之地。组织形象的个性化特征,既是组织区别于其他组织的根本特点,也是公众从琳琅满目的商品中将组织识别出来的关键。

公关人员在设计、塑造组织形象时,可以从三个方面来把握"个性化":

1. 组织的优势

这个优势是竞争对手没有也不可能具有的。例如独家秘方、独门秘技、规模最大的原料基地、顶尖配置的研发团队、独有的行业荣誉,等等。1996 年 11 月,隶属于泸州老窖股份有限公司的明代酿酒窖池群被国务院列为全国重点文物保护单位,这是我国酿酒行业的唯一殊荣。该窖池群始建于明朝万历年间,是固态蒸馏酒酿造工艺发展的历史见证,代表着中国白酒文化的鉴定标准,因此被誉为"国窖"。这是泸州老窖独有的优势,其宣传语"你能品味的历史"、白酒品牌"国窖 1573"深入人心,在公众心目中具有较高的辨识度。

2. 组织的差异化特征

这个差异化特征也是竞争对手没有,且不易被他人模仿的。例如从规模和产值来看,华为集团是罕见的非上市公司。作为一家 100% 由员工持有的民营企业,华为没有任何政府部门及其他第三方机构持有公司股权、干涉公司经营或影响公司决策。因此华为"独立的商业精神"是大多数组织不具备的。这就形成了华为个性化的形象特色。

3. 组织的特色文化

主要指组织特有的信仰、目标、精神和价值观等。组织文化是一个组织的灵魂,是组织生存、发展、竞争的动力之源。从组织愿景(目标)、组织精神(信条)、价值观念、经营理念、行为准则、生产工艺、组织环境等层面提炼组织的个性文化,是大多数组织设计组织形象采用的手法。例如,腾讯科技从组织信条、价值观念中提炼"用户为本、科技向善"作为组织形象;百雀羚从产品工艺中提炼出"科技新草本"的组织形象;伊利从组织环境出发,提出"天然有机牧场"的形象概念。

(二) 整体性原则

组织形象塑造是一个系统工程,涉及组织标识、产品、服务、领导层、员工、组织环境、组织文化等各个方面,每一个面向都是组织形象的重要组成部分。

2016 年央视"3·15"晚会曝光"饿了么"平台存在卫生不达标的黑心作坊,2017 年《法制晚报》曝光海底捞北京劲松店的后厨用火锅漏勺掏下水道、老鼠乱钻食品柜……这些负面新闻虽然曝出的是个别地区、个别门店的违规现象,但对饿了么、海底捞的整体形象带来了恶劣的影响。可见,组织形象是一个有机整体,任何一个构成要素都会影响公众对组织的印象和评价,影响组织形象的形成。我们在塑造组织形象时要从整体入手,统一制订公共关系形象计划,把分散的、不连续的公共关系工作系统化、统一化、整体化,并落实到组织的每一个部门、每一个工作环节。

(三) 稳定性原则

美国某公司曾长年以小熊为主要的视觉形象做广告,后来公司更换形象,公众对新的形象感到陌生且难以适应,导致该产品销量下降。后来该公司重新启用了小熊形象,才使销量得以回升。这说明,组织形象需要保持一定的连贯性和稳定性,不可随意更换。人的记忆是大脑对经历过的事物的识记、保持、再现或再认。在记忆过程中,一个稳定不变的事物更有利于人们进行识别和回忆，从而形成记忆。

因此，组织形象一旦确定，不要轻易作出改变。如果确有必要作出调整，建议采用“渐变”的方法。苹果公司自 1976 年创立以来，共 7 次更换组织 logo，华为自 1987 年创立以来，共 3 次更换 logo，小米自 2010 年成立以来，前后也经历了 4 次 logo 更换。

如图 7-5 所示，除了苹果公司在创立后的第二年对 logo 做了比较大的改动，其他的 logo 更换都没有对主体部分做太大改变，尽力保持了 logo 在视觉形象上的连贯性和稳定性。这有利于在公众心目中建立清晰、深刻的组织形象。

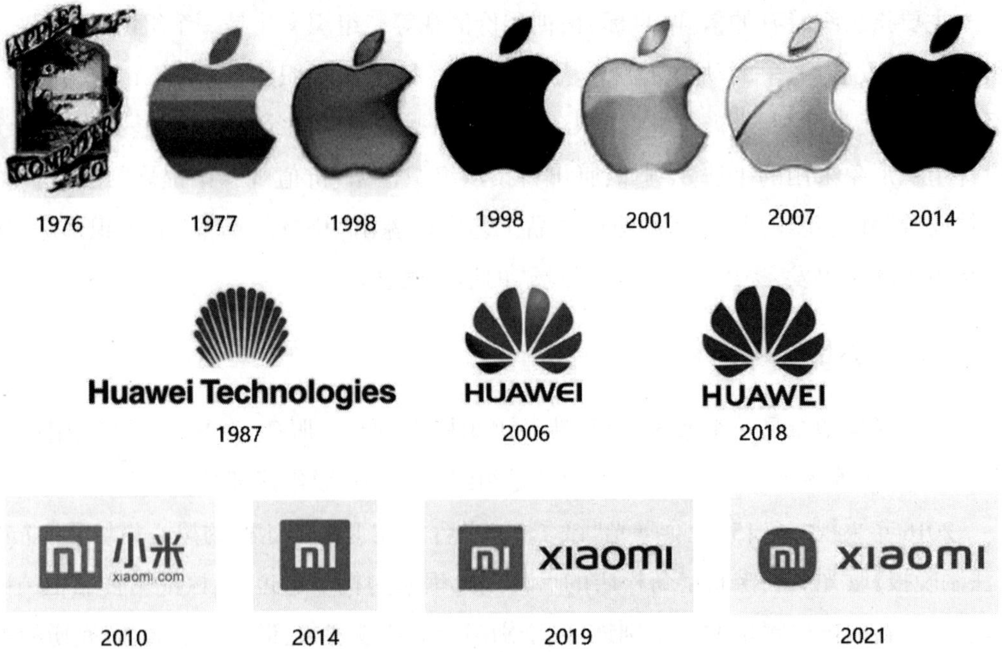

图 7-5　组织 logo 的渐变过程

(四)契合性原则

1. 要契合组织本身的真实状况

组织塑造形象不是靠自吹自擂就能完成的，需要以组织真实的形象状态为基础。百雀羚提出“科技新草本”，必须真的具备这样的产品工艺；伊利提出“天然有机牧场”，也必须真的拥有生态牧场。公关人员在塑造组织形象时，要从组织的实际情况出发，不夸大、不虚报，实事求是、真实准确地把组织形象传递给公众。只有这样，塑造的组织形象才能长久，才能被公众接受和认可。

2. 要契合公众对组织形象的期待

面对不同类型的组织,公众内心都有一把道德标尺。对于生产性企业,公众要求其产品安全可靠;对于服务性企业,公众要求其服务态度良好;对于政府类组织,公众要求其勤政为民爱民。公关人员在设计、塑造组织形象时,要充分考虑公众对这些组织形象的价值期待。此外,还应考虑公众的认知水平、审美趣味等对组织形象形成的影响,在传播组织形象时,应契合公众喜好,采用能真正打动公众的公关手段和方式。

二、组织形象塑造的维度与技巧

(一)组织形象塑造的相关理论

1. CIS 理论

CIS 是 Corporate Identity System 的简称,意思是组织形象识别系统,由 MI(Mind Identity,理念识别)、BI(Behavior Identity,行为识别)和 VI(Visual Identity,视觉识别)三部分构成。该理论于 20 世纪 50 年代产生于美国,在 60 年代的欧美、七八十年代的日本、90 年代的中国大陆风行一时。

在组织形象识别系统中,MI 是核心,是组织的心脏和根基,属于组织的内在精神实质,对 BI 和 VI 起统领和指导作用;BI 是建立在组织制度和行为规范之上的组织运作模式,是在行为层面对 MI 的动态展现;VI 是对 MI 的视觉化呈现,它是组织形象识别系统中最鲜明,公众接触最多、了解最多的一个部分。

有人把 CIS 比喻成一支军队,MI 是军心,是指导军队作战的战略核心;BI 是军纪,是军队取得作战胜利的重要保证;VI 则是军旗,是军队所到之处的形象标志。

具体而言,MIS、BIS、VIS 分别包含组织的下列几个要素。

(1)理念识别系统(MIS):组织愿景、组织信条、价值观念、经营理念等。

(2)行为识别系统(BIS):组织制度、行为规范、教育培训、仪式性活动、宣传推广、客户服务、公益赞助等。

(3)视觉识别系统(VIS):组织名称、组织标志(产品商标)、代表色、中英文标准字、宣传口号、组织外观、员工服饰等。

2. AIS 理论

AIS 是 Audio Identity System 的简称,意思是听觉识别系统。该理论于 2002 年由寒春首次提出,是在听觉层面呈现组织的理念和形象。听觉识别系统的构成要素包括组织歌曲、广告音乐、组织注册的声音(音效)等。

3. EIS 理论

EIS 是 Environment Identity System 的简称,指环境识别系统。该理论主张从环境一体化角度对公众所能感知的组织环境进行系统化、规范化的设计和管理。有时,也把环境识别系统并入视觉识别系统。

环境识别系统包括:

(1)组织内部环境识别系统。组织大门、厂区的建筑风格;车间、办公区等的配套家具、设施风格;智能化通信设施、安全设施;店面装饰、展厅设计等。

(2)组织外部环境识别系统。环境艺术设计、绿地、雕塑、组织吉祥物、路牌、灯箱等。

4. 组织文化五维度理论

特伦斯·迪尔、艾伦·肯尼迪提出,塑造组织文化可以从五个维度入手,分别是环境维度、价值维度、人物维度、仪式维度、网络维度。组织文化是组织形象最重要的构成部分,这五个维度也是塑造组织形象的维度。

(1)环境维度:分组织内部环境和外部环境。内部环境指组织成员对组织宗旨、经营管理理念、组织发展战略等的理解和支持;外部环境主要指社会评价等舆论环境。

(2)价值维度:指组织对人对事的公正态度、积极承担社会责任和履行义务的价值观。

(3)人物维度:指代表组织精神、信条的核心人物,如组织领导人、模范员工等。

(4)仪式维度:指展现组织制度、理念、业绩、风貌的各种仪式性活动,如周年庆典、入职培训、年度表彰、聚会、团建、文体活动等。

(5)网络维度:指传播组织形象的渠道,分正式渠道和非正式渠道。正式渠道主要指新闻媒体,非正式渠道指除媒体之外与公众建立联系的渠道。

(二)组织形象塑造的技巧

1. MI 建构

MI 建构是指采用精辟的语言高度凝练、概括组织的精神、宗旨、价值观、经营理念等,形成一种标语式的精神口号,是对组织内在精神实质的抽象化表达。这种标语、口号主要用于组织的宣传物料中，例如广告、公关稿、官网上关于组织的介绍等，以此向公众传递组织的理念识别信息。

组织标语、口号的构思从调查研究开始，经反复推敲、论证之后形成和确立。确立的标语、口号要语义明确、语言精练、富有感染力，能起到对内激励员工、对外宣传形象的作用。

MI 的确立没有固定模式，可根据组织的优势、特色、发展愿景等来构思。主要有三种思路。

(1)我们现在是什么样的组织

可以深入挖掘组织在已有产品、服务、经营管理、发展历史、存在价值、社会贡献等方面的优势和特色，凝练成核心价值。

联合利华：为生活添活力。

腾讯科技：一切以用户价值为依归。

IBM：尊重个人，顾客至上，追求卓越。

苹果：Switch(变革)。

泸州老窖：你能品味的历史。

百度：百度一下，生活更好。

搜狐：上搜狐，知天下。

海尔：海尔，中国造。

(2)我们将成为什么样的组织

可以将组织的愿景、发展目标、追求等进行凝练和概括。

华为：构建万物互联的智能世界。

伊利：成为全球最值得信赖的健康食品提供者。

美团：帮大家吃得更好，生活更好。

艾维斯：我们是老二，所以我们更努力。

飞利浦：让我们做得更好。

(3)公众视角下的组织印象

可以从公众的角度出发，根据公众对组织的印象、评价来确立精神口号。

京东：网购上京东，省钱又放心。

麦当劳：我就喜欢。

雪碧：晶晶亮，透心凉。

雀巢：味道好极了。

德国大众:小即是好。

人头马:人头马一开,好事自然来。

2. BI 建构

BI 建构就是从组织的管理制度、员工教育培训、营销推广、客户服务等方面挖掘组织特有的、具有象征意义的行为特征、行为规范,并将之符号化、文本化,使之成为公众识别组织的形象特征。

在 BI 建构方面比较经典的案例是麦当劳。为了保证组织行为高度统一,麦当劳针对全体员工制定了一本厚达 385 页的行为规程,其内容主要有:

OTM(Operation Training Manual,营业训练手册)。详细说明了麦当劳的各项规定,餐厅各项程序、步骤和方法,是指导麦当劳运转的圣经。

SOC(Station Operation Checklist,岗位检查表)。麦当劳把餐厅服务工作分为 20 多个工作段,每个工作段都有 SOC,上面详细说明了工作段事先应检查的项目、步骤和岗位职责。

QG(Quality Guide,品质导正手册)。管理人员人手一册,详细说明了各种半成品的接货温度、储存温度等各种与质量有关的数据。

MDT(Management Development Training,管理人员训练)。麦当劳的训练系统很完善,所有的经理都从员工做起。先学习经理发展手册,共四级四本;学完第四册,升到第一副经理后,就被送到芝加哥汉堡包大学学习高级课程;对经理实行一带一训练,即一个经理训练一个经理,训练合格后,才有晋升机会。①

从麦当劳的成功经验可见,组织应对成员的行为进行规范化管理,以行动上的"一致性"塑造组织形象,包括制订员工手册、行为规范、员工教育培训制度等。员工手册、行为规范的内容可以从以下几个方面考虑:

(1)行政管理制度。包括领导层决策制度、组织的机构设置、岗位职责、员工教育培训制度、财务制度、绩效考核制度、薪资福利制度等。

(2)生产管理制度。包括组织各个生产部门、生产环节的岗位职责、设备操作规程、产品标准、工艺流程、安全规程、设备管理、质量管理、产品检验等。如果是服务性组织,则指服务提供的规范化管理制度,包括工作程序、操作规程、服务标准等。

(3)营销管理制度。包括销售管理、经销商管理、价格管理、市场调研、宣传推广、

---

① 李道平,等. 公共关系学[M]. 3 版. 北京:经济科学出版社,2008:166.

客户服务、公益赞助等的管理制度。

(4)文化管理制度。主要指组织文化建设方面的管理制度,例如各类仪式性活动(周年庆典、年会、人物表彰、文体活动)的管理规定,举办时间、举办内容、负责部门、人员分工、活动协调等。

作为组织形象的动态识别形式,为了增强识别效果,组织在构建行为规范时还应注意组织行为规范与组织理念之间的一贯性。MI 是整个组织形象的核心,BI 的建构要以 MI 为依据和基础。换句话说,组织制订的员工手册、行为规范应体现组织的精神信条、价值理念,是 MI 落地的表现。例如,腾讯科技的 MI 是"一切以用户价值为依归",那么从产品研发、生产、销售到服务,腾讯在制订员工行为规范时都应从用户价值出发,尊重用户需求,保障用户权益。

3. VI 建构

VI 建构就是为组织设计一套个性鲜明、富有感染力和传播力的视觉符号,包括组织名称、组织标志(产品商标)、代表色、中英文标准字、宣传口号等。在组织形象识别系统中,MI、BI 都很重要,但最能影响公众的是 VI。VI 将组织的精神和特征可视化,相比 MI、BI 更具有可识别性。组织的视觉形象设计完成后,一般应用于产品包装、广告宣传、办公用品、建筑外观、环境标识、车辆标识、服装鞋帽、接待用品、定制礼品、员工手册等。

组织在设计视觉形象时,应以组织理念为核心,遵循个性化、整体性、稳定性、契合性等原则。下面,主要介绍组织名称、组织标志和代表色的设计注意点。

(1)组织名称

名称是一个组织的代表性符号,是构成组织形象的主要元素。组织在起名时,既要考虑叫得响亮,又要考虑良好的寓意。对于跨国组织而言,还要重视组织名称的翻译问题。一个恰到好处的译名,能帮助组织迅速打开国外市场,反之,则会导致销路受阻。

1927 年,上海街头悄然出现一种名叫"蝌蚪啃蜡"的饮料,棕褐色的液体、甜中带苦的味道,打开瓶盖后还有一股充盈的气泡,古怪的味道加上古怪的名字使该饮料销量很差。第二年,该饮料公司登报悬赏 350 英镑征求译名。最终,身在英国的上海教授蒋彝击败了所有竞争对手拿走了奖金,而这家饮料公司也获得了迄今为止被翻译得最好的品牌名称——可口可乐。这个译名不但保持了英文名的音译,还比英文名更有寓意,为可口可乐顺利打入中国市场迈出了关键的一步。

（2）组织标志

组织标志主要指商标或徽标，是组织形象传播过程中应用最广泛、出现频率最高的元素，一般由文字、图形、字母、数字等元素组合而成。

组织在设计标志时，第一，要讲求流畅、简单，便于公众识别和记忆。例如奔驰的三叉星徽、耐克的对钩标志，都很简洁（如图 7-6、图 7-7）。第二，要有含义和象征意义，能体现组织形象的核心价值。例如奔驰的三叉星徽寓意奔驰公司向海陆空三个领域发展，耐克的对钩象征着希腊胜利女神翅膀的羽毛，代表着速度、动感和轻柔。第三，要注意规避一些敏感性字样和形状，例如国旗图案、宗教符号等，以免造成不必要的误解。

Mercedes-Benz

图 7-6 奔驰的标志

JUST DO IT.

图 7-7 耐克的标志

图 7-8 可口可乐首张圣诞老人海报①

（3）代表色

颜色对人的情绪、情感有较大的影响力，组织在进行 VI 设计时应充分考虑颜色的作用和象征意义，为组织选择适宜的代表色。例如，美团的代表色是黄色，寓意丰收，象征着美团"帮大家吃得更好，生活更好"的经营理念；小米的代表色是橙色，寓意心想事成，象征着小米"永远相信美好的事情即将发生"的组织信条；百雀羚的代表色是绿色，象征着绿色环保的企业宗旨。

世界上为人所熟知的穿着红白袍子的圣诞老人形象，是可口可乐公司创造

① 这个红帽子白胡子的圣诞老人，竟然是可口可乐创造的［EB/OL］.（2021-12-25）［2023-03-01］. https://36kr.com/p/1542290819999752.

的。在1931年之前,圣诞老人的形象大多穿着绿色袍子,可口可乐公司为了推广它的红色代表色,邀请著名广告插画师海顿·珊布(Haddon Sundblom)设计了红色外衣造型的圣诞老人。之后,可口可乐在广告中一直不断强化穿红白袍子的圣诞老人形象,使红色圣诞老人逐渐成为全球标准共识,可口可乐红白相间的品牌形象也与欢乐的圣诞氛围融合在了一起。

4. AI 建构

AI 建构就是为组织创作、设计具有组织特色的歌曲、广告音乐和声音标识,通过声音的传递使公众建立对组织形象的认知和印象。据研究,听觉占人类获取信息的11%,与视觉相比,听觉刺激在公众头脑中产生的记忆丝毫不逊色。

(1)组织歌曲

组织歌曲主要有企业歌曲、校歌、军歌、队歌等。组织歌曲是组织文化的重要组成部分,能起到教育员工、凝聚员工、激励员工的作用。组织可请专门的音乐人为组织创作歌曲,内容上力求反映组织的核心理念和员工风貌,旋律上恢宏大气,能起到鼓舞人心、展示形象的作用。

例如五粮液集团的《五粮液之歌》,歌词内容如下:

人如酒 酒如人
五粮液厂出酿神
酒王响当当 遍地喝五粮
流进血脉壮我力量
酿神啊 生命的酒
你我喝着酿神酒
举杯问候争上游
一醉方休造春秋

人如酒 酒如人
千年绝技靠酿神
开坛千里香 粮液万家尝
回味悠长任我翱翔
酿神啊 健康的酒
你我喝到心里头
知心话儿说不够
快乐和谐是永久

(2)广告音乐

广告音乐一般包括广告乐曲和广告歌曲。心理学表明,音乐是一种超越理性认识的高层次心理活动,能带给人超越视觉刺激的感性体验。因此,广告音乐可以创造一种特殊的气氛唤起公众注意,增强公众对信息的记忆。在广告发展史上,1958年麦当劳制作了第一首广告歌曲,之后,广告音乐被不断地应用于广告传播中。从燕舞的"燕舞,燕舞,一曲歌来一片情"到东芝的"TOSHIBA,TOSHIBA,新时代的东芝",这些广告音乐对塑造和传播组织形象起到了巨大的作用。即使过去很多年,人们依然能对那熟悉的旋律和歌词记忆犹新、回味无穷。

广告音乐的使用有两种形式：一种是专门为一个广告作品原创音乐，另一种是在已有的音乐作品中选择音乐与广告搭配。无论是采用哪种形式，都要注意两个问题：首先，广告音乐要契合组织的整体形象。例如百事可乐的广告歌曲《蓝色魅力》《蓝色的缘分》就很契合百事可乐蓝色的视觉形象。其次，广告音乐要契合广告作品的风格。如果广告画面给人一种宁静、柔美的感觉，广告音乐就不能雄壮、激烈，否则容易造成视觉和听觉上的冲突。

(3)声音标识

2013 年第十二届全国人大常委会第四次会议表决通过了《中华人民共和国商标法》修正案，声音被正式列入注册商标范围。声音标识作为商标的一种，通常和组织标志一起出现在广告的开头或结尾。它可以是独特的曲调、旋律或音响，例如，英特尔芯片的“噔，噔噔，噔噔”、摩托罗拉的“hello moto”、肯德基的“有了肯德基，生活好滋味”；也可以是特殊代言人的声音，例如唐老鸭的配音演员李扬为小鸭圣吉奥配的声音、六小龄童为金猴皮鞋配的“穿金猴皮鞋，走金光大道”。组织在设计声音标识时，要注意突出曲调、旋律的独特性和流畅性，以增加声音的辨识度和感染力。

三、组织形象塑造的步骤

(一)调查评估组织的现有形象

塑造组织形象的第一步，是调查、评估组织的现有形象。参照本章第二节的内容，以认知度、美誉度、和谐度三个指标为调查的基本内容，先分解这三个指标的评估要素，然后设计调查问卷，面向普通公众、目标公众展开调查，统计分析，根据统计数据确定组织的形象状态。

根据调查评估结果，组织一般存在四种形象状态：理想状态、安全状态、起步状态和危机状态。

(二)制订组织形象的目标策略

塑造组织形象的第二步，是根据现有的组织形象状态，制订接下来的形象目标及行动策略。

1. 理想状态:维持策略

组织处于理想状态下,拥有较高的认知度和美誉度,与目标公众之间关系也比较和谐,因此组织的形象目标是继续维持这种良好的公共关系状态。

2. 安全状态:提升策略

组织拥有较高的美誉度,但是认知度比较低,组织处于发展阶段。这类组织的形象策略分两步:首先,提高组织形象的认知度;其次,认知度提高了,目标公众会相应增加,因此第二步是加强与目标公众的沟通。

3. 起步状态:改善策略

组织的认知度、美誉度、和谐度均比较低,组织处于起步阶段。对于这类组织而言,提高美誉度是当务之急,应根据组织形象存在的问题,积极改善形象,使其更好地被公众接受和认同;在提高美誉度的基础上,通过开展公共关系活动提升组织的认知度。处于起步阶段的组织,目标公众的信任和支持非常重要,因此公共关系工作的重心是与目标公众加强沟通和协调关系。

4. 危机状态:重塑策略

组织的认知度比较高,但美誉度低,组织处于危机状态。这类组织的形象策略分三步:首先,尽快解决眼下的危机,把"臭名"(认知度)降下来;其次,重塑组织形象,尽快提高组织的美誉度;最后,在美誉度提升的基础上,提升组织的认知度、和谐度。

组织之所以处于危机状态,通常是与目标公众之间发生了矛盾和冲突,因此从化解危机到重塑形象,组织的重点工作也是与目标公众保持密切、真诚的沟通,积极争取目标公众的谅解和支持。

(三)宣传推广组织形象

塑造组织形象的第三步,是积极宣传、推广组织形象,整体上提升组织形象的认知度、美誉度、和谐度。

1. 组织形象的对内宣传

组织成员既是组织形象的缔造者,也是组织形象的传播者,他们的言行和态度将直接影响组织形象的传播。组织形象发生变化,特别是重塑形象之后,首先要将改变后的新形象与组织成员进行沟通,获得组织成员的接受和认同。

要重点向组织成员传递两条信息:一是组织的发展前景和发展目标;二是组织目

前的处境和接下来的变革方案。要将组织面临的困境、走出困境的办法与组织成员做深入沟通，以得到组织成员的全力支持和贯彻落实。

2. 组织形象的对外宣传

这是宣传推广组织形象的重点工作，需要详细、周密、系统的公共关系策划和富有成效的公共关系工作。此部分内容将在第八章做重点介绍。

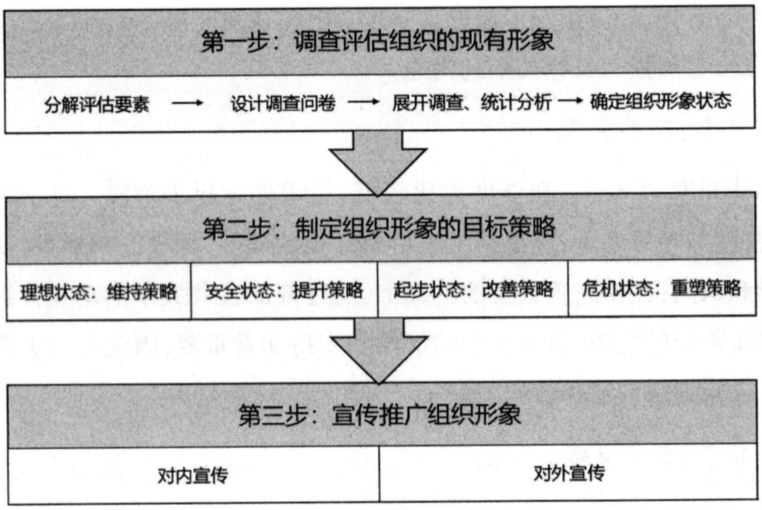

图 7–9　组织形象塑造的步骤

【思考与实践题】

1. 请举例谈一谈组织形象的内涵和重要性。

2. 组织形象的评估指标有哪些？说明这些指标的含义和构成要素。

3. 请你为所处的组织设计形象评估方案，并在一定的范围内实施测评。

4. 请简述 CIS 理论、AIS 理论、EIS 理论的基本内容。

5. 组织形象塑造的原则有哪些？

6. 请简述组织形象塑造的步骤。

第八章　公共关系策划

本章要点

1. 公共关系策划的内涵
2. 公共关系策划的作用
3. 公共关系策划的特征
4. 公共关系策划的步骤

关键概念

公共关系策划;公共关系目标;目标市场;USP 理论;沟通策略;感性诉求;理性诉求;渠道策略

从本质上看,公共关系是组织发现问题、解决问题的一种科学管理行为。组织开展公共关系活动,和管理其他社会活动一样,也有其发展规律可循,认识和把握这些规律并形成工作经验、工作步骤,是提升组织管理能力和公共关系工作水平的重要途径。

作为一门科学和艺术,公共关系工作的科学性和艺术性主要体现在"公共关系策划"中。公共关系策划既是组织公共关系战略的核心和关键,也是顺利实现组织公共关系目标的前提和基础。

第一节 公共关系策划概述

策划是一个十分古老的概念,其思想源远流长。《孙子兵法·谋攻篇》中记载:“故上兵伐谋,其次伐交,其次伐兵,其下攻城。”说的是用兵的上策,以谋略取胜。《史记·高祖本纪》中记载:“夫运筹帷幄之中,决胜千里之外,吾不如子房。”说的是汉高祖刘邦称赞张良坐在军帐中运用计谋,就能决定千里之外战斗的胜利。这里的“上兵伐谋”“运筹帷幄”,都体现了古朴的策划思想。

商场如战场。在公共关系中,组织为了取得胜利也需要出谋划策,制订战略规划,我们称之为公共关系策划。可以说,公共关系策划是最高层次的公共关系活动。公共关系策划的广泛开展,极大地提高了公共关系的学科地位和社会地位,并赋予公共关系更加广阔的发展前景。

一、公共关系策划的基本内涵

公共关系策划是指公共关系从业人员根据组织形象的现状和目标要求,对公共关系活动的形式和内容进行谋划、设计的过程。

具体来说,公共关系策划始于公共关系调查,策划者对与组织相关的各类信息、要素进行周密的调查和分析,发现组织存在、需要解决的问题和面临的机遇、挑战,在此基础上,运用科学创新的策划技法,分析整合各类信息、资源和渠道,确定公共关系活动的目标和主题,制订能达到最佳公共关系效果的活动方案。

从公共关系策划的过程来看,公共关系策划包含了五个构成要素:策划者、策划对象、策划方法、策划方案和策划效果。①

策划者是公共关系策划的主体,其知识、经验和思维直接决定了策划水平的高低,因此最好由具有广博知识、丰富经验、睿智头脑、灵敏思维和丰富想象力的公关人员来担任。

策划对象是公共关系策划的客体,可以是组织、企业,也可以是个人。策划对象的现状、问题、发展趋势为公共关系策划提供了依据和方向,其类别也决定了公共关系策

---

① 陈先红. 现代公共关系学[M]. 2 版. 北京:高等教育出版社,2017:237-238.

划的类型。

策划方法是公共关系策划的手段,包括思维方法、创意手段、设计的程序、技术的运用、策划的组织形式等。

策划方案是公共关系策划的书面报告,是策划者为实现公共关系策划目标,针对策划对象所设计的一套策略、方法和步骤。策划方案应具有指导性、创造性、针对性、可行性和可操作性。

策划效果是对实施策划方案可能产生的效果进行预先的判断和评估,以此来预测公共关系活动的成败。

二、公共关系策划的作用

1955 年,爱德华·伯内斯把策划的概念引入公共关系理论和实践。1991 年,中国公关界开始重视公共关系策划。时任中国国际公共关系协会常务副会长兼秘书长郑砚农曾介绍,在北京申办 2008 年奥运会期间,中国国际公共关系协会精心策划、组织了多场配合申奥的公关活动。特别是当国际奥委会评估团的报告发布后,协会发挥行业指导机构的优势,召集了爱德曼、安可、伟达等著名公关公司的负责人献计献策,就申奥冲刺阶段的对外宣传口径、陈述报告润色、陈述人培训、媒体宣传报道等问题进行了深入探讨。这些专业的公关公司在国际上具有广泛的工作渠道和丰富的策划经验,它们的介入使申奥工作更加科学化、国际化,中国在国际上的形象也更具亲和力和影响力。

2001 年北京申奥成功,让国内公关界见识到了公共关系策划的重要性。公共关系策划逐步成为公共关系工作的核心和关键,它既是对过去公共关系工作的总结和反思,也是对未来公共关系工作的规划和创新,发挥着承上启下的作用。

(一)整理思路

组织开展公共关系活动,应从组织的实际出发,服务于组织的长远规划。公共关系策划可以帮助组织从过往的公共关系工作中理清头绪,明辨方向,确保公共关系活动目标与组织发展目标保持一致,少走弯路。

(二)指导行为

在公共关系活动的实施过程中,策划方案就是实施者的工作依据和工作指南,可以指导公共关系活动有序开展,做到主次有序,轻重有别,环环相扣,任务明确,避免出现仓促应对、随心所欲、偏离目标等问题。

(三)咨询决策

通过公共关系策划方案,组织决策者可以看到项目开展的预期效果、工作步骤以及工作投入与目标实现之间的关系,从而判断、评估项目是否有价值。因此,公共关系策划是组织决策必不可少的一个环节,是保证决策过程科学、严谨的重要前提和基础。

(四)促进竞争

公共关系策划的最终目的是建立良好形象,使组织获得公众的认可、理解和支持,在激烈的市场竞争中脱颖而出,具有竞争优势。因此从长远来看,公共关系策划可以促使组织不断开拓创新,追求卓越,具有促进竞争的作用。

三、公共关系策划的特征

(一)目标性

公共关系策划首先具有明确的目标性,是为了实现某个特定的公共关系目标而进行的谋划和设计。一般而言,提高组织的认知度、美誉度、和谐度是公共关系工作的总体目标,但具体到某一个公共关系策划方案,应聚焦 1~2 个急需解决的重点问题,不可面面俱到,期望一次性解决所有问题;应根据策划对象的公共关系现状、资源、财力等,就一个具体目标进行策划、设计。同时,策划时还应考虑公共关系具体目标与总体目标的统一,公共关系目标与组织发展目标的统一。

(二)创新性

公共关系策划是一种创造性的思维活动,追求“人无我有,人有我优”,讲求“做和对手不同的事”,或“用不同的方式做相同的事”。它要求策划者具有创新思维,善于运用多元视角观察、思考问题,勇于突破常规,出其不意,独辟蹊径。

抖音、快手等短视频平台催生了大量网络视频播主,其中一位叫陆仙人,他的走秀视频一经发布就在抖音平台获得一千多万点赞量,并在外网引发热烈讨论。他是如何爆火,成为千万级网红的呢?除了优质的视频内容,陆仙人给自己进行了独树一帜的定位:乡村男超模。他的走秀视频有三个地方令人眼前一亮:一是陆仙人并非职业模特,只是一位热爱走秀的普通农村青年;二是他录制的走秀视频穿的不是大牌高定,而是自制的“高级服装”,服装材料来自农村随处可见的废旧材料;三是他把秀场放到了山间原野,但走出了比在专业T台更具感染力、高级感的步伐。这就是独辟蹊径,就是创新。

【链接】:陆仙人的走秀视频①

(三)时机性

机不可失,时不再来。所谓时机,就是时间变化所带来的机会。公共关系策划要善于捕捉、利用时机,既要注意捕捉时机的准确性,又要注意把握时机的及时性。

策划者可捕捉利用的时机:发生社会热点事件之际;国际国内的传统节日、电商节日、组织纪念日等;国家取得了重大成就与突破;组织创办、开业之际;新品上市、召开发布会之际;公众观念和市场需求发生变化之时;组织形象出现危机之时。

这些“时机”蕴藏着商机和转机,如果借机造势,巧妙策划,能为策划对象提高曝光度和影响力。2022年五四青年节到来之际,哔哩哔哩(B站)邀请诺贝尔文学奖得主莫言给全国青年朋友写了一封信——《不被大风吹倒》。面对镜头,莫言用平实质朴的语言分享了在人生艰难时刻给他带来力量的两个故事:童年时一本珍贵的《新华字典》开启阅读之路,爷爷带着他与狂风对峙。他用亲身经历所获得的启发回答青年人的提问,激励青年人在任何艰难时刻都能不被大风吹倒。这是哔哩哔哩继2020年的视频《后浪》之后策划的又一个刷屏视频,为哔哩哔哩赢得了“最懂年轻人”的公众印象。

【链接】:《不被大风吹倒》:莫言写给青年朋友的一封信②

(四)思想性

组织形象具有道德属性,一个健康立意的公共关系活动更有利于塑造良好的组织形象,因此公共关系策划的主题和内容应具有思想性。第一要真实。公共关系策划应以客观事实为依据,确保内容真实准确,不欺瞒公众。第二要守法。策划的主题和内

---

① 资料来源:https://mp.weixin.qq.com/s/GlC1WjQweyi3QakGO_vLRg。

② 资料来源:https://www.bilibili.com/video/BV1A44y1u7PF/?spm_id_from=333.337.search-card.all.click。

容应合乎本国国情和法律法规,符合当地的文化传统、民族信仰和风俗习惯。第三要有价值。公共关系策划应符合组织的核心价值和利益,符合社会的价值需求,以公众利益为价值导向,在赢得组织利益的同时使社会、公众受益。

在2020年特仑苏的中秋节策划中,特仑苏以“保护非遗工艺,传承文化经典”为主题,与公益组织“稀捍行动”合作,并携手杨柳青木版年画非遗工艺第六代传承人霍庆有先生,将《嫦娥奔月》《唐王游月》《玉兔捣药》三幅古画重新创作,推出中秋限定包装。同时,特仑苏抓住消费者对节日祝福的向往心理,从传统文化中抽取“花好月圆人团圆”“美梦成真事事圆”“共赏良宵祈平安”的节日祝福,借三个典故的视频传递品牌对消费者的祝福。这个策划既传播了中华优秀传统文化,又表达了节日祝福,体现了特仑苏的家国情怀和社会责任。

【链接】:《嫦娥奔月》《唐王游月》《玉兔捣药》故事视频[①]

(五)可行性

公共关系策划是对即将开展的公共关系活动的通盘谋划,是一项带有预测性质的工作,难以做到精确计量,因此应注意策划方案的合理性、可操作性和可实现性。例如,策划时要根据组织实际和实力“量体裁衣”,既从组织的现实问题出发,不脱离客观实际,又能考虑组织的经济承受能力;提出的策略、方法和步骤要便于实施者理解和操作,表述不会出现理解偏差,不会让操作者无所适从;要充分考虑方案在实施过程中可能出现的各种有利和不利因素,把出现风险的可能性降到最低;要设置一定的弹性和灵活性,便于适时适度地调整公共关系策略,以应对意料之外的问题。

(六)连续性

公共关系工作的效果是不断累积起来的,不能指望一次两次的活动开展就达到预期的公共关系目标,因此公共关系策划还应考虑承上启下的连续性问题。策划者在解决当前急需解决的问题基础上,应关注组织的未来发展目标,切忌东一榔头西一棒槌,要在原有的公共关系工作基础上寻求突破和创新,只有这样才能实现组织的长远目标。

---

① 资料来源:https://mp. weixin. qq. com/s/Gyq5w4XWTq_i9JRvgaYnNw。

第二节　公共关系策划的步骤

国外学者曾对公共关系活动做过一系列的研究，总结出公共关系活动的基本模式和工作步骤。例如：

纳格（Neger）和阿伦（Alien）依据目标管理的方法提出了系统解决公共关系问题的轮盘模式，该模式包括四个步骤：（1）目标（Goals and Objectives）；（2）计划（Plans for Implementation）；（3）控制（Control）；（4）反馈（Feedback）。之所以叫"轮盘"，是因为四个步骤之间的关系犹如一个轮盘，目标的确定来自反馈，又引导计划的制订和实施，计划是实现目标的工具，同时又指导整个公共关系活动的控制，整个公共关系活动又必须经过信息的反馈来检验，如此，形成一个循环往复的运动过程。（如图 8-1）

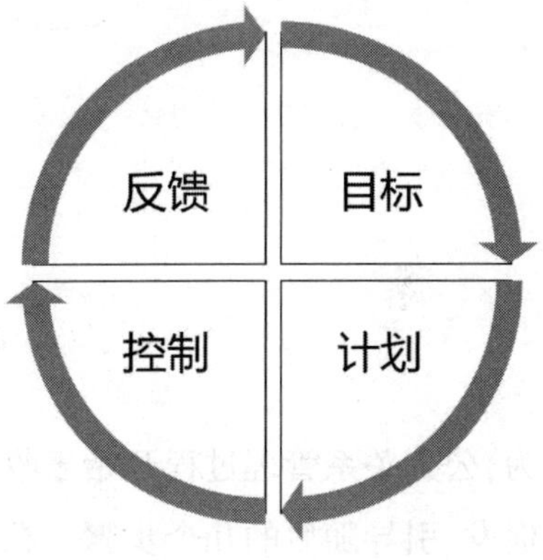

图 8-1　纳格和阿伦的轮盘模式

马斯顿（Marston）提出了 RACE 模式，认为公共关系活动过程经历四个阶段：（1）调查研究（Research）；（2）采取行动（Action）；（3）实施传播（Communication）；（4）效果检测（Evaluation）。在这个模式中，公共关系活动沿着 R、A、C、E 这四个有序过程，呈周期性循环往复发展。第一阶段是调查研究，弄清公众和环境，弄清公共关系问题所在，这是公关活动的基础；第二阶段是采取行动，公共关系不能只是情况的反应，应采取实际行动，作出成绩，这是公关成败的关键；第三阶段是实施传播，公关人员将组织的政策、行动、意向传递给公众，以此影响公众的行为和态度；第四阶段是效果检测，通过测评检验活动效果，公众反应如何，态度行为有多大变化，找出仍然存在的问题或产生的新问题，以便对进一步开展公共关系活动提供依据。①（如图 8-2）

斯各特·卡特里普等提出了"四步式"公共关系问题管理模式：（1）界定问题（或机遇）。包括问题、关心或机遇；组织内部或外部的形势分析。（2）制订计划和方案。包括方案的目的、目标公众、目标。（3）采取行动。包括行动战略、交流战略、方案实施计划。（4）评估方案。包括评估计划、反馈与方案调整。斯各特·卡特里普等认

① 纪华强. 公共关系的基本原理与实务[M]. 北京：高等教育出版社，2006：90-92.

图 8-2 马斯顿的 RACE 模式

为，公共关系管理过程开始于收集情报以便诊断问题，这第一步形成的信息和理解将促发、引导随后的几个步骤。在实践中，诊断、策划、实施和评估这四个步骤界限并不分明，整个过程是持续不断、循环往复的，并且应用于一个动态的环境。[①]（如图 8-3）

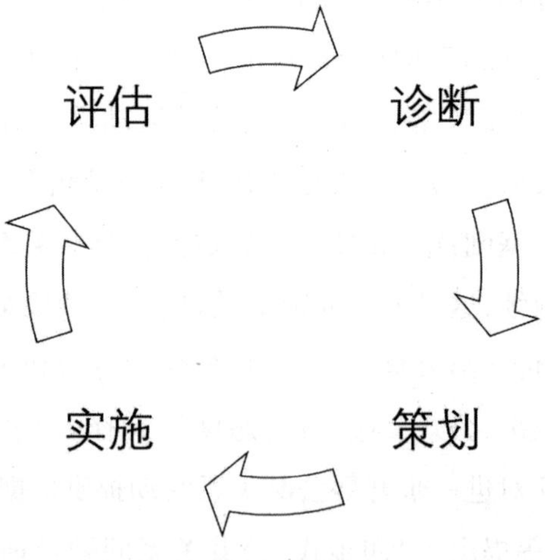

图 8-3 斯各特 · 卡特里普的“四步式”管理模式

① 卡特里普，等. 公共关系教程[M]. 明安香，译. 北京：华夏出版社，2001：278、308.

以上三个模式尽管在表述上不同，但有两点是一致的：一是公共关系活动过程的基本阶段大体相同，都包含了调研、计划、实施和评估等阶段；二是都认为各个阶段之间是一种有序的动态发展关系，呈现出周期性循环往复的变化特征。

鉴于此，我们可以把公共关系策划的完整过程划分为六个工作步骤：(1)发现问题；(2)确定目标；(3)提炼主题；(4)确定沟通策略；(5)评估效果；(6)撰写策划方案。(如图 8-4)

图 8-4　公共关系策划的步骤

一、发现问题

任何一个成功的公共关系策划都始于发现问题。策划者应运用科学的方法收集情报，根据组织的发展现状、发展目标、面临的市场竞争环境等信息，甄别组织急需解决的问题。下面介绍两种常用的方法。

(一) PEST 环境分析法

PEST 环境分析法是西方管理学理论中用于分析宏观环境影响行业、企业的一种基础方法，主要是对策划对象所处的政治、经济、文化、科技、法律等外部环境进行系统研究和分析，判断这些外部环境对行业、企业产生了哪些影响。(如图 8-5)

1. 政治环境(Politics)

政治环境指对组织的生产经营活动产生实际或潜在影响的政治局势、有关法律法规、政治力量、国际关系等。当政府对组织所经营的业务态度发生了变化，例如由支持变为反对，或发布了对组织经营有约束力的法律法规时，组织的经营战略必须作出调整。

2. 经济环境(Economic)

经济环境指一个国家的经济制度、经济结构、产业布局、资源状况、经济发展水平以及未来的经济走势等。GDP 的变化趋势、利率和汇率水平、居民可支配收入水平等，组织在制订发展战略时都要关注。

3. 社会环境(Society)

社会环境指组织所在地区社会成员的民族特征、文化传统、价值观念、宗教信仰、教育水平、风俗习惯等。构成社会环境的具体要素包括人口规模、年龄结构、消费结构、人口流动性等。其中人口规模直接影响着一个国家或地区的市场容量,年龄结构则决定着消费品的种类和推广方式。

4. 技术环境(Technology)

技术环境主要指与社会变革和组织生产相关的新发明、新技术、新工艺、新材料等。它们的出现和广泛应用,会对组织的产品研发、运营模式等带来巨大的影响。

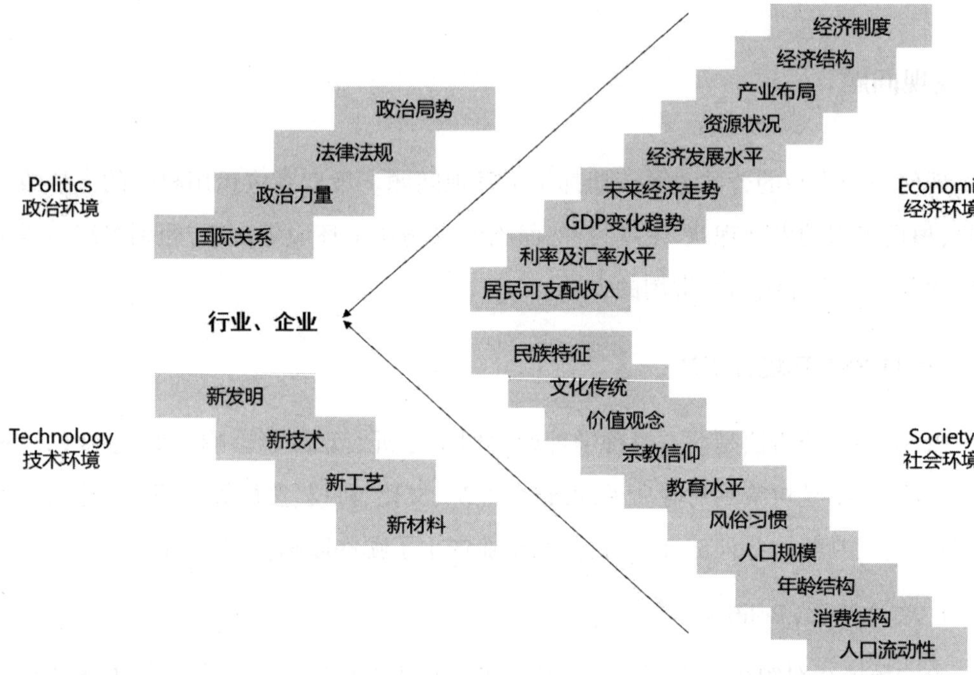

图 8-5 PEST 环境分析模型

通过 PEST 环境分析法,组织可以系统掌握外部环境的变化及其给组织发展带来的影响。据此,我们可以明确组织面临的问题、机遇和挑战,帮助组织更好制订接下来的发展规划。

(二)SWOT 分析法

SWOT 分析法即态势分析法,也叫 TOWS 分析法,20 世纪 80 年代初由美国旧金山大学教授海因茨·韦里克(Heinz Weihrich)提出。这是一种对组织的优势(Strengths)、劣势(Weaknesses)、机会(Opportunities)和威胁(Threats)进行综合分析之后制订战略的方法。通过 SWOT 分析,我们可以把组织的优劣势,即内部因素集中起来,然后根据外部因素进行评估,明确组织的核心竞争力和关键性限制,把组织的资源、行动聚集在组织的强项和有更多机会的地方,让组织的发展战略更为清晰、科学。

1. 组织的优势与劣势分析

优劣势分析主要着眼于组织自身的实力及其与竞争对手的比较。这种优势可以是公众眼中组织的产品、服务有别于其竞争对手的优越的地方,例如产品的品质、可靠性、适用性、形象以及服务的态度、质量等;也可以是组织在生产规模方面优于其竞争对手的地方,例如研发团队、生产线、销售网络、售后服务网络等。

通常情况下,当一个组织建立起竞争优势时,它的竞争对手会注意到这种优势并作出反应。如果竞争对手直接进攻,采取其他更为有力的措施,组织的这种竞争优势就会被削弱。因此,组织应积极应对,尽力维持自己在行业内的竞争地位。我们在分析时,重点把握四个问题:

(1)建立这种优势需要多长时间?

(2)能够获得的优势有多大?

(3)竞争对手作出有力反应需要多长时间?

(4)组织在维持竞争优势时存在哪些局限性?

2. 组织的机会与威胁分析

机会和威胁分析主要关注外部环境的变化及其对组织的影响。随着全球经济一体化进程的加快,组织所处的外部环境更为开放和动荡,既有大量的环境机遇,也面临着巨大威胁。在对组织发展有利的领域和方向,组织将拥有竞争优势;但对组织发展不利的因素和趋势,也将削弱组织的竞争优势。

除了 PEST 环境分析法,我们还可以从以下几个方面来把握组织的外部环境:

(1)国家和政府的最新政策、法规、公告。

(2)专家、学者的预测、新的研究动向和研究结论。

(3)主流媒体的相关报道。

(4)竞争对手的发展动向、竞争优势。

(5)消费市场的发展趋势和变化。

(6)社区环境的变化。

3. 制订组织的发展战略

根据 SWOT 分析结果，组织可以制订四种发展战略。（如图 8-6）

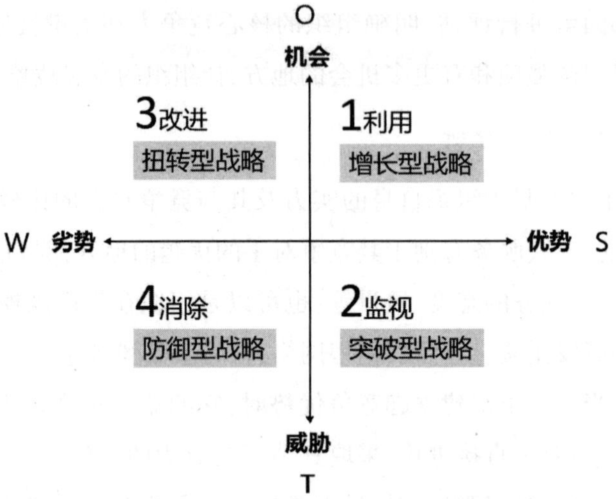

图 8-6　基于 SWOT 分析形成的四种发展战略

（1）SO 战略：增长型战略

SO 战略主要指在组织的优势基础上利用外部环境中的机遇。组织可以利用内部优势撬起外部机会，使机会与优势结合发挥效应。然而，机会往往是稍纵即逝的，组织必须敏锐地捕捉时机，把握机会，以寻求增长性发展。

（2）ST 战略：突破型战略

ST 战略是以组织的优势来应对来自外部环境的威胁。需要注意的是，当外部环境对组织构成威胁时，会出现“优势不优”的脆弱局面。在这种战略模式下，组织必须尽快消除威胁，以继续发挥自身的优势。

（3）WO 战略：扭转型战略

WO 战略主要指改进组织的不足以利用外部环境中的机遇。组织的弱点将使内部资源不能匹配外部环境提供的机会，抑制、妨碍组织抓住机会实现增长。因此当机会来临而组织达不到要求时，例如原料不够或设备不全，组织应尽快补充、追加资源，以促进内部资源从劣势向优势转化。

（4）WT 战略：防御型战略

WT 战略是指组织陷入危机状态时采取的策略，改进不足，消除威胁。这时组织面临严峻的考验，应采取积极的防御措施，尽快实现内部资源的优势转化，以便顺利渡过难关。如果处理不当，可能直接威胁到组织的生存。

总体而言，公共关系策划的第一步是借助一定的工具、方法全面把握策划对象的背景，分析策划对象的公共关系问题所在：组织哪里出现了问题？问题的根源是什么？是什么时候成为问题的？哪些人被卷入或受到了影响？它为什么会成为公众关心的问题？在此基础上，确立本次策划将要解决的核心问题。

二、确定目标

确定公共关系目标，即确定策划的公共关系活动所要完成的信息沟通任务。

（一）公共关系目标的确定方法

1954 年，彼得·德鲁克（Peter F. Drucker）提出了目标管理（Management By Objectives）概念，并确立了制订目标的 SMART 原则：S 即 Specific，M 即 Measurable，A 即 Attainable，R 即 Relevant，T 即 Time-bound。

根据 SMART 目标确定方法，策划者在确定公共关系目标时应注意五个方面的问题：

1. 这个目标是具体的、明确的，不能是抽象的概念或含糊不清的口号。例如"塑造良好的组织形象"，这个目标就过于宽泛，可以改成"美誉度提升 5%"。

2. 制订的目标是可测量的，不能是"极大提高产品销量""较大改善产品销路"这样笼统的说法，而应是可以通过调查统计得到的确切数据。例如：第一季度销量提升 8%。

3. 制订的目标可达到但也具有一定的挑战性。我们不能制订不切实际、无法实现的目标，但也不能把目标定得太低，组织已经取得的成绩或是不开展公共关系工作也能达到的结果，不宜作为公共关系目标。

4. 制订的目标要有意义，能解决当下组织面临的问题、困境，对组织的生存和发展有价值。只有这样，组织决策者才能批准项目立项，项目才能顺利开展。

5. 制订的目标要有明确的时间限制。计划的实现不能遥遥无期，应设置一个完成期限，以便组织及时评估项目的完成情况。

（二）公共关系目标的分类

从内容上来看，公共关系目标主要分为两大类：产品销售目标、组织形象目标。

1. 产品销售目标

这类目标聚焦组织的一个产品或服务项目,旨在提升该产品、服务的销量。

(1)宣传新产品信息。新品上市是策划公共关系活动的重要时机,组织应通过精心的策划和设计,重磅发布新产品的功能、款式等信息。

(2)宣传产品的独特功能。组织为了打败竞争对手,应重点宣传产品与众不同的地方,例如独特的包装设计,优于其他竞争产品的功能,等等。

(3)宣传产品促销信息。例如在“五一”、国庆节、“6·18”、“双十一”等销售高峰期,在策划的活动中给予消费折扣,吸引消费者作出直接的购买决策。

(4)创造新的消费需求。果汁的出现跟著名广告人克劳德·霍普金斯(Claude C. Hopkins)有关。20世纪初,为了推销新奇士的橙子,霍普金斯发明了世界上第一台榨汁机,提出了革命性的消费口号“drink an orange”,告诉消费者橙子除了吃,还可以榨汁喝,从此培养了人们喝果汁的习惯。正因为如此,果汁的英文单词是juice(橙汁)。所以说,创造新的消费需求,引领消费新潮流、新风尚,也是公共关系目标之一。

2. 组织形象目标

组织形象目标与产品销售目标的不同在于,公共关系活动所要达到的沟通任务不再是关于某个产品或服务的信息,而是组织的整体形象信息。根据组织形象所处的发展阶段,组织形象目标一般有四类:

(1)建立组织形象。组织创立之初、开拓新的市场,在公众心目中建立良好的印象和评价是第一步。华为集团一直致力于在全球范围内建立组织形象,在2013年的海外宣传片中,华为提出了“bridging the digital divide connecting the future”(弥合连接未来的数字鸿沟)的组织目标,通过展现华为在环境保护、社会救助等方面承担的社会责任,建立了专业、可靠、守护的组织形象。

【链接】:华为集团的海外形象宣传片①

(2)维持和提升组织形象。组织的成立纪念日,是维持和提升组织形象的大好时机。日本文具厂商Shachihata(シヤチハタ)在成立50周年的时候拍摄了一支形象宣传片《不合格的50岁》。在宣传片中,50岁的伊藤先生代表着这家文具厂商,从年轻时就一路支持他、鼓励他的妻子则代表着在背后默默支持Shachihata的广大消费者。宣传片中温暖平实的感谢不仅让消费者感受到了组织的诚意,还产生一种陪伴组织成

---

① 资料来源:https://www.bilibili.com/video/BV1y4411s7Xm/?spm_id_from=333.788.videocard.5。

长的家人感，大大提升了消费者的品牌忠诚度。在创作手法上，这支宣传片没有使用真实的演员，所有的角色都由 Shachihata 旗下的产品——印章来演绎，出色的创意使该片斩获了 2016 年日本朝日广告奖（Asahi Advertising Award，简称 AAA）。

【链接】：《不合格的 50 岁》形象宣传片①

（3）改善组织形象。2008 年北京奥运会举办前夕，中宣部、中央文明办、北京奥组委等六个部门组织策划了“迎奥运、讲文明、树新风”公益广告活动。该活动从 2007 年 3 月 27 日北京奥运会倒计时 500 天开始启动，到 2008 年 3 月 20 日结束，近一年时间内，中央电视台在 14 个频道共播出“迎奥运、讲文明、树新风”公益广告近 40000 次，时长达到 272 万秒，时段价值超过 30 亿元。② 这个策划以“凝聚人类梦想，传承华夏文明，让世界为我们喝彩”为活动目标，为营造一个文明和谐的迎奥运社会氛围进行全民动员。从实际效果来看，2008 年北京奥运会之后中国的国家形象有了明显的改善。中国向世界展现了一个强大、迅速发展的大国形象，美国《洛杉矶时报》在头版刊登了题为《感觉今非昔比》的文章，对北京几十年间发生的巨大变化表示惊叹，认为中国过去的落后面貌已渐渐淡出人们的视线。

【链接】：“迎奥运、讲文明、树新风”公益广告《福娃篇》. ③

（4）重塑组织形象。“李宁”是由著名体操运动员李宁在 1990 年创立的运动服饰品牌。2006 年的一项消费者调查报告显示，李宁的实际消费者一半以上是 35~40 岁的人群，这与它锁定的目标消费群体发生了偏移。年轻消费者对李宁的积极向上、中国特色认同度较高，但认为时尚、酷、国际感要远远逊色于耐克、阿迪达斯等国际运动品牌。这促使李宁开始着手改变形象。在 2010 年公司创立 20 周年之际，李宁推出了全新的品牌形象“90 后李宁”，不仅更换了 logo，还把广告语从原来的“一切皆有可能”换成了“Make the change”（让改变发生）。可惜，这次形象改变并没有为李宁赢得年轻人的市场，2012 年李宁公司亏损近 20 个亿。2015 年，李宁又一次尝试改变，它频频亮相世界各大时装周，把运动与时尚相结合，重新打造了运动、青春、潮流的“中国李宁”形象。这一次形象改变是成功的，李宁一跃成为受到年轻人喜爱的中国潮流品牌。

【链接】：李宁 2023 年品牌形象广告《小牛萨西》④

---

① 资料来源：https://www.bilibili.com/video/BV1ys411y7EE/? spm_id_from=333.788.videocard.18。
② 唐爱慧. 迎奥运、讲文明、树新风——中央电视台公益广告火热进行时[J]. 党建，2008，48(6)：36.
③ 资料来源：https://www.douyin.com/video/7015800047623245069。
④ 资料来源：https://www.digitaling.com/projects/242486.html。

三、提炼主题

主题是联结所有公共关系项目、统帅整个公共关系活动的思想纽带和核心。能否提炼出富有新意、特色鲜明、打动人心的主题，是公共关系策划成败的关键。

（一）提炼主题的要求

对于策划者而言，提炼主题需要反复揣摩和推敲，力求独特、创新之余，还应注意四个方面的问题：

1. 提炼的主题要与公共关系目标保持一致，必须服务于目标，不能偏离目标。

2. 主题要简单、清晰、好记，便于公众理解和记忆，一次公共关系策划应该只有一个主题。

3. 要根据公共关系策划的沟通对象，即目标公众的消费心理、兴趣需求、价值取向等提炼主题。

4. 主题一旦确立，应贯穿公共关系活动始终，不宜中途改换。

（二）提炼主题的路径与方法

公共关系策划的主题一般由三部分构成：（1）why，为什么要提炼这个主题，即要实现的公共关系目标；（2）to whom，沟通对象是谁，即目标市场；（3）what，主题的具体内容，即诉求点。（如图 8-7）

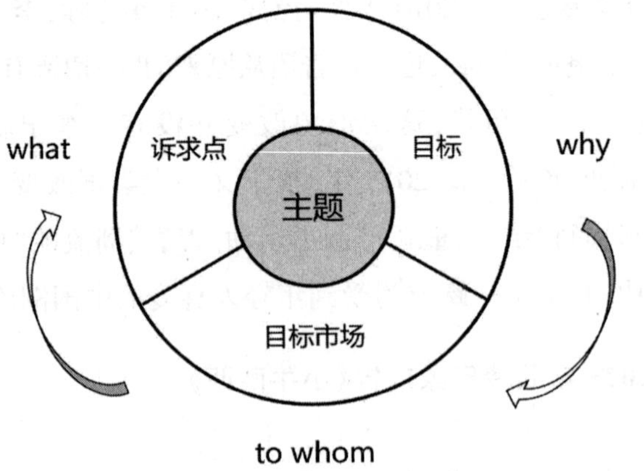

图 8-7 公共关系策划的主题构成

1. 确定沟通对象

1956 年,美国营销学家温德尔·史密斯(Wendell Smith)提出了市场细分的概念。之后,菲利普·科特勒(Philip Kotler)进一步发展和完善了史密斯的理论,形成了 STP 理论——市场细分(Segmentation)、选择适当的目标市场(Targeting)、市场定位(Positioning)。该理论是战略营销的核心内容,组织首先在市场细分的基础上确定目标市场,然后把产品或服务定位在目标市场中的确定位置上。(如图 8-8)

图 8-8　STP 理论

(1)市场细分

所谓市场细分,就是从消费者的不同需求出发,根据消费者购买行为的差异性,把整个市场细分为两个或两个以上具有类似需求的消费群体,处于同一细分市场的消费群体被称为目标消费群。

我们在细分市场的时候,可以依据消费者的人口特征,例如地理位置、人文特征、心理特征等,也可以依据消费者对产品或服务的态度,例如购买动机、使用时机、品牌忠诚度等。

(2)目标市场

目标市场指组织为了满足现实或潜在的消费需求而开拓的特定市场,这种特定市场是在市场细分基础上形成的。即组织在细分出来的若干个子市场中,根据资源、技术、管理水平、竞争状况等,选择一个或几个对自己有利、决定要进入的市场。

在选择时,目标市场应符合以下几个条件:一是可衡量,即目标市场的规模、购买力水平等可被衡量;二是足量,即目标市场的容量足够大,获利性足够高,值得组织去开发;三是可接近,即目标市场是组织能够进入并且占有一定的市场份额,与组织本身的经营能力和开发能力相适应;四是有差别,即各个目标市场之间消费者的购买需求、购买行为等是不同的,便于组织实施差异化市场战略。

(3)市场定位

市场定位主要指为组织的产品或服务在目标市场上确定一个位置。组织根据市场的竞争状况,针对消费者对产品、服务的重视程度,为产品或服务塑造个性鲜明的形象，并将这种形象传递给目标人群，使该产品、服务在市场上确定适当的位置。

市场定位一般涉及两个维度：一是产品定位，即产品或服务为谁生产，生产什么；二是宣传定位，即公共关系的沟通对象是谁，怎么沟通。

(4)为沟通对象画像

当目标市场确定之后，本次策划的沟通对象也就基本确定了。接下来，策划者要为沟通对象“画像”：

他们是谁？性别、年龄、职业、收入、教育程度、家庭如何？

他们与品牌、产品相关的生活形态是什么样的？

他们在哪儿居住、购物、娱乐？

他们如何看待公共关系和广告？

他们的购买行为是遵从价格导向、随机还是忠诚于品牌的？

……

摩根船长(Captain Morgan)是英国帝亚吉欧集团(Diageo)旗下的一款朗姆酒，在打入美国市场的时候，摩根船长对沟通对象做了如下画像：

24岁左右的男性，刚踏入社会的年轻群体。生活中完全以朋友为中心，他们一起外出，一起派对；他们的共同经历，既是彼此长期分享的难忘回忆，也是连接友情的纽带及桥梁。

针对目标群体的这一特性，摩根船长设计了有着淘气搞怪性格、彻底玩乐态度的品牌形象，以“got a little captain in you(船长基因，你有吗)”为沟通主题，通过朋友间诙谐幽默的经历告诉消费者：摩根船长可以点亮你的夜生活，使你与朋友分享美好时光，增进彼此间的友谊。

【链接】：船长基因，你有吗？摩根船长朗姆酒广告[①]

一项基于中国27个城市消费者的调查显示，根据“消费者的分群与社会分层结构”(China-Vals)，中国城市消费者在消费观念、消费能力、消费习惯等方面共形成八种不同的消费群体类型，分别是豁达工薪族、明智购物族、互联平民族、勤俭持家族、潮流新贵族、乐享一族、服务尊享族、传统安逸族。[②] 策划者在给目标群体进行画像时，应综合考虑策划对象的特点和不同消费族群的特征，得出完整、准确的画像。需要注意的是，随着媒介环境、文化环境的发展变化，消费者群体正呈现出多层次、多圈子的

① 资料来源：https://v.youku.com/v_show/id_XMjMzNjc3NzI=.html? playMode=pugv&frommaciku=1。

② 吴垠.关于中国消费者分群范式(China-Vals)的研究[J].南开管理评论，2005，56(2)：9-15.

分布状态，需要策划者根据具体情况具体把握。

2. 基于 USP 理论挖掘诉求点

20 世纪 50 年代初，广告大师罗瑟·瑞夫斯(Rosser Reeves)①提出了 USP 理论，主张向消费者陈述产品信息时，应提出一个“独特的销售主张”(Unique Selling Proposition)，简称 USP 理论。罗瑟·瑞夫斯曾运用 USP 理论为 M&M 巧克力豆创作了那句享誉世界、价值 30 万美元的广告口号：“只溶在口，不溶在手。”

USP 理论主要包含了三个内容：

首先，销售主题必须明确。必须对消费者提出一个明确的销售主题，说明买这样的产品，消费者将得到怎样的特殊利益、具体好处或效用。

其次，销售主题必须独特。这一主题必须独一无二，是竞争对手无法提出，也不能提出的，是一个产品所具有的独特个性。

最后，销售主题要有感染力。这一主题必须强大有力，能够促进销售，足以影响消费者作出购买决策。

基于 USP 理论，我们可以从六个方面去分析、提炼诉求点，从而确立公共关系策划的主题。(如图 8-9)

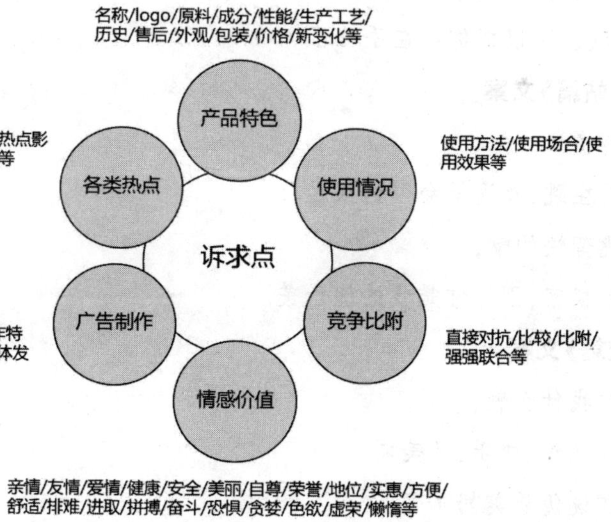

图 8-9　基于 USP 理论的诉求点提炼路径

① 获得“纽约广告名人堂”荣誉的 5 位广告人之一，其他 4 位分别是：大卫·奥格威、威廉·伯恩巴克、李奥·贝纳、乔治·葛里宾。

(1)从产品特色角度进行提炼

策划者可以从产品本身的特性入手，收集所有跟产品有关的资料、信息，然后逐一对产品名称、logo、原料、成分、性能、生产工艺、发展历史、售后等进行分析和研究，最终确立一个独特的卖点。

①以产品名称、标志为主题

通过不断重复产品名称、商品标志，可以强化消费者对产品的印象和记忆。优乐美是广东喜之郎集团推出的一款奶茶产品，该产品上市的时候，喜之郎在中央电视台、湖南卫视、星空卫视、华娱卫视等电视台连续投放了以奶茶名称为主题的电视广告。这五支广告围绕一对校园情侣的日常生活展开，在对话中，“奶茶”“优乐美”像绕口令一样不断重复出现，一下子就让人们记住了有款奶茶叫优乐美。

【延伸阅读】:优乐美奶茶电视广告文案

《咖啡厅篇》文案:

我是你的什么，

你是我的优乐美啊。

原来我是奶茶啊，

这样，我就可以把你捧在手心了。

《巴士站篇》文案:

永远有多远，

只要心在跳，永远就会很远很远。

你心跳蛮快的嘛，

这是个秘密，因为你是我的优乐美。

《学校篇》文案:

你喜欢我什么啊，

喜欢你优雅、快乐，又美丽。

你是在说优乐美奶茶啊，

你就是我的优乐美啊。

《江语晨独白篇》文案:

想起和你一起的日子，空气中弥漫着优乐美奶茶的香甜。

手心里，捧着我们的约定，等待你的归来。

我永远是你的优乐美。

《周杰伦独白篇》文案：

白雪覆盖来时的路，却抹不掉有你的回忆。

（回忆）永远有多远，

那时你总是爱问个不停。

（回忆）原来我是奶茶啊，

这样，我就可以把你捧在手心了。

（回忆）我是你的什么，

（现实）你永远是我的优乐美。

②以生产工艺为主题

生产工艺是产品品质的保证，也是产品独特性的重要体现。策划者可以与研发团队一起分析、提炼产品的独特工艺，以此建立产品“高品质”的形象。

在克劳德·霍普金斯的广告生涯中，除了1906年为新奇士公司创作的“drink an orange”，还创作了许多其他的经典宣传口号，例如一款棕榈剃须膏的宣传语：你的第一次剃须……剃须膏经过130个配方的失败。一款猪肉酱汁豆的宣传口号：价值10万的美味……尝试用856种酱汁烘焙，才精练到产品现有的品质。这两句口号都是从产品制作工艺出发，体现对品质的精益求精。又例如，他为好彩香烟（Lucky Strike）提出了“经过烘焙”的概念，为史立滋啤酒（Schlitz）提出在生产过程中“采用流动蒸汽消毒酒瓶”的特点，这些都利于产品在公众心目中留下独特的印象。

在中国，乐百氏纯净水率先提出了“经过27层净化”的概念。在其电视广告中，一滴水缓缓落下，穿透27层以不同过滤工艺命名的文字阶梯，并配上画外音：“为了您可以喝到更纯净的水，乐百氏不厌其烦，每一滴都经过严格净化，足足27层，您可以喝得更放心。”广告播出后短短几个月时间，乐百氏纯净水的市场占有率就跃升至全国同类产品第二名。

③以外观和包装为主题

产品的外观和包装是组织形象的重要载体，本身就具有传播价值。对于公众而言，购买、使用产品最先接触到的就是外观和包装，外观和包装也是影响他们购买决策、使用体验的重要因素。因此，设计新颖、造型独特的产品外观和包装，可以突出产品的调性和辨识度，使产品更具有市场竞争力。策划者在构思产品卖点时，也可以从外观和包装入手，强调外观、包装的独特之处。

苹果公司为了提升用户体验，一直格外重视产品的外观设计和包装设计。以苹果手机为例，自第一代苹果手机诞生以来，一直采用的是刘海屏设计。虽然小米8、华为mate20等机型也采用了刘海屏设计，但随着水滴屏、挖孔屏、滑盖屏、曲面屏的推出，刘海屏成为众多安卓系统厂商淘汰的外形设计，唯有苹果手机依然采用刘海屏，刘海屏成为苹果手机独有的标签。此外，棱角分明的金属边框也是苹果手机外观的独有特点。在包装方面，心理学研究表明，用户在产品开箱时是最快乐的，如果能够提供良好的开箱体验，可以有效提升用户对产品的接受度和认可度。因此苹果公司特别为产品包装盒设置了阻尼感，以此带给消费者更有仪式感的开箱体验。

又例如，标致汽车、大众甲壳虫汽车的车型也是比较具有辨识度的，在公共关系策划中可以将其作为卖点。在一则戛纳奖获奖广告中，一位印度小伙开着自己的车狠狠撞向墙壁，又在众人的不解中让大象一屁股坐在撞坏的车头上，把车头下压，然后他拿起锤子对着车身一顿敲敲打打……第二天，小伙拿出一张画着最新款标致汽车的广告宣传单，看着眼前自己改造过的汽车，露出了满意的笑容，原来他将自己的车子外观改造得跟最新款标致一模一样。这则广告宣传的卖点就是标致汽车的独特车型。

④以组织员工为主题

组织员工也是展示组织形象的重要载体。阿根廷航空公司（Aerolineas Argentinas）是阿根廷最大的一家航空公司，该公司曾策划主题为"机长写给妈妈的信"的活动。机长每到一个国家，就寄给妈妈一张明信片，上面写着自己的旅途见闻和对家人的问候，然后由妈妈读给小镇上的人听。在一张从巴黎寄给妈妈的明信片中写道："嗨，妈妈。嗨，亲爱的你们。今天我想跟你们分享一下巴黎的一切。这里的黄昏像朝阳一样明亮，埃菲尔铁塔、透明的窗户、小酒馆，还有这里的欢乐。Vitto，如果你在这的话，你甚至不知道该先去哪个酒馆。我听说Sandra和Hernan要有孩子了，恭喜，我已经跟鹳鸟定下了约定，一定会母子平安的。最后，我亲爱的妈妈，我爱你，也很想念你。我不会让你们所有人失望的，我每一次落地的时候他们都会为我鼓掌。下一站我要去马德里了，信就写到这儿了。爱你们。"透过机长温暖质朴的明信片，阿根廷航空公司展现了服务乘客的形象。

2016年是农夫山泉成立20周年，农夫山泉策划了主题为"感谢相伴20年"的公关活动，先后推出《一百二十里——肖帅的一天》《一天的假期》《一个人的岛》等宣传片，从农夫山泉水质检测员的视角讲述他们二十年如一日对水质检测这份工作的热爱与坚守，传递出农夫山泉注重品质的形象。

（2）从使用情况角度进行提炼

策划者可以根据产品或服务的使用情况，例如使用方法、使用场合、使用效果等进行主题挖掘。

①以使用方法为主题

在抖音、快手等短视频平台上，我们经常能看到主题为“原来我们一直弄错了，这才是正确使用方法”的视频分享，在淘宝直播、小红书、蘑菇街等直播平台，百万级主播也在不遗余力地种草各种产品的使用方法，这充分说明，使用方法是消费者的一大关注点。策划者如果能以此切入进行主题构思，提出一些新颖有趣的点子，能取得意想不到的宣传效果。

奥利奥是美国卡夫食品（Kraft Foods）旗下的一款夹心饼干，以独有的黑白夹心、精雕细刻的花纹风行世界。为了宣传产品，奥利奥策划了关于“奥利奥的最好食用方式”的大讨论：是把奥利奥扭开吃中间的夹心，还是直接泡在牛奶里吃？是单独食用，还是把奥利奥掰碎了放在蛋糕里？……引发消费者对奥利奥吃法的各种尝试。最终，奥利奥宣布“扭一扭、舔一舔、泡一泡”的吃法，不仅制作了大量广告，还推出了一款奥利奥广告游戏“OREO：Twist，Lick，Dunk”。奥利奥饼干在空中飞行时需要游戏玩家转动、舔到这些奥利奥饼干，然后让这些饼干落入牛奶杯中产生不同的口味。2019 年，奥利奥又联手支付宝推出“奥利奥好玩不止扭舔泡”的 AR 游戏活动，消费者通过扫一扫奥利奥饼干或“扭一扭”“泡一泡”的手势进入 3D 游戏界面。一直到现在，“扭一扭、舔一舔、泡一泡”依然是奥利奥与公众沟通的重要主题。（如图 8-10）

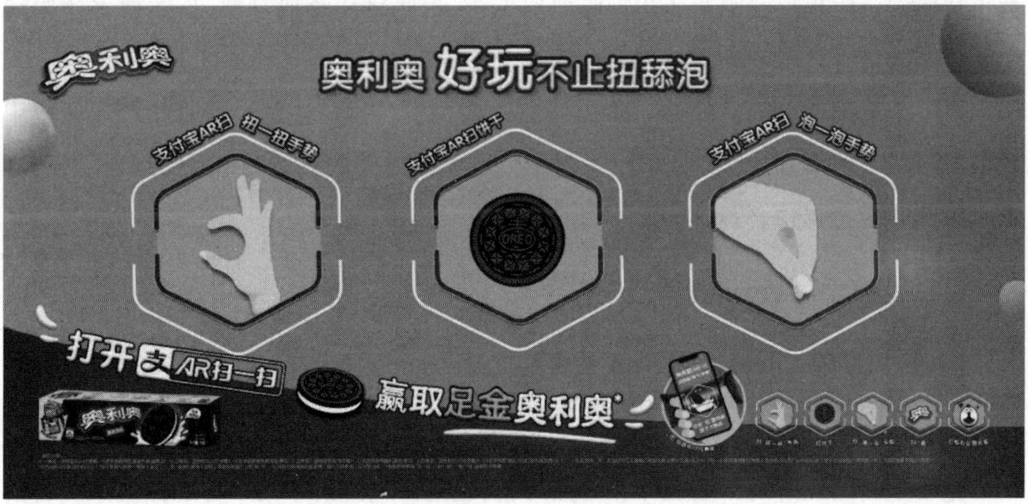

图 8-10　奥利奥联手支付宝的 AR 游戏活动海报

②以使用场合为主题

在公共关系活动中，通过向消费者传递在什么样的场合下使用产品，可以不断强化产品的功能认知，建立品牌联想。一旦处于相似的情境、场合，消费者的购买动机就会被激发。

在泰国的一则止痛药广告中，一名举重运动员刚完成挺举动作，等待裁判员计分，结果计分器出现了故障，裁判员要求运动员多坚持一会。随着时间的流逝，台上仍然坚持着挺举动作的运动员感到越来越吃力，手臂、腿部的肌肉不停地颤抖，这时画面出现字幕：肌肉痛？就用 Counterpain。这个广告体现了泰国广告一贯的幽默、夸张风格，让人觉得好笑之余，也容易产生品牌联想：如果肌肉酸痛了，就用 Counterpain。

③以使用效果为主题

效果是最能打动消费者的地方，策划者可以从消费者调查出发，了解消费者在使用产品、服务之后的感受和评价，从中提炼出策划主题。例如，"哪里不会点哪里，妈妈再也不用担心我的学习"（步步高点读机），"牛奶香浓，丝般感受"（德芙），"滴滴香浓，意犹未尽"（雀巢咖啡）等宣传口号，都是从消费者的使用反馈角度进行的提炼。

泰国广告创意大胆、直接、简单，常常采用拟人化手法展示产品使用效果。在减肥药 Verena 的广告中，身材高挑的女孩告诉镜头前的观众，她保持好身材是因为一个人，这个人就是从减肥胶囊中走出来的交通警察。他拦住所有携带油脂的过往车辆，禁止其通行。广告将减肥药的药物原理拟人化，将肠道比喻成马路，将消费者使用减肥药后的效果进行了生动、直观的演示，令人印象深刻。

另一个泰国杀虫剂品牌 Chaindrite Foam，它的宣传推广主题也是紧扣产品的使用效果，将蚊子、蟑螂、白蚁等拟人化，通过他们与主人之间的对话和最后的遭遇，展现这款杀虫剂的药力强劲、药效持久。

【链接】：泰国 Verena 减肥药广告①

【链接】：泰国 ChaindriteFoam 杀虫剂广告②

（3）从竞争角度进行提炼

竞争是商品经济的一般规律和必然产物，也是市场经济中的一种必然现象。公共关系策划的目的，从根本上说就是为了提升组织的竞争力。策划者从竞争的视角挖掘

---

① 资料来源：https://v.youku.com/v_show/id_XNTA5NDYxMzk4OA==.html?playMode=pugv&frommaciku=1。

② 资料来源：https://mobile.adquan.com/case2/detail-295284?fontsize=medium&&uid=131605。

策划主题，可以尝试三种方式：直接对抗、比附、强强联合。

①直接对抗

广告史上被人津津乐道的直接对抗当属可口可乐和百事可乐的世纪大战。1886年，可口可乐诞生，1898年，百事可乐创立。一开始，可口可乐享有明显的优势。“二战”期间，可口可乐和弹药、罐头一样，都是美军必备的战略物资，从1941年美国加入“二战”到1945年战争结束，美国士兵喝掉了将近100亿瓶可口可乐。面对这样一个强劲的对手，20世纪60年代，百事可乐决定把目标市场放在年轻消费者身上，提出广告口号：“酷青年喝百事，老头们才喝可口可乐。”20世纪60年代的美国处于社会动荡期，文化界掀起反传统浪潮，权威和理论受到质疑，黑色幽默、摇滚乐异军突起，在这样的社会背景下，百事可乐的这句口号一经传播就受到了年轻人的欢迎。但即便如此，百事可乐和可口可乐之间依然存在着巨大的差距，为了扭转这种被动局面，百事可乐做了一个大胆的决定：让消费者自己选出最好喝的可乐。1974年，百事可乐在得克萨斯州发起了著名的“百事挑战”，一边是百事可乐，一边是可口可乐，让消费者喝完之后盲选，结果喜欢百事可乐的人是喜欢可口可乐的1.5倍。百事可乐将测试过程和结果拍成了广告片在全美播出，一下子让全美国的人都知道了百事可乐比可口可乐更好喝。

到1985年，可口可乐与百事可乐的市场占比被缩小到1.15∶1，百事可乐的市场占有率逐渐与可口可乐持平。可口可乐认为，百事可乐之所以能在盲选中胜出是因为百事可乐更甜。因此1985年，可口可乐宣布放弃沿用了99年的老配方，改用口感更甜的新配方。这个决定一出，遭到了很多美国人的反对，人们愤怒地走上街头抗议，可口可乐总部每天都会接到几千个投诉电话，新可乐的销量也一落千丈，可口可乐被迫宣布重新生产老口感的可乐。这次看似失败的经历，却意外地让美国人更加珍惜可口可乐，在全美引发了一股可口可乐抢购热潮。至此，可口可乐和百事可乐基本上形成了分庭抗礼之势。

在广告宣传上，百事可乐也不断发起广告对抗。在百事可乐的广告中，小男孩用可口可乐垫脚买百事可乐；喝了百事可乐的老年人载歌载舞，活力四射，而喝了可口可乐的年轻人却行动缓慢，老态龙钟；百事可乐的售货机前门庭若市，可口可乐的售货机前无人问津；可口可乐的员工在人们看不到的地方偷偷喝百事可乐；等等。

这些“正面进攻”的广告用我们今天的广告法规来看，是问题广告，存在恶意贬低竞争对手的问题。这提醒我们，策划者在使用直接对抗的竞争策略时，应注意遵循相关的道德规范和法律规范。

②比附

比附有归附、依傍之意，主要指一个组织攀附另一个组织在公众中建立声望的竞争策略。借助知名组织的声望和影响力，组织可以迅速进入消费者的心，并在其中占领一个牢固的位置。

1963年，美国租车行业排在第一位的是赫兹公司，艾维斯公司要远远落后于赫兹公司。这种情况好比一开始的百事可乐和可口可乐，但艾维斯公司没有像百事可乐那样直接争抢第一的位置，而是在报纸上打出广告，坦然地向消费者承认：我们是第二，因此我们更加努力。新颖独特的“老二宣言”，谦虚而努力的态度，让消费者对艾维斯公司建立起深刻的印象和好感。更为重要的是，艾维斯为自己在美国租车行业进行了清晰的市场定位：我们是第二位。事实真是如此吗？未必。艾维斯在当时也许排在第三、第四位，也许更靠后。但是通过巧妙的比较，艾维斯抢先在消费者心目中占领了第二的位置。这实在是高明的做法，艾维斯的“老二宣言”也因此成为广告史上经典的定位案例。

【延伸阅读】：20世纪60年代艾维斯刊登在报纸上的广告

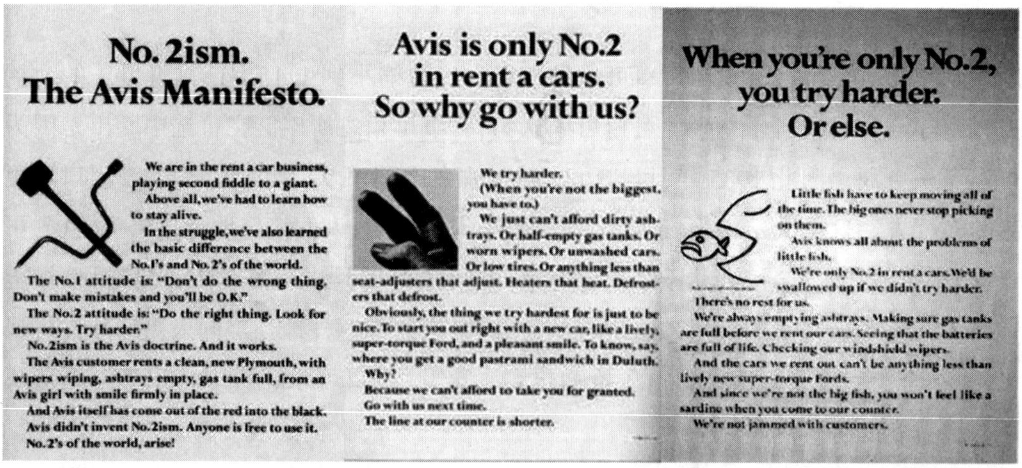

图8-11 20世纪60年代艾维斯刊登在报纸上的广告

《老二主义，艾维斯的宣言》：

在租车行业，面对最强者，我们只能排行老二。首先，我们必须学会如何生存。在挣扎中我们明白了在这个世界上做老大和老二有什么不同。做老大的态度是，“不做错事，不犯错，就相安无事”。做老二的态度是，“做正确的事，寻找新方法，比别人更努力”。老二主义是艾维斯的信条，它很管用。艾维斯的顾客租到的车子都是干净、崭新的。雨刷完好，烟盒干净，油箱加满，而且艾维斯各处的服务小姐个个笑容可掬。结果，艾维斯由亏转盈了。老二主义不是艾维斯发明的，任何人都可以采用它。全世界的老二们，崛起吧！

《艾维斯在租车行业只排第二，那为什么要租我们的车呢?》：

我们加倍努力——当你还不是最强者的时候，这是你必须做的。如果我们的烟灰缸是脏的，油箱不满，轮胎是瘪的，车子未清洗过，雨刷不管用，或者座椅无法调节舒适，没有暖气和除霜器，我们就会倒大霉。很明显，我们努力去做的事情就是追求至善的服务，让你带着笑容开着崭新的车出行，比如一辆充满活力的福特车，这就像你知道在哪儿可以买到热喷喷的五香牛肉三明治一样。为什么要租我们的车？因为我们不敢怠慢你。下次租车请租艾维斯的车吧，至少营业点的队伍不会那么长。

《当你只是第二，你就需要更努力。否则的话……》：

小鱼不得不一直游动，因为大鱼永远不会停止搜寻。艾维斯知道所有小鱼的困窘。当我们只是租车行业中的老二时，如果我们不加倍努力，就会被其他公司吞并掉。在租出我们的车前，我们总要检查每辆车的油箱是否加满，电池是否充足，雨刷是否管用，我们租出去的每辆车都是充满活力、崭新的超级福特。我们不是大鱼，在我们的营业点上你永远不会受到怠慢，因为我们没有那么多的顾客。

③强强联合

强强联合主要指组织为了避免单独作战，寻求合作伙伴以发挥优势互补、协同作战效应的一种竞争策略。从两个合作组织之间的关系来看，主要分为两种联合形式：

第一种是业内的强强联合。例如麦当劳和可口可乐的联合、肯德基和百事可乐的联合。当麦当劳推出“买麦当劳超值套餐就送一只可口可乐杯”，肯德基就推出“参加肯德基宅急送指定活动就赠送珍藏版百事球星杯一个”，两者互为合作与竞争关系。在电商平台的节日促销活动中，各大品牌之间也会强强联手。例如在京东电脑数码节，ThinkPad 联手 OPPO 为消费者送上“双享福利”。此外，同一个组织旗下的品牌之间也能联合，例如宝洁旗下专注于洁净的汰渍联合专注于除菌的舒肤佳，推出“含舒肤佳的汰渍”全新洗衣用品，形成高效洁净、除菌的强强效应。

第二种是非业内的强强联合，即跨界联合，指两个毫不相干、毫无竞争关系的组织的合作与融合。例如：虾米音乐与盒马鲜生联名打造“荒岛唱片面包店”，以音乐风格搭配面包口味为概念，推出四款唱片面包；月饼品牌陶陶居联手安慕希在广州打造了一间穿“粤”时光的大型茶楼，推出各种联名美食和沉浸式体验项目；滴滴专车联手故宫博物院创作了 H5 动画短片《皇上出宫奇遇记》，通过诙谐幽默的奇遇剧情展现滴滴专车的优质服务。

为更好实现强强联合的优势互补、协同效应，策划者在策划、选择合作组织时应注意两点：一是两个组织在组织战略、消费群体、市场地位等方面应该具有共性和对等性，这样才能发挥出强强效应；二是两个组织在优劣势方面能形成互补，这样才能实现传播效应的叠加。对于跨界联合，还应考虑两个组织形象之间的适配性。2020 年，天猫策划了“天猫 510 新国货大赏”跨界联名活动，六神和 K COFFEE 联名推出了“buff 咖啡花露水”，香飘飘和泸州老窖联名推出“香飘飘老窖藏品奶茶”，燕京啤酒和自然堂联名推出“燕京啤酒瓶装护肤套装”，被公众评为“充满异味”的一届国货大赏。这样的跨界联合新鲜度、话题度是有了，但是两个品牌之间调性相差太多，它们的联合很难走得长远。

【延伸阅读】：汉堡王与麦当劳的 CP 营销①

（4）从情感价值角度进行提炼

人类拥有最丰富的情感，既有情绪感受上的喜、怒、忧、思、悲、恐、惊，又有社会性情感上的亲情、友情、爱情、荣誉、地位、尊严、安全等。在心理学中，情感是人们对客观事物是否满足自己的需要而产生的一种特殊的主观反应，其发生过程实际上是人脑对于事物价值特性的刺激与感受的生理过程，一般包括道德感和价值感两个方面。

在公共关系活动中，组织通过提供具有价值特性的刺激信号，例如社会价值、自我实现价值等，可以刺激公众生成一定强度的情感，这种情感进一步激发公众对于组织的感受（喜爱、接受）和行为（支持、购买）。因此，策划者可以从情感价值的角度进行主题的提炼。

①以亲情、友情、爱情为主题

亲情、友情、爱情是人世间最珍贵、最重要的三种情感，做好这三类情感关系中的现象洞察、问题洞察，可以从中提炼出最能打动人心、引发共鸣的主题。

2017 年“六一”儿童节前夕，德邦快递以“爱，每天都需要快递”为主题，策划了一支引发社会关注的广告。在广告中，妈妈总是很忙，没有时间停下来陪伴孩子。为了让妈妈多一点时间陪伴自己，孩子每天省下 5 分钟时间存入时间沙漏，在“六一”儿童节这天通过德邦快递将一箱时间沙漏送给妈妈，希望妈妈多点时间陪伴他。最终，妈

---

① 资料来源：https://mp.weixin.qq.com/s/7t6CMH9XW8E0UzWLbXaivw；https://zhuanlan.zhihu.com/p/60698819。

妈含泪答应,每天一定多花时间陪他。这支催人泪下的广告一经推出,引起了职场妈妈的强烈共鸣。

2019 年暑假,华为针对 EMUI 系统的“健康使用手机”功能,拍摄了一支主题为“你的陪伴,无可取代”的广告片,呼吁父母合理规划使用手机时间,给孩子最温暖的陪伴。这两支广告聚焦的都是当下社会比较关注的亲子关系问题。

此外,友情、爱情中发人深思的现象或问题,也是可以挖掘的诉求点。例如华为在 2018 年策划了“通讯录里是否有朋友”的测试活动,对 5 名用户进行了测试实录。结果显示,一个人手机通讯录里有成百上千的好友,但能说真心话的、舍不得删除的,只有两三人。而这两三个最重要的朋友,正在慢慢失去联系。

在一则雀巢咖啡广告中,也有类似的剧情:主人公走向舞台,面对着他的观众席站着几万人,有他的家人、同学、朋友、同事,甚至前女友,都是曾与他有过交集的人。这时,主人公提了第一个条件:如果你不记得我的名字,请坐下。很多人坐下了。第二个条件,又有很多人坐下了。随着条件越来越私密,坐下的人也越来越多。最后,场上站着的只剩下两个人。这时主人公说了最后一个条件:如果我们已经失去了联系,请坐下。随着灯光暗下,场上唯一站着的两个人也坐下了。广告告诉大家:我们这一生会与八万人有交集,只有少数人对我们来说是特别的。记得和他们保持联系,哪怕只有一杯咖啡的时间。这个广告直击人心,让人思考友情的同时,对雀巢咖啡“为重要的时刻而存在”也有了深刻的印象。

【链接】:雀巢咖啡广告 *For the Moments That Matter*①

②以自我价值层面的情感为主题

自我价值层面的情感主要有自立、自爱、自信、荣誉、勇气、尊严等。它是个体在受到社会和他人的接纳、肯定、赞美、鼓励时建立起来的一种价值情感,通常表现为人生态度、生活方式等。

芝华士(CHIVAS)是世界著名的威士忌酒品牌,20 世纪 90 年代进入中国市场,目标人群是 25~35 岁的男性,高学历、高收入、事业成功,具有时尚品位,懂得享受生活,注重精神上的富裕与分享。针对这样的目标消费人群,芝华士以“活出骑士风范”为策划主题,倡导心怀荣耀、勇气、绅士风度、手足情义的生活态度。在 2008 年的电视广告中,芝华士呼吁:“让我们为荣耀干杯! 为绅士风度得以长久流传,为心怀他人并乐

① 资料来源:https://v.youku.com/v_show/id_XMzE1NzM0NDQ1Ng==.html? sharekey=d2ae3d8ca89f5157fccbfa977cc79a182。

于伸出援手,为恪守承诺干杯！为勇士,为真正懂得何为人生财富,为共同拥有这种行为方式在世俗中脱颖而出干杯!”

2019 年,特仑苏进行品牌形象升级,策划的主题是“更好的 2019,做更好的自己”。这个主题也是从自我价值层面出发,倡导一种更积极向上的人生态度。其电视广告文案为:“更好的 2019,从哪里开始？更好地成长,更好地逆生长;更好地爱自己,更好地打败自己;更好的老朋友,更好的新朋友;更好的家,更好的更大的家……在更好的 2019,特仑苏将和各位一起一路向前,做更好的自己!”在活动海报中,“不给自己设限,世界才会一直新鲜”“多爱自己一点,这件事没有终点”等宣传话语,也体现了自立、自爱、自信的情感价值。

(5)从广告制作角度进行提炼

一个组织 logo、一幅主题海报从创意、构思、设计到定稿,设计师要经历反复的改稿过程;一支视频广告从脚本、拍摄到后期,整个制作团队也会经历复杂波折的制作过程。广告作品的创作过程无疑是辛苦的,但也是鲜活的。每一个作品背后都有一个故事,把这个故事呈现给公众,可以满足公众的好奇心和求知欲。因此,从作品的生产过程、制作特色、创意表现特色等挖掘和提炼主题,也是一条路径。

①制造拍摄话题

在资金充裕的情况下,组织可以邀请重量级的制作团队来拍摄制作广告,并以此作为活动的宣传主题。

2005 年 8 月,全球第一门户网站雅虎(Yahoo)向阿里巴巴注资 10 亿美元,同时阿里巴巴收购雅虎中国,马云担任雅虎中国 CEO。为了扩大雅虎中国的影响力,马云投资 3000 万元和华谊兄弟一起策划了“雅虎搜星”活动,邀请国内著名导演陈凯歌、冯小刚和张纪中为雅虎中国拍摄三支广告片,并在全国海选广告片的角色。3000 万元在当时是一笔惊人的数目,中国互联网史上还没有过这么大手笔的网站推广费用,加上三大导演的影响力和 2005 年超级女声选秀节目的火爆,“雅虎搜星”一经启动就迅速在全国掀起了热潮。从召开新闻发布会,到 2006 年 9 月这三支广告片在中国首届网商节上首映,之后又在央视黄金时间段播放,在一年多的时间里雅虎中国赚足了话题热度。

2015 年春节前夕,苹果公司邀请电影导演许鞍华、美术指导张叔平、摄影师杜可风以及其他在亚洲地区具有影响力的电影制作人一起创作电视广告《老唱片》。因为制作团队阵容豪华,这支广告片从发布开拍消息,到选角、拍摄、播出,也是一路热度不断，被网友评价为“将近 20 座金马奖杯背后的广告”[①]。

【链接】：陈凯歌拍摄的雅虎中国广告大片《阿虎篇》[②]

【链接】：冯小刚拍摄的雅虎中国广告大片《跪族篇》[③]

【链接】：张纪中拍摄的雅虎中国广告大片《前世今生篇》[④]

【链接】：苹果广告《老唱片》[⑤]

②把改稿过程拍成广告

台湾奥美曾经为国泰世华银行拍摄了一支非常有新意的广告，整支广告片以设计师在总监的要求下修改国泰世华银行新推出的 logo 为主要内容。在来来回回的修改中，logo 最终又改回了第一稿，设计师无奈地感叹“人生好难”，广告顺势打出国泰世华银行的宣传口号“理财，就简单一点吧”。广告以新颖的方式传递了品牌的核心卖点，不断出现的修改 logo 的画面，也让人对新 logo 记忆深刻。

无独有偶，唯品会也上线了一支广告片《最后，她还是拍了》，同样以“228 春季美妆节”电视广告的拍摄过程为主要内容。在广告中，女演员始终找不到拍摄感觉，现场的摄影师、照明师、剪辑师纷纷上场给她做示范，女演员一遍遍地重拍，越拍越好，直至拍摄完成，在这个过程中，唯品会、“228”、美妆节这几个关键词不断重复出现，想让人不记住都难。

【链接】：国泰世华银行电视广告[⑥]

【链接】：唯品会“228 春季美妆节”广告片《最后，她还是拍了》[⑦]

③展现拍摄特色

一镜到底，主要是指在拍摄过程中没有中断（cut），运用一定的技巧将作品一次性拍摄完成。这种拍摄手法一气呵成，流畅感十足，所有的拍摄画面都有机融为一体，能

---

① 许鞍华曾获 3 届金马奖最佳导演，张叔平曾获 5 届金马奖最佳美术设计、4 届最佳服装/造型设计、2 届最佳剪辑，杜可风曾获 4 届金马奖最佳摄影。

② 资料来源：https://v.youku.com/v_show/id_XNDI3NDA2Nzg2OA==.html?playMode=pugv&frommaciku=1。

③ 资料来源：https://v.qq.com/x/page/c03606fu948.html。

④ 资料来源：https://v.youku.com/v_show/id_XMTgxNDMxNzE2.html?playMode=pugv&frommaciku=1。

⑤ 资料来源：https://v.youku.com/v_show/id_XMzMwMjgxMjY2MA==.html?playMode=pugv&frommaciku=1。

⑥ 资料来源：https://www.sohu.com/a/127137881_487881。

⑦ 资料来源：https://v.youku.com/v_show/id_XMzE3NjgyNjE5Mg==.html?playMode=pugv&frommaciku=1。

让人产生一种无法将视线移往别处的吸引力。从早期的《绳索》到《俄罗斯方舟》,越来越多的电影、广告采用这种拍摄方式。但是一镜到底加上逆时效果,是比较少见的尝试。

在2017年日本航空JAL联名信用卡广告中,广告的前半部分记录了广告片的拍摄过程,后半部分是广告正片,描绘了一对年轻情侣的购物之旅。对比前面的拍摄花絮和后面的正片,人们会震撼于广告片的拍摄手法:原来广告是逆时拍完的,第一个镜头是广告片的结束画面,最后的拍摄镜头是广告正片的开始,且整个逆时拍摄是一镜到底完成的。这需要非常精准的走位和配合,每一个细节都不能出错,非常考验广告导演、摄像师、演员和现场工作人员,需要几十次甚至上百次的演练磨合。

【链接】:日本航空JAL联名信用卡广告①

(6)从各类热点角度进行提炼

热点(hot spot)是指受到人们广泛关注、欢迎的新闻、信息、地方、人物、影视剧等,它通常自带IP属性。如果在公共关系策划中利用热点,可以增强公共关系活动对公众的吸引力。策划者可以根据组织的公共关系目标、沟通对象的特点,从热点事件、热点人物、热点影视剧、网络热点中提炼策划主题。

李雷和韩梅梅是20世纪90年代初中英语教科书中的两个主要人物。李雷浓眉大眼,留着小平头,爱穿T恤衫,学习好,助人为乐,是一个好学生的模样。韩梅梅留着齐耳短发,爱穿连衣裙,有责任心,吃苦耐劳,是贤淑聪慧的传统好女孩的形象。2001年初中英语教材改版后,李雷和韩梅梅不再出现,成为"80后""90后"这一代人的共同记忆。

2005年,网络上出现了集体回忆李雷和韩梅梅的现象。2008年,《南方周末》把集体回忆李雷和韩梅梅的现象进行了社会学解读,认为这一现象属于集体记忆,使得话题升温。2009年,出现了《李雷和韩梅梅》漫画、歌曲,2010年同名话剧上演,2017年同名电影上映。在这样的热点下,百雀羚针对"80后""90后"女性目标人群,拍摄了微电影广告《韩梅梅快跑》,鼓励她们突破被标签化的人生,勇敢生活,自由选择。该广告在@人类实验室的微博上首发,接着其他网络大V和知名情感类微信公众号纷纷加入话题讨论,共青团中央、女性之声(中国妇联)、《人民日报》、《光明日报》等上百家主流媒体进行了报道转载,引发公众对"中国女性自我觉醒"的大讨论。在三

---

① 资料来源:http://k.sina.com.cn/article_5953741683_m162dee373020002flk.html。

天时间内,#韩梅梅快跑#微博话题阅读量超过 1185 万,微电影广告的网络播放量超过了 6000 万。

【链接】:百雀羚微电影广告《韩梅梅快跑》[①]

除了以上六个角度,我们还可以从中华优秀传统文化入手,从中提炼公共关系策划的主题。例如,佰草集将“太极生两仪”的太极元素和平衡理念融入产品研发和公关推广,开发了佰草集太极系列面霜,提出了“太极给世界好看”的宣传主题;百雀羚将二十四节气融入组织形象,创作了二十四节气宣传海报和电视广告《一首隐藏在节气里的诗》;泸州老窖用汤显祖的《临川四梦》展现自己悠久、厚重的历史;方太把优美雅致的宋词与产品相结合,在中秋节推出了《蝶恋花》《点绛唇》《相见欢》三支宋词古风广告。

【延伸阅读】:方太宋词广告文案

《蝶恋花》

桂枝新妆芙蓉面。
淡扫蛾眉,花颜镜中鉴。
似有雕车待堂前,却执五味烹家宴。
何惧飞烟染罗衫。
一瀑流云,直上九重涧。
青丝红袖芳如兰,不负金屋藏落雁。
方太智能油烟机 四面八方不跑烟
岂容飞烟染罗衫 爱若无缺事事圆

《点绛唇》

金风秋实,郁郁香秾频频顾。
兰心小踏,微瑕怎堪入。
飞流纵驰,时光不相误。
斜阳暮,琼浆凝露,君在归时路。
方太水槽洗碗机 岂止会洗碗 还能去果蔬农残
不忍素手洗杯盘 爱若无缺事事圆

---

① 资料来源:https://v.qq.com/x/page/u0625ccyo9r.html。

《相见欢》

温酒对坐西楼,宴清秋。
玉瓶几度轮转几度休。
月需圆,人需瘦,何处求?
又道今日贪欢明日酬。
方太同温烤箱 简单烤出不简单
怎堪俗艺敬婵娟 爱若无缺事事圆

四、确定沟通策略

确定沟通策略,即组织从公共关系目标和公共关系策划主题出发,确定与目标人群进行沟通的系统性策略,包括沟通的手段和方式、渠道策略、媒体策略等。如果说提炼主题是确定“说什么”,那么沟通策略就是明确“怎么说”“在哪说”“何时说”。

(一)怎么说

2018 年 5 月,为了宣传推广新上市的四倍蚕丝凝亮系列产品,相宜本草策划了以“女神医”为主题的公关活动。从沟通的手段和方式来看,相宜本草设计了一个揉合了传统韵味与现代风格的 IP 形象“日理万肌女神医”,制作发布了 H5《女神医净化史》和故事视频《奇思妙想女神医》,用讲故事的方式将女神医形象带入公众视野。H5 将相宜本草“道地湖丝”“中草药成分”等产品利益点融入女神医的成长史和奋斗史,故事视频将女神医与悬疑、古代帝王故事相结合,并融入了相宜本草“中草药护肤专家”的品牌形象。这两个传播载体形式新颖,风格独特,较好地传播了女神医形象和相宜本草的品牌形象。

由此可见,“怎么说”是使公共关系主题让公众产生印象,对品牌建立好感的关键。在公共关系策划中,光有好的主题还不行,还要配以好的创意表现形式,让策划的主题被公众注意和接受。

在创意表现上,一般有三种方式:感性诉求、理性诉求、情理结合。情理结合即感性诉求和理性诉求两种方式的结合。下面,重点介绍一下感性诉求和理性诉求这两种创意表现形式。

1. 感性诉求

感性诉求重在唤起公众适度的情感、情绪体验,通过情感迁移原理,将接触组织信息时所体验到的情感、情绪不自觉地迁移到组织的产品、服务上,对组织及其产品、服务产生同样的情感和情绪。

感性诉求主要的表现形式有故事、幽默、恐惧诉求、悬念、性感、音乐等。

(1)故事

故事是一种古老的娱乐形式,具有极强的传播特性,可以传播信息、传播思想,很多从古代流传至今的历史、文化、思想都是以故事作为载体的。著名编剧罗伯特·麦基(Robert McKee)是个很会讲故事的人,曾开设"故事"培训班,培养了大批世界知名的编剧家和小说家。1997年,罗伯特·麦基出版《故事》一书,书中写道:"故事艺术已经成为人类灵感的首要来源,……我们对故事的欲望反映了人类对捕捉人生模式的深层需求,这不仅仅是一种纯粹的知识实践,而且是一种非常个人化和情感化的体验。"①可见,故事对人们有着天然的吸引力,故事是传递组织信息、连接公众情感的重要载体和手段。

在公共关系中,几乎每一个成功的组织和品牌背后,都有一个精彩的故事。党的十八大召开以来,"讲好中国故事"也成为中国塑造国家形象、传播国家形象的重要手段和重要任务。将组织形象和产品信息融入故事情节,借助故事的形式吸引公众,与公众建立起有效的情感连接,是公共关系沟通策略中最常用的一种手段和方法。

策划者在进行故事脚本创作的时候,要注意故事情节、人物之间的对话、旁白与公共关系主题之间的联系,创作的故事要既能打动人心,又能展现组织形象、产品特色。例如,麦肯·光明广告公司针对英特尔科技(Intel)"驱动未来"的组织形象,创作了"未来这一家"系列广告。"未来这一家"有爸爸、妈妈、姐姐、弟弟四个人,每个人一个故事,分别将英特尔旗下产品的省电、轻巧、电力持久等功能融入他们的日常生活点滴,通过一家人吵吵闹闹又温馨幸福的日常生活故事,完成组织形象和产品特色的传播。

除了原创故事,策划者还可以对真实故事或原著故事进行改编。

①根据真实故事改编

策划者可以选择广为流传或是媒体报道过的真实故事进行改编。这类故事本身具有良好的公众基础,要么感人肺腑,要么发人深思,加上艺术化的改编、加工,往往更能扣人心弦,更能保证传播效果。

2010年,台湾奥美为大众银行拍摄了一支形象宣传片《母亲的勇气》。这支广告

---

① 麦基. 故事:材质、结构、风格和银幕剧作的原理[M]. 周铁东,译. 天津:天津人民出版社,2014:5.

根据真实的故事改编：一位63岁的老妇人因为携带“违禁品”在委内瑞拉机场被拘捕。因为语言不通，她无法向机场的安检人员解释清楚被查出的“违禁品”是什么，直到现场来了一位懂中文的工作人员才弄明白，所谓的“违禁品”其实只是一包中药材，老妇人出国看望刚生产完的女儿，中药材是给女儿炖汤补身用的。这位老妇人第一次出国，不会英文，没有人陪伴，一个人独自飞行三天，辗转三个国家，行程三万两千公里，最后成功到达女儿家。广告用感人的画面讲述了一位勇敢、坚韧、充满爱和勇气的母亲的故事，这位母亲是中国千千万万平凡母亲中的一员，但她又是不平凡的，由这个故事传递出大众银行的品牌形象“不平凡的平凡大众”。

《母亲的勇气》播出后，收获了一片好评。大众银行趁热打铁，第二年又根据台湾弘道老人福利基金会在2007年发起的“不老骑士摩托车环台日记”活动，改编拍摄了另一支形象宣传片《梦骑士》。故事主要讲述平均年龄八十一岁，分别患有重听、癌症、心脏病、退化性关节炎的5位老人，经过六个月时间的准备，完成了历时13天、全程1139公里的骑摩托车环台湾岛一圈的壮举。广告用“人为什么活着”引发思考，通过5位老人实现环岛梦想找到活着的意义。优秀的剪辑加上动人的音乐，这支广告除夕夜在网上发布后，很快成为各大中文视频网站的热门视频，点击率破百万。

【链接】：台湾大众银行形象宣传片《母亲的勇气》[①]

【链接】：台湾大众银行形象宣传片《梦骑士》[②]

②根据原著故事改编

原著故事主要指已有作品中的故事，例如童话故事、神话故事、民间故事、寓言故事、成语故事等。这类故事也具有较好的公众基础，如果以新颖有趣的方式进行改编、呈现，也是抓人眼球、吸引公众的有效办法。

《白蛇传》是中国四大民间爱情故事之一，讲述了一条修炼成人形的白蛇与人之间发生的曲折浪漫的爱情故事。故事中的篷船借伞、盗取灵芝仙草、水漫金山、祭雷峰塔等，都是人们耳熟能详的情节。2021年寒假结束之际，网易有道在网络上推出了一支改编自《白蛇传》的广告。广告以大家熟悉的“法海预收白蛇入雷峰塔”开始，“白蛇之子考取状元后祭雷峰塔”结束。但与原著不同的是，白蛇入塔不是因为法海的惩罚，而是因为无法忍受辅导孩子英语作业的折磨，自愿进入雷峰塔。白蛇之子在网易

---

① 资料来源：https://v.qq.com/x/page/g018633dn91.html。

② 资料来源：https://v.youku.com/v_show/id_XMjQxNDExOTE2.html? playMode=pugv&frommaciku=1。

有道词典笔的帮助下，最终考取了状元，助白蛇出塔。广告以幽默夸张的方式对剧情进行了改编，既融入了产品特点，又成功地吸引了公众的注意力。

需要注意的是，改编原著故事可以对故事中的人物、情节等进行合理想象和艺术虚构，但不宜改变太多，不能颠覆原有的人物形象或故事结局。特别是涉及是非善恶等道德和价值判断的，改编的内容要符合社会主流价值观，要作出积极、正确的价值引导，否则容易引起社会争议和公众的反感。

（2）幽默

“幽默”一词最早出现于屈原《九章·怀沙》中的“眴兮杳杳，孔静幽默”，释义是安静。而现在所说的“幽默”是英语“Humor”的音译，译者是林语堂，主要形容有趣或好笑。

幽默是一种特殊的情绪表现，它以亲切感为基础，是人对一切初级形态的“萌态”所作出的反应，例如初级智能、初级语言、低效的神经控制、低能的思想行为等。这种萌态作为人类成长的必经阶段已经深深印刻在生物机理中，即便是动物出现类似的萌态也会激发人们的亲切感，进而引发幽默感。例如，你看到远处有一个小孩在地上爬，走近一看，发现不是小孩，而是一只穿着套头衫、戴着帽子的小狗。那一刻，你会产生滑稽、好笑的情绪，这就是幽默感。可见，幽默是一种以高见低的亲切感，是主体对于对象产生的一种理解和共鸣。

幽默往往伴随着笑。幽默哲学家约翰·莫瑞尔（John Morreall）认为，从古代起就有三种主要的关于幽默的理论，分别是优越理论、舒缓理论和不协调理论。①

①优越理论

由柏拉图等人提出。在这一理论中，幽默是笑者对那些陷入尴尬境地的可怜对象所表达出的更老练、智慧、优越的感觉。这种幽默理论在贵族社会、有阶层划分的社会很受欢迎，但莫瑞尔等人反对这种幽默概念，认为这种幽默涉及贬低，是由于感受到他人的缺陷而产生的好笑或有趣的感觉，是一种“嘲笑”（laughing at）。

②舒缓理论

又叫释放理论，由弗洛伊德等人倡导。该理论认为笑与运动一样，是一种安全地表达暴力的方式，能够化解身心紧张，释放多余的压力。该理论也受到部分学者的质疑。

③不协调理论

不协调理论是幽默的主导理论，最早可追溯到亚里士多德在《修辞学》中提到的

① 鲁蒂诺，格雷博什. 媒体与信息伦理学[M]. 霍政欣，等译. 北京：北京大学出版社，2009：151-152.

观点:要让听众发笑,最好的方法是建立起一种预期,并传达某种“预期的反转”。莫瑞尔认为:“不协调理论有各种不同版本,其核心含义是我们所感知或思考的某些东西或事件,违背了我们的标准的心理模式和通常预期。”

与莫瑞尔观点相近的是“违反合作原则”。1967 年,美国著名语言哲学家保尔·格赖斯(Herbert Paul Grice)在哈佛大学演讲时首次提出合作原则(The Cooperative Principle)。他认为,在人们的交际过程中,对话双方似乎在有意无意地遵循着某一原则,以求有效地配合从而完成交际任务,这一原则就是合作原则。

格赖斯认为,合作原则包括四个范畴,每个范畴又包括一条准则和一些次准则。具体包括。

量的准则(The Maxim of Quantity):所说的话应该满足交际所需的信息量,所说的话不应超出交际所需的信息量。

质的准则(The Maxim of Quality):不要说自知是虚假的话,不要说缺乏足够证据的话。

关系准则(The Maxim of Relation):说话要有关联。

方式准则(The Maxim of Manner):说话要清楚、明了,避免晦涩,避免歧义,要简练,井井有条。

然而,人们在实际的言语交际中并非总是遵守合作原则,出于需要,人们会故意违反合作原则。格赖斯把这种通过表面上故意违反合作原则而产生的言外之意称为“特殊会话含义”。特殊会话含义解释了听话人是如何透过说话人话语的表面含义而理解其言外之意的,幽默就在这时产生。

运用以上三种幽默理论,我们可以认识和把握广告、公共关系中幽默的产生和作用机制。幽默通过引人发笑与公众之间建立情感联系,因此也是一种常用的感性诉求方式。根据不协调理论,幽默往往还伴随着夸张,通过夸张制造出引人发笑的不协调感。

在国外一则 Krispy 坚果广告中,老板发现自己爱吃的 Krispy 坚果袋子空了,他怀疑是秘书偷吃了,秘书说没有,这时他看着桌上的陶瓷小象,拿起砸了个粉碎,小象肚子里涌出大量的坚果,老板一副果然如此的表情。广告用夸张的手法表现 Krispy 坚果的美味,连陶瓷小象都偷吃。老板严肃、愤怒的表情与陶瓷小象偷吃之间的不协调感,让人产生搞笑、有趣的感觉。

塔巴斯哥(Tabasco)是风靡世界的一款辣椒酱,在其电视广告中,蚊子吸食了正在吃 Tabasco 辣椒酱的人的血后,没飞出多远就原地爆炸了;上帝在吃比萨时不小心把

Tabasco 撒到地上，掉落到人间变成了一个个巨大的火球。在其平面广告中，Tabasco 辣椒酱可以洞穿肥厚牛排的肌理，可以在衣物上留下烧烫的痕迹，可以透过瓶子把桌子烧焦，可以把玉米直接变成爆米花……塔巴斯哥用夸张、幽默的手法放大了辣椒酱带来的辣意冲击，给公众留下了“火辣”的印象。

总体而言，使用幽默、夸张的手法来表现主题，可以有效地吸引公众的注意力，但也要注意把握好尺度，要以亲切感为基础，充分考虑沟通对象对幽默的理解和接受能力。如若不然，容易对公众造成冒犯，引起公众的反感。同时，不同国家、民族、地区的人对幽默的感受程度是不一样的，策划者还应考虑文化和地域的差异性。

（3）恐惧诉求

恐惧也是情绪的一种，它是由于周围有不可预料或不可确定的因素而导致的一种无所适从的强烈心理或生理反应。恐惧的产生源于人类对安全的需要，因此从本质上来看，恐惧是一种企图摆脱危险状态的逃避情绪。

需要是人类活动的原动力，但它并不总是处于唤醒状态，只有当需要达到某种迫切的程度时才会被激发，并引发行动。在需要和行动之间，还存在着动机。动机是引起个体活动，维持已引起的活动，并促使活动朝着某一特定目标进行的内在作用。一般而言，引起动机有内、外两种条件，内在条件是需要，外在条件是诱因。恐惧诉求发生作用的机理在于，作为一种诱因刺激、唤醒公众心中已存在的对特定事物的恐惧心理，诱发公众产生摆脱这种恐惧的安全需要，从而促使公众对特定产品或服务产生购买行为。

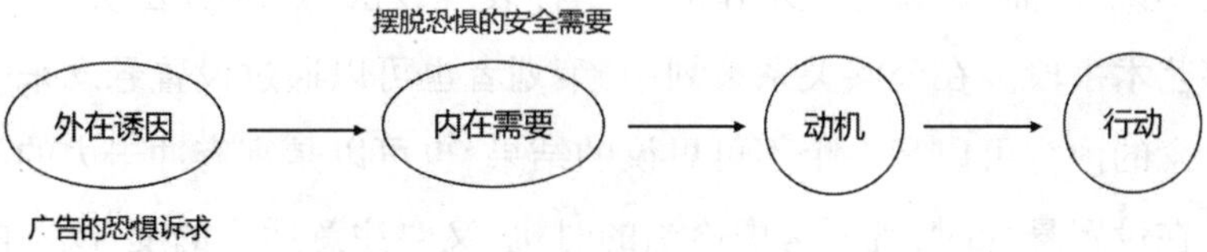

图 8-12　恐惧诉求的作用机理

心理学实验表明，面对不同强度的威胁，人会作出不同的反应。在“无威胁”状态下，传播的信息很难引起公众注意；但在“强威胁”下，传播的信息同样也无法发挥作用，因为人存在知觉防御，当恐惧强度达到一定程度时，个体对于恐惧或感到威胁的刺激会倾向于逃避、阻滞或反应缓慢。这说明，恐惧的强度太小不足以引起公众注意，但强度太大也会导致公众的逃避，甚至厌恶和反感，只有中等强度的恐惧才能发挥理想的说服效果。因此，策划者在使用恐惧诉求时，应注意把握恰当的度。

台湾奥美广告的创意总监孙大伟先生曾根据一封空难书信，为美商保德信人寿保险公司创作了一则广告。广告的标题是《智子，请好好照顾我们的孩子》，文案内容如下。

日航 123 航次波音 747 班机，在东京雨田机场跑道升空，飞往大阪。时间是 1985 年 8 月 18 日下午 6 点 15 分。机上载有 524 位机员、乘客以及他们家人的未来。45 分钟后，这班飞机在群马县的偏远山区坠毁，仅有 4 人生还，其余 520 人，成为空难记录里的统计数字。这次空难，有发人深省的地方，那就是飞机先发生爆炸，在空中盘旋 5 分钟后才坠毁。任何人都可以想见当时机上的混乱情形：500 多位活生生的人在这最后的 5 分钟里，除了自己的安危还会想到什么？谷口先生给了我们答案。在空难现场的一个沾有血迹的袋子里，智子女士发现了一张令人心酸的纸条。在别人惊慌失措、呼天抢地的机舱里，为人父、为人夫的谷口先生，写下给妻子的最后叮咛："智子，请好好照顾我们的孩子！"就像他要远行一样。你为谷口先生难过吗？还是你为人生的无常而感叹？免除后顾之忧，坦然面对人生，享受人生。这就是保德信在 117 年前成立的原因。走在人生的道路上，没有恐惧，永远安心，如果你有保德信与你同行。

这则广告的恐惧诉求强度是比较恰当的。在新闻报道中，我们一般不会披露太多事故的细节，但在这则文案中，触目惊心的数字和空难发生时的细节，具有震慑人心的作用，文案直击心灵，强调保险对于人生的重要意义，能有效激发公众的情感共鸣。

(4)悬念

悬念是小说、戏曲、影视等艺术作品的一种表现技法，是吸引公众产生兴趣、保持兴趣的重要艺术手段。在公共关系策划中，策划者也可以通过设置悬念来吸引公众的注意力。悬念的内容可以是一个不可思议的结果，也可以是富有冲击力的画面。

策划者在设置悬念时，既要考虑恰当的时机，又要注意适当的度，既不能设置得太简单，让公众一下子就看懂猜到结果，又不能夸大其词、故作高深，让人看了不明所以，甚至产生反感情绪。此外，设置悬念的时间节奏也很重要，悬而不决的时间过长，公众会失去耐心；时间太短，又不能有效激发公众的好奇心，达不到宣传效果。

在上文提到的相宜本草"女神医"的策划中，2018 年 5 月 18 日，时值"5·20"前夕，相宜本草在微博上发布了一张海报(如图 8-13)，海报下端露出半张古代仕女脸，文案写道："日理万肌女神医，容颜不老？谜底明日揭晓。"第二天，相宜本草在微博上揭晓："来自湖州的女神医，惊现江湖！采天地本草，集自然精华，精选道地湖丝，以中草药护肤良方，给你水润丝滑肌……"并发布了完整的女神医形象。5 月 20 日，相宜本草又发布了一张海报，对即将上线的故事视频《奇思妙想女神医》进行预告。5 月 21 日，故事视频正式上线（如图 8-14），宣传文案写道："被浓雾笼罩着的皇宫，究竟藏着多少秘密？容颜不老的皇帝，神秘的女医，还有愤怒的将军……这一切的一切，都等着你来亲自探寻。"从效果来看，相宜本草的悬念设置是比较成功的，故事视频在上线当天就获得了上百万次的观看量。

图 8-13　相宜本草在微博上发布的悬念海报

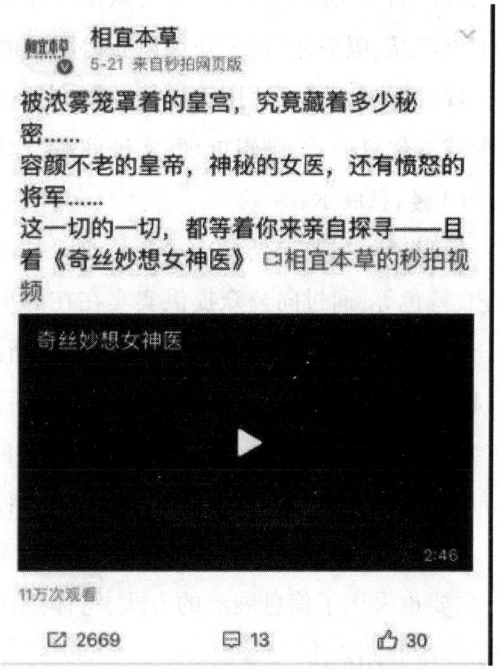

图 8-14　相宜本草在微博上发布的故事视频

还有一种设置悬念的方式，是采用"未完待续"的连续剧广告形式。即把广告像连续剧一样拍成多集，在每一集的结尾设置一个悬念以吸引公众持续关注，然后以连载的方式按一定的时间周期发布。这种形式可以激发公众等待续集的好奇心，增加广告的吸引力，但不足是耗时较长，工作量大，费用较高，且连载过程中容易出现一些不确定因素，影响电视剧广告的播出计划。

飘柔曾经从 2008 年开始推出电视剧广告，共 8 集，主要讲述一对恋人从初次邂逅、再次相遇到约会、见家长，最后步入婚姻殿堂的爱情故事。广告将飘柔洗发水、润发乳、发膜等各个系列的最新产品融入剧情，在每一集的结尾处，留下一个不确定的"未完待续"，这在当时是一种比较新颖的尝试，令观众耳目一新，又格外期待后续的剧情发展。从效果来看,这个连续剧广告被TVB列为最受欢迎的广告之一,广告播出后飘柔的产品销量也有了明显提升。但是,由于飘柔中途更换了广告代言人,导致该广告剧一度中断更新。在2008年播出了第一至五集之后,间隔了两年才制作播完最后三集,整体时间跨度特别长。

2. 理性诉求

理性诉求重点作用于公众的理智动机,通过信息本身和具有逻辑性的说服来加强公众对产品、服务的认知,引导公众接受和购买。这种诉求方式内含一个沟通逻辑:使用了该产品、服务之后,公众可以获得明确的利益,面临的问题、难题可以得到解决。

理性诉求方式较适用于科技数码产品、高价耐用品、专用商品和生产资料,主要表现形式有信息展示、逻辑推理、实证演示、比较、推荐等。

(1)信息展示

信息展示主要向公众展示产品或服务的具体信息,包括产品的成分、功能、价格、工艺、特色等,通过向公众提供实实在在的承诺和利益点,说服公众接受产品或服务。

2016年9月,苹果公司召开iPhone 7新品发布会,发布了iPhone 7、iPhone 7 Plus、Apple Watch 2代等最新产品。发布会结束后,苹果公司将新品的重要信息做成了一段107秒的发布会回顾视频。视频以黑底白字的形式,将新产品升级后的功能、配置情况、发布时间、售价、兼容性等一一做了详细介绍,以便公众了解最新款苹果产品的信息。

XBOX是微软旗下的一款家用游戏机品牌,在宣传推广其新开发的体感游戏机时,主要也采用了信息展示的方式,将体感游戏机的使用方法、使用场合、使用效果等做了详细介绍。

【链接】:iPhone 7 新品发布会 107 秒回顾视频①

【链接】:XBOX 信息展示广告②

(2)逻辑推理

逻辑推理主要把消费者置于某个问题情境,通过展示产品或服务的特点,告诉消费者该产品、服务可以帮助他解决问题,走出困境。

在一则戛纳奖获奖广告中,老板在高尔夫球场挥出了漂亮的一杆,众人都鼓掌欢呼"打得好",两个员工在一旁小声议论:虽然打得很好,但为什么老板挥杆的姿势这

① 资料来源:https://www.bilibili.com/video/av799195876/。

② 资料来源:https://v.youku.com/v_show/id_XNDg5NjIwNTI4.html?playMode=pugv&frommaciku=1。

么奇怪呢？与潇洒恣意的标准高尔夫挥杆姿势不同，老板的挥杆姿势显得有点局促。画面一转，原来老板平时都是在自家空间狭小的阳台上练习挥杆，久而久之就练成了奇怪的姿势。这时广告打出字幕：想要更大的空间吗？马多利卡地产公司可以帮你。

（3）实证演示

实证演示主要通过测试、实验等方式论证产品的优点和功能，让公众自己判断，形成有意识的消费行为。

实证演示常见于清洁类产品的宣传推广，为了证明产品的去污力，直接向公众演示产品如何将衣物、器具、地面的污渍清洗干净。例如，奥妙曾发起净蓝全效洗衣液清除死角大挑战，也做过奥妙三倍快速去除污渍示范。

除清洁类产品外，电器也常用演示的方式来宣传核心卖点。例如，为了证明洗衣机的静音功能，工作人员在工作中的洗衣机旁放置一个话筒，用话筒中只出现脚步声证明，该洗衣机在运转时确实没有声音。又例如，西门子为了证明其洗衣机的防震功能，举办了“防震洗衣艺术展”供人们参观。在展厅内，每一台正在工作中的洗衣机上均放置着由鸡蛋、锅铲等拼搭而成的“叠叠高”，稍有一点震动，叠叠高就会倒塌，以此来证明西门子洗衣机确实防震。

图 8-15　西门子实证演示洗衣机的防震功能

（4）比较

有了比较才有判断，有了比较才有鉴别。比较是一种科学认识和分析事物的逻辑方法，人们根据一定的需要和标准，把彼此有联系的事物加以分析、对比，找出它们的内在联系、共同规律和特殊本质，从而为判断、选择提供依据。因此，比较也是诉诸理性思考的一种诉求方式。

比较有两种形式，一种是组织将自己的产品、服务与同类竞争者的产品、服务进行比较，一种是组织将自己的产品、服务在使用前和使用后进行比较。

第一种比较涉及与竞争对手之间的对抗,应遵循比较广告的原则和相关的法律法规,否则容易构成不正当竞争。

首先,不能贬低竞争对手以抬高自己。“巨人吃饭香”曾经在广告中攻击娃哈哈儿童营养液“有激素,造成儿童性早熟”,这种攻击是没有科学依据的,巨人吃饭香因此被判赔款200万元,并在杭州召开新闻发布会向娃哈哈公开道歉。

其次,不能用容易“对号入座”的内容引起消费者误解。2003年,宝洁旗下的佳洁士面向市场推出了一款深层洁白牙贴,在其宣传文案中写道:“佳洁士深层洁白牙贴,比较一般涂抹式的美白牙齿液有什么优胜的地方?……能有效保护在牙齿上的洁白,避免流失于唾液中……相反,美白牙齿液往往于涂上后数分钟便被唾液冲掉而大量流失,洁白成效相对偏低。”当时,高露洁美白液是国内市场上唯一的涂抹式牙齿美白液产品,佳洁士在宣传中虽然没有指名道姓,但矛头直指高露洁,最终宝洁被判赔偿高露洁40万元。

根据我国广告审查标准,在与竞争对手的产品或服务进行比较时,应遵循三条原则:(1)一般性同类商品或者服务进行比较的广告,必须有科学的依据和说明;(2)比较广告使用的数据或调查结果,必须有依据,并应提供国家专门检测机构的证明;(3)在介绍文字和图片中不得诋毁竞争者。

温迪快餐(Windy's)是美国第三大快餐连锁集团,它的崛起缘于一次成功的“比较”。1983年,美国农业部组织了一项调查,发现麦当劳汉堡宣称有4盎司的牛肉馅,重量只有3盎司。温迪快餐敏锐地抓住了这个调查结果,请来著名影星克拉拉·佩勒(Clara Peller)为自己拍摄了一支广告:三位老太太对着桌子上一个巨大无比的汉堡包喜笑颜开,其中一位打开汉堡包,发现里面的牛肉只有很小的一块。克拉拉先是疑惑、惊奇,继而开始大喊:“Where's the beef?”(牛肉在哪里)广告直指麦当劳的牛肉馅事件。美国民众对麦当劳的偷工减料本来就有许多不满,这支广告的播出提升了事件的影响度。一时间,“Where's the beef”成为美国社会的流行语,对一些政客的空洞演说和政府不作为,公众也会责问一句“Where's the beef”。该广告被纽约国际广告clio大奖评为经典作品。受广告的影响,温迪快餐的支持率得到了明显提升,营业额一下子上升了18%,渐渐坐上美国快餐业的第三把交椅。

【链接】:温迪快餐“Where's the beef”电视广告[1]

---

① 资料来源:https://www.bilibili.com/video/BV1oT4y1G7XY/?spm_id_from=333.337.search-card.all.click。

苹果手机因外观时尚、操作系统人性化、功能多样等特点，备受消费者喜爱，但它也有明显的弊端。针对这些不足，作为竞争对手的诺基亚和三星，都曾运用比较的方法突出自己产品的优越性。

例如，iPhone5 在夜间闪光灯模式下拍出来的人像照片存在红眼问题，而诺基亚手机的夜间拍照效果在业内备受肯定。2013 年 6 月，iPhone5 发布电视广告 *Photo Every Day*，重点宣传苹果手机的拍照功能。诺基亚乘着美剧《行尸走肉》的热播，紧随其后拍摄了一支电视广告片。广告中，一个男人走在凌晨冷清的街道上，突然，拐角处闪光灯一闪，一个红眼僵尸跟他擦肩而过，随后，越来越多的红眼僵尸向他走来，恐怖气息扑面而来……原来罪魁祸首是那个拿着 iPhone5 的僵尸，只要被他拍过照的人全都变成了红眼僵尸，广告暗指苹果手机夜间拍摄功能的不足。之后，诺基亚又推出广告片 *Better Photos Every Day*，针对苹果手机广告中出现的照片，诺基亚用自己的手机全部重拍了一遍，并在广告中将两者拍摄的照片同屏比较，强调拍照不应只看数量，更应看重质量。

【链接】：诺基亚手机广告 *Better Photos Every Day*①

2014 年三星推出 GalaxyS5，使用 2800mAh 的大电池，这在当时是比较领先的，而苹果前几款手机的电量相对都比较差。在三星手机广告中，机场候机室的插座全被 iPhone5 占满，暗指苹果手机更容易出现电量不足。针对三星手机防水而苹果不防水，三星又推出广告：用户不小心将啤酒倒在桌上，三星手机安然无恙，而苹果手机却火花四溅。2018 年，三星更是一口气连发七支广告片，它建了一间苹果 Apple Store，通过苹果店员与顾客之间的对话，吐槽苹果手机下载速度慢、内存小、需要配转接头、不能快充、不支持多任务分屏等问题。

【链接】：三星手机系列广告片 *Ingenius*②

第二种比较是将组织的产品或服务在使用前和使用后进行比较，这也是一种有效的创意表现形式。例如在国外一则头痛药广告中，广告前半段展现的是没有服用头痛药时的情况，后半段是服用了头痛药后的情况，通过前后比较，突出药品的疗效。再比如在牙医诊所的广告中，画面的左右两边分别呈现了光临诊所前和光临诊所后的牙齿情况（如图 8-16），牙医诊所的功能和疗效一目了然。

---

① 资料来源：https://v.youku.com/v_show/id_XNTkyMjcxMzUy.html?playMode=pugv&frommaciku=1。

② 资料来源：https://www.bilibili.com/video/av27717531/?p=1&spm_id_from=pageDriver。

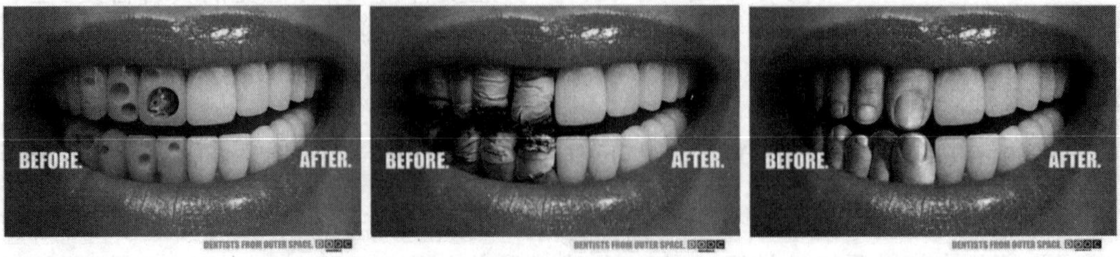

图 8-16　牙医诊所使用前后的比较广告

(5)推荐

推荐,又叫背书。背书人原指在票据背面签章或书写文字、身份证号码,转让票据所赋权利的当事人,主要职责是在票据的转让人和受让人之间建立起权利义务关系,一方面证明转让人的票据信息真实无误,另一方面满足以后票据持有人的合理合法要求。此处的背书人主要指产品的推荐者,所谓背书,指推荐人从自身的使用体验出发向公众推荐、证明产品的真实可靠,驱动公众接受和认可产品。

①明星推荐

自 2015 年我国新广告法施行之后,明星代言有了新的说法:明星体验官。“体验”二字既贴合新广告法第三十八条中的规定,“广告代言人在广告中对商品、服务作推荐、证明,应当依据事实,……并不得为其未使用过的商品或者未接受过的服务作推荐、证明”,又体现出推荐的实质,即应当根据使用体验作出推荐。这是一大进步。

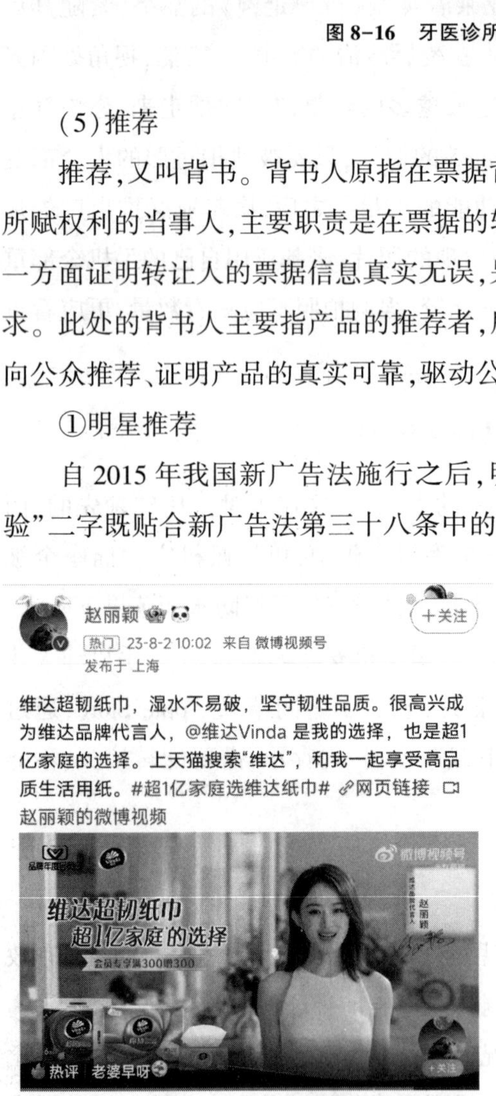

图 8-17　明星微代言

在自媒体时代,明星推荐还出现了两种新的形式:

一是微代言,主要指明星在自己的微博等社交媒体上发布产品、服务的推广信息,利用网络转发和粉丝集群效应达到宣传目的。明星在与组织签订代言合同之后,根据合同约定,在一定的时间周期内以一定的频率在个人微博上发布产品或服务信息,或直接转发、评论组织发布的宣传文案、活动预告和宣传视频等。(如图 8-17)

二是明星翻包,顾名思义,即明星翻开自己随身携带的背包,与公众分享背包里自己日常使用的物品，小到护肤品、食品饮料，大到电子类产品等。明星一般以录制视频的方式向公众介绍这些产品的成分、功能和自己的使用体验，从而达到宣传推广的目的。此外，明星翻包视频还包括在 Vlog 里植入产品信息、探店等多种形式。

【链接】：明星翻包视频①

无论是明星体验官还是微代言、明星翻包，其本质都是明星推荐。从实际效果来看，明星推荐能发挥出名流公众的社会影响力，对公众的意见和态度形成能产生比较直接的影响。但正如前面章节所介绍的，我们也要警惕明星的道德风险。策划者在选择明星的时候，要依据公共关系策划目标、组织形象与明星形象之间的匹配度、明星最近的表现、发展潜力等综合评估，综合研判，确定最佳人选。

②专业人士推荐

近两年比较热门的微信电商平台都有一个共性，即公众号的运营者大多数是某个行业或领域内的专业人士。在宣传推广产品或服务时，他们会科普一些与产品相关的专业知识，以增强平台的专业度和可信度。例如“Michael 钱儿频道”的运营者是一对夫妻，钱儿妈是毕业于中国传媒大学的中英文双硕士，从事英文教学 15 年，专注儿童双语启蒙与教育 10 年；钱儿爸是著名的语言艺术家，配音代表作有《习仲勋》《故宫 100》等，曾解说几百部 BBC 及国内经典纪录片。由他们来推荐孩子学习语言该看什么书籍，提升孩子阅读能力该使用什么产品，会更令人信服。与明星推荐相比，专业人士推荐更能发挥出他们在专业领域、行业内的影响力，一旦与消费者建立起关系，这种关系的稳定度是比较高的，更利于培养忠实的目标消费群体。

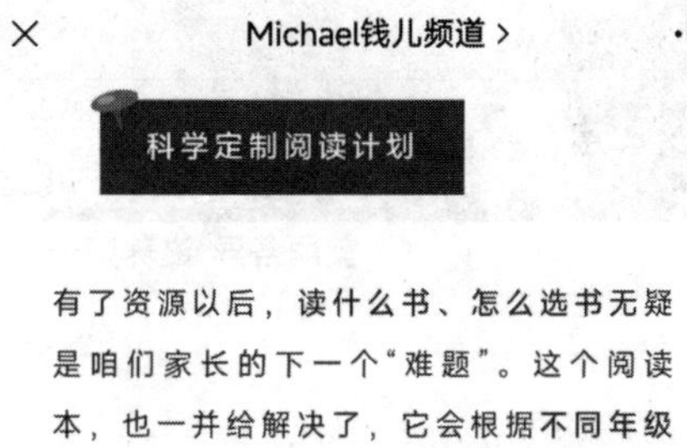

图 8-18　微信电商平台的产品推荐

① 资料来源：https://v.youku.com/v_show/id_XNDM1NTA4MDA1Ng==.html?playMode=pugv&frommaciku=1。

③普通人推荐

普通人的推荐，可以使公众产生一种“我也可以和他一样”的代入感，从而对推荐的产品或服务建立起亲近感。多芬是联合利华旗下的一个品牌，它认为每个女性都是一个具有个性的特殊存在，真正的美丽存在于不同的外形、身材、年龄和肤色中，因此四十多年来多芬一直坚持以普通消费者作为产品代言人，这已然成为多芬的一大宣传特色。（如图 8-19）

图 8-19　多芬的平面广告

（二）在哪说

“在哪说”指的是渠道策略，即在传播组织信息时策划者对于使用什么样的传播渠道的谋略和计划。

1. 渠道策略相关理论

（1）4P 理论

1960 年，美国密歇根州立大学的杰罗姆·麦卡锡（Jerome McCarthy）在其《基础营销》一书中将影响市场需求的要素概括为 4 类，即产品（Product）、价格（Price）、渠道（Place）、促销（Promotion）。这是首次提出“渠道”的概念。1967 年，菲利普·科特勒（Philip Kotler）在《营销管理：分析、规划与控制》一书中进一步确认了以 4Ps 为核心的营销组合方法。

（2）4C 理论

1990 年，美国营销学家罗伯特·劳特朋（R. F. Lauterborn）提出 4C 营销理论。他以消费者需求为导向，重新设定了市场营销组合的四个基本要素，即消费者（Consumer）、成本（Cost）、便利（Convenience）和沟通（Communication）。劳特朋强调组织应把追求顾客满意放在第一位，其次是努力降低顾客的购买成本，为顾客提供尽可能方便的消费通道,而不是从组织的角度来决定渠道策略,最后应以消费者为中心进行有效的沟通。4C 理论提出后,渐渐取代了 4P 理论。在渠道策略方面,4C 理论强调便利性,要求站在消费者的角度来考虑渠道建设,为消费者提供方便。

(3)4R 理论

1992 年,唐·舒尔茨(Don E. Schultz)在其专著《整合营销传播》中提出整合营销传播理论(IMC),该书的合著者还有劳特朋。进入 21 世纪,舒尔茨根据不断成熟的市场和日趋激烈的竞争形势,以竞争为导向,在劳特朋 4C 理论的基础上概括了新的营销框架,提出了 4R 营销理论,认为市场营销应包含关联(Relevance)、反应(Reaction)、关系(Relation)、回报(Reward)四个要素。舒尔茨认为,组织与公众是一个命运共同体,组织不仅应积极地适应公众的需求,还应主动地创造需求,应整合各种渠道优势与公众建立独特的关系,把组织与公众联系在一起,形成竞争优势。该理论着眼于组织与公众之间的互动与双赢,提出了如何建立关系、长期拥有顾客、保证长期利益的具体操作方式。在渠道策略方面,舒尔茨强调优化和系统,认为应把广告、公关、促销等一切营销手段和媒介渠道整合起来使用。

(4)360 度品牌管家

20 世纪 90 年代中期,随着整合营销传播理论的盛行,奥美广告推出了“360 度品牌管家”,强调在品牌与消费者的每一个接触点上实行传播管理,通过接触点管理,维护和改善消费者与品牌之间的关系。相比整合营销传播理论中不太关注媒介接触点之间的差异,360 度品牌管家重视组织与公众之间建立关系的每一个接触点,强调每一个接触点都能准确地传达信息,每一个接触点都能达到预期的效果。

(5)跨媒体沟通策略(Cross Switch)

跨媒体沟通策略由日本电通集团提出。2011 年 11 月,中信出版社出版了由电通跨媒体沟通开发项目组编写的《打破界限:电通式跨媒体沟通策略》一书,该书介绍了电通公司对跨媒体沟通、策划工具、成功案例和评估手段等的思考、分析与实践。

电通的跨媒体沟通策略,其核心是通过跨媒体沟通(Cross),打开公众心中的开关(Switch)。它强调公众心理洞察和媒介接触点洞察,通过对公众媒介接触点的精心设计,使不同媒介接触点之间产生“互促效果”,从而使公众的心理和行为发生相应的变化。

该策略旨在促成公众与组织之间的积极互动,主要包含三个方面:首先,以“AISAS”思考方法设计沟通导线。其次,使用“信息接触点管理模式”确定与公众的接触点,先从公众每天的生活行为模式的视角确定潜在的信息接触点,然后与沟通目标进行匹配，最后确定信息接触点最佳的时间点。最后，使用“横向 T 字模型”沟通公众心理，纵轴是“广度”（到达率和频次），横轴是“深度”（参与的程度）。

（6）O2O 营销传播策略

O2O 即 On line to Off line，是互联网背景下发展起来的一种区别于传统线下交易的新型消费模式，指线上营销、线上购买带动线下经营、线下消费。它依托电商平台，以在线支付为核心，强调“线上”和“线下”的传播双赢，在传播信息的同时促使消费者的消费行为和分享行为同步完成。

2. 各类传播媒介的特点

（1）空间媒介

①报纸

优点：受众群体比较稳定，公信力强，具有深度性和影响力，媒体费用相对较低。

不足：时效性较差，版面空间有限，信息接触不具有强制性，信息记忆度相对较低。

②杂志

优点：受众群体比较稳定、特征明显，可以精准传播；印刷精美，能表现组织形象和产品品质。

不足：生产周期长，时效性差，版面安排灵活性差；版面空间有限；价格比报纸高。

③户外媒介

优点：受众群体相对固定，可以精准传播；“稀缺”位置资源具有较高的注意率；视觉冲击力强。

不足：容量有限，信息量少。

④楼宇

优点：受众群体固定且稳定，可以精准传播；环境单纯，受干扰较少。

不足：信息接触完整性较差；内容单一；价格相对高。

⑤交通

优点：受众群体较为固定，累积效果好；发布周期自由；技术手段及表现形式较为多样。

不足：优势资源有限；环境嘈杂，影响接收效果。

⑥售点

优点：可以创造销售气氛，激发购买冲动。

不足：只能影响售点现场的公众。

⑦直邮

优点:可以实施精准传播;自主性强;具有私密性,不易被竞争对手知晓。

不足:受众群体有限。

(2)时间媒介

①广播

优点:专业频率利于锁定目标公众;即时性;覆盖面广泛;通过声音引发受众联想。

不足:线性传播,信息易逝;表现形式单一,传播手段单一;内容庞杂,干扰性强。

②电视

优点:集多种传播手段于一体,具有表现力和感染力;高覆盖、高收视。

不足:信息稍纵即逝,价格昂贵,干扰较强。

③电影

优点:视听效果佳,干扰小;受众关注度高,到达率高。

不足:资源有限,覆盖范围有限。

(3)交互媒介

优点:兼具空间媒介和时间媒介的优势;传播手段更为丰富,可以实现点对点互动传播,实现个性化的精准营销;可以实现传播与交易在同一电商平台完成,并借助大数据掌握用户的网络行为。

不足:公信力弱,信息真假难辨,监管较差。

3. 影响渠道选择的因素

策划者在制订渠道策略时,应综合考虑以下几个因素:

(1)组织及其产品、服务的特点。

(2)公共关系目标、策划主题和创意表现形式。

(3)公共关系活动的持续时间和周期性。

(4)组织产品、服务的销售范围。

(5)目标公众的媒介习惯。

(6)媒介指标、媒介成本。

(7)竞争对手的渠道策略。

(8)费用预算。

4. 媒介组合策略

根据渠道策略相关理论和可选择的媒介类型,渠道策略大致有三种:传统媒介策略、交互媒介策略和整合式媒介策略。在公共关系策划中，一般采用第三种整合式媒介策略，即根据公众的媒介接触点进行媒介的组合传播。

相宜本草的“女神医”策划，在渠道策略上主要采取了“线上+线下”的媒介组合方式。线上，利用故事视频和H5宣传造势，与“天猫618”合作引发营销热潮；线下，联手大润发超市打造“相宜本草快闪店”，邀请电视剧《女医明妃传》中扮演女医一角的演员刘诗诗到活动现场与公众互动，并开发了印有女神医形象的丝巾、笔记本、手机壳等周边衍生品，全面加深公众对女神医形象的记忆。

（三）何时说

“何时说”指的是媒体投放的时间策略。策划者可以根据传播内容和投放媒体，选择恰当的时间发布信息、开展活动，如果时机策划得当，可以取得事半功倍的效果。

一般而言，媒体投放的时间策略有四种：

1. 时序策略

主要指根据公共关系活动的开始时间，提前、同步或延迟投放。策划者可以根据实际情况，在活动开始前提前预热，在活动过程中加大宣传力度，在活动结束后总结、复盘，以此吸引公众持续关注。例如，味全每日C植入电视剧《微微一笑很倾城》时，在投放时间上就采用了时序策略。在电视剧开播前，味全每日C邀请电视剧原著作者精选了六句台词印在产品包装上，推出“台词瓶”，并在户外媒体、微博等发布根据六句台词设计的电视剧倒计时海报。电视剧播出时，联合电视剧官微、主演明星官微、知名网络大V等多途径扩大味全每日C的传播声量。电视剧播完后，邀请微博、微信等自媒体大V发表《果汁式的恋爱技巧》等盘点文章，进一步增加味全每日C的曝光度。根据百度指数，随着电视剧的热播，味全每日C的品牌影响力不断上升，一跃成为全国纯果汁类第一。

2. 时限策略

主要指在一定的时间周期内集中频次或均衡频次投放，或是在节假日、某个特定季节进行投放。策划者可以根据公共关系活动持续的时间、周期性和经费预算等，选择恰当的投放频次。如果活动周期较长，经费充足，可以选择均衡频次的投放策略；如果活动周期长但经费较紧张，可以考虑节假日投放；如果活动周期较短，可以选择集中频次投放。对于一些季节性产品，从策划开始，就可以选择在特定的季节开展公共关系活动。

3. 时机策略

主要指借重大活动、节日或某个热点事件进行投放。此类投放策略主要结合公共关系策划展开,是公共关系策划中常用的一种媒介时间策略。“珀莱雅”作为一个美妆品牌,近年来持续在各个节日点为女性发声,成功塑造了关爱女性的组织形象。在2022 年的“三八”妇女节,珀莱雅延续之前“性别不是边界线,偏见才是”的策划主题,与南兴合兴堂醒狮队合作,邀请中国女足队员王霜拍摄了广告片《醒狮少女》,呼吁消除性别偏见,打破人们的刻板印象;在母亲节提出“家庭责任不是仅妈妈可见”,呼吁大众正视家庭责任中母亲的辛苦和困境;在七夕节邀请余秀华发出“敢爱,也敢不爱”的爱情主张;2021 年、2022 年连续两年在世界精神卫生日推出“珀莱雅回声计划”,告诉女性“不必对你的情绪感到羞耻”“情绪会有出口,世界总有回声”。

4. 时点策略

主要指根据目标公众的媒介接触习惯和投放媒介的特点,选择最佳的时间点进行媒体投放。相互宝是 2018 年 11 月在支付宝上线的一项大病互助计划。在推出一周年之际,相互宝做了一个策划:将杭州市的 8201 路夜班车改造成“暖心夜班车”,乘客可以免费乘坐,车上备有睡枕,还准备了《人生答案书》,呼吁人们少熬夜,关注身体健康。这个策划的目标人群是经常熬夜、健康存在风险的上班族,因此选择营运时间在23 点至次日 7 点的夜班车开展活动是比较精准的,这个时间段夜班车上的乘客,刚好是相互宝的目标人群。

五、评估效果

公共关系策划的第五步,是对拟确定的策划主题和沟通策略等进行评估,进而判断、预测活动开展后将取得的效果。

(一)评估活动方案

方案好不好,是公共关系活动成败的关键。策划者应不断检查、论证策划方案的合理性,不断完善,精益求精。可以从以下六个方面进行思考:

1. 沟通主题是否鲜明?
2. 目标人群是否准确?
3. 传播内容是否浸润?

4. 创意表现是否恰当?

5. 媒介渠道是否高效?

6. 实施过程是否清晰?

(二)预测活动效果

策划者根据公共关系目标和活动方案,预测活动即将取得的效果。这是组织最为关心的问题,也是检验策划者策划水平的重要内容。具体包括以下几个方面:

1. 活动的影响人数和覆盖范围。

2. 活动的参与人数和公众黏度。

3. 媒体的报道情况和活动曝光量。

4. 组织形象和产品销量的提升情况。

六、撰写策划方案

撰写策划方案,主要指以书面文字形式确定策划者对方案的构思和创意。一般而言,一份完整的公共关系策划方案包含四部分:

(一)项目背景

包含项目主体(组织)情况、策划缘由、需要解决的问题、执行地域、项目可行性分析等。

(二)项目策划的具体内容

包含公共关系目标、目标公众、沟通主题、传播手段和方式、媒介选择、媒体计划、费用预算等。

(三)项目执行

包含实施细节、实施调整、项目进度表、控制与管理、项目负责人、实施者及各自的分工和责任等。

(四)项目评估

包含效果综述、现场效果、受众反应、市场反应、媒体反应等。

写策划案的过程,是策划者的理论知识和实践知识相融合的过程。要写出好的公共关系策划案,既需要理论和实践的积累,也需要策划者有整合思维的头脑和表达清晰的文字能力。

【思考与实践题】

1. 请举例说明公共关系策划具有什么样的特征。

2. 运用 SWOT 分析法,为某个组织明确它的核心竞争力和接下来的发展战略。

3. 请举例说明组织形象目标包含哪些。

4. 请根据主题提炼的路径和方法,为你所喜爱的品牌提炼一个宣传主题。

5. 感性诉求的方式有哪些?请运用其中的一种形式为你所策划的主题创作一个广告作品。

6. 理性诉求的方式有哪些?请运用其中的一种形式为你所策划的主题创作一个广告作品。

7. 影响渠道选择的因素有哪些?

8. 一份完整的公共关系策划方案包含哪些内容?请根据学院奖等广告赛事的命题策略单,撰写一份公共关系策划方案。

第九章 事件营销

本章要点

1. 事件营销的内涵
2. 事件营销的特点
3. 事件营销的策略与方法

关键概念

媒体曝光量;事件营销;媒介事件;事件营销策略

在公共关系实践中,媒体曝光量是衡量公共关系活动成效的一个重要指标,媒体曝光量越高,组织信息触达公众的范围越广,因此它也是组织开展公共关系活动追求的一个重要目标。在自媒体时代,媒体曝光量主要来自两个部分,一是组织在各类媒体上投放广告,二是媒体主动对组织活动进行报道,公众自发在网上对组织信息进行评论、转发。

本章,我们重点介绍如何通过公共关系策划吸引媒体和公众主动报道、转发。这种可以为组织节约大量宣传成本的营销推广方式,称为事件营销,它是近年来国内外较为流行的一种公关传播手段。

第一节 事件营销的内涵与特点

一、事件营销的内涵

“事件”,根据《辞海》中的解释,指历史上或社会上所发生的大事。随着大众传播媒介的发展,对事件的关注和报道使“事件”成为不可忽视的重要力量和社会资源。人们开始寻求让事件吸引大众传播媒介注意的方法,并利用大众传播媒介的宣传报道扩大组织的影响力和受关注程度,著名传播学者威尔伯·施拉姆(Wilbur Schramm)将之称为“制造出供媒介作报道的事件”①。在公共关系中,我们通常把这类人为策划的事件称为“媒介事件”(Media Events)或“新闻事件”。

所谓事件营销(Event Marketing),就是对媒介事件的策划和使用。具体而言,是指组织通过策划、组织、利用具有新闻价值、名人效应以及社会影响的人物或事件,吸引媒体、社会团体及公众的兴趣与关注,以此建立良好的组织形象,促成组织产品或服务销售的一种手段和方式。

这个定义说明了事件营销的三个基本内涵:

(一)事件营销是一种公关传播手段和方式

事件营销通过策划、组织和利用一些人物和事件,达到传播组织信息、树立组织形象的目的。它服务于公共关系活动目标,是提高组织媒体曝光量的重要手段。

(二)事件营销的本质是“让策划的事件成为新闻”

策划事件的直接目的是吸引媒体和公众的兴趣与关注,让新闻媒体主动报道策划的事件,公众主动在社交媒体上分享、评论、转发与策划事件相关的信息,以增加组织的曝光度。因此简单来说,事件营销就是“策划新闻”以吸引人们注意,从而达到广泛的宣传目的。

---

① 施拉姆,等.传播学概论[M].陈亮,等译.北京:新华出版社,1984:272.

(三)事件营销的关键是策划的人物和事件

让策划的事件成为新闻,事件中的"人"和"事"必须具备三个条件:

1. 具有新闻价值

19 世纪 70 年代,美国《纽约太阳报》主编约翰·博加特在解释"什么是新闻"时说,狗咬人不是新闻,人咬狗才是新闻。他从新闻价值的角度提出了新闻的核心要素"奇",即有价值的新闻要具有异常性、新鲜性和猎奇性。这个观点虽然导致了大量猎奇新闻、黄色新闻的出现,记者为了采写到第一手新闻甚至跟踪、窃听他人隐私,但它揭示了新闻的核心本质。公关人员在策划和利用一些人物和事件时,应注意人物、事件的新鲜度和新奇性,这样才能保证策划的事件成为新闻。

2. 具有名人效应

即事件中出现的人、事、物是名人、名事、名物,出现的地点是著名景点或热门地区。文森特·威廉·凡·高(Vincent Willem van Gogh)是世界著名印象派画家,《卧室》是他最著名的作品之一。2016 年,为了给即将开幕的展览"凡·高的卧室"造势,芝加哥艺术博物馆与全球民宿预订平台 Airbnb(爱彼迎)合作,根据这位传奇画家的油画重建了他在法国阿尔勒生活期间的卧室,并将它放在了 Airbnb 网站上接受预订,房源的有效日期是 2 月 14 日到 5 月 10 日,与展览同步,消费者只需花费 10 美元就可

图 9-1 凡·高的卧室在 Airbnb 上接受预订

以在这间凡·高的卧室住一晚。这是一次非常成功的策划,“凡·高的卧室”在 Airbnb 上线后仅几分钟,就被一抢而空。当地的媒体、电视台等都对这个事件进行了报道,成功住进凡·高卧室的消费者也在各自的社交媒体上发起分享和转发,芝加哥艺术博物馆和 Airbnb 实现了传播双赢。这利用的就是“凡·高的卧室”的名人效应。(如图 9-1)

2022 年 11 月世界杯开赛前夕,LV 在社交平台 Instagram(照片墙)上发布了著名足球运动员梅西和罗纳尔多(C 罗)的同框合照,并配文“Victory is a State of Mind”(胜利是一种心态)。在这张合影中,LV 以棋代球,让被媒体视为宿敌的梅西和 C 罗对坐博弈,在社交媒体上引发了全世界球迷的热烈讨论,这张罕见合影也被网友称为世纪合影。英国《镜报》、国内《新京报》等媒体都进行了相关报道。

图 9-2　LV 在照片墙发布的梅西和 C 罗合照

3. 具有社会影响力

具有社会影响力的事件必须有意义,能与公众的利益和情感产生共鸣。例如涉及儿童和青少年保护的问题,这是关系到每个家庭的社会问题,必会引起关注和讨论。又比如青年的就业问题,也是社会关注的热点。台湾 104 基金会曾经做过一个“Be A Giver”的行动策划,他们找来几个不同行业的企业主,分别给他们几份隐去了名字的简历,问他们是否会录用简历上的人。所有企业主看了简历之后都表示不会录用。之后,简历上隐去的名字被揭开,这些人中有著名导演李安,台湾知名面包师吴宝春,还有这些企业主的朋友、同事甚至子女。在他们年轻的时候,都没有漂亮的履历。通过这个策划,104 基金会呼吁社会消除偏见,多给年轻人一些机会,毕竟谁都有过不怎么样的 25 岁。这个视频推出后,很快成为社交媒体的热议话题,年轻人觉得说出了他们的心声,企业也开始反思现有的招聘方式是否科学合理。

【链接】:台湾 104 基金会宣传视频《不怎么样的 25 岁》[1]

二、事件营销初露锋芒

在国内,早期有两个事件引发人们关注事件营销,一个是茅台酒在世界博览会上的摔酒瓶事件,另一个是海尔张瑞敏砸冰箱事件。这两个事件在当时虽然不是组织有意识、有目的的主动策划,但是发挥出巨大的社会影响力,从此奠定了茅台酒和海尔在行业内的声誉和地位。

1915 年,在巴拿马国际博览会上,各国送展的产品琳琅满目,中国送展的茅台酒被挤在一个角落,久久无人问津。中国官员心里不服气,便提着茅台酒走到展厅最热闹的地方,故作不小心把茅台酒摔在地上。酒瓶落地,浓香四溢,吸引了周围所有的人。醇香的茅台酒由此受到了评委们的一致推荐,荣获博览会金奖。这一摔,使茅台酒从此与英国的威士忌、法国的白兰地并称世界三大名酒。

1985 年,海尔老总张瑞敏收到一封用户来信,反映工厂生产的冰箱存在质量问题。张瑞敏带人把库房里的 400 多台冰箱全部检查了一遍,发现共有 76 台存在各种各样的问题。张瑞敏随即召集全体职工到仓库开会,商讨如何处理这些残次品。多数职工提议把问题冰箱以低价卖给内部职工,张瑞敏没有同意,他给生产这些残次品的负责人每人一把铁锤,宣布把这些问题冰箱全部砸掉,并抡起铁锤亲手砸了第一锤。当时一台冰箱售价八百多元,相当于一名普通职工两年的收入。第二天,张瑞敏带头砸冰箱的照片和新闻登上了各大报纸,海尔注重产品质量的形象一下子深深地印刻在公众的脑海里。海尔集团创立于 1984 年,当时是一个亏损严重、濒临倒闭的集体小厂,第二年的砸冰箱事件彻底改变了海尔的命运。1988 年,海尔冰箱以最高分获得我国冰箱行业的第一块国家质量金奖。如今,海尔冰箱在世界冰箱行业销量第一,海尔集团也成长为世界第四大白色家电制造商。

三、事件营销的特点

与广告等其他宣传方式相比,事件营销具有明显的优势和特点,但也有其风险性。

---

① 资料来源:https://v.qq.com/x/page/u0344debx1x.html。

(一)收益率高

大量事实证明,好的事件策划在经费投入、公共关系目标实现方面,回报率要远远高于其他的宣传推广形式。事件营销最大的特点是无须为新闻媒体的宣传报道支付媒体版面费用,虽然大多数组织在进行公共关系策划时会列出媒体预算,但只要策划的事件有新意、有社会影响力,就能赢得免费的宣传机会,为组织节省一笔开支。

(二)渗透性强

事件营销与广告等其他传播形式相比,具有很强的渗透性。这种渗透性主要体现在两个方面:首先,事件营销主要吸引新闻媒体、自媒体公众自发自愿地对组织信息进行报道、宣传,属于没有利益关系的第三方,更具有客观性,他们传递的信息更容易获得公众的信任,更容易渗透公众的内心。其次,在媒体记者、编辑、自媒体公众自发参与传播的过程中,会对组织信息进行二次创作和加工,融入自己的态度和看法。甚至,由公众推动完成整个事件策划,即公众的参与构成事件策划中的一个环节。

(三)整合性强

事件营销集新闻效应、广告效应、公共关系效应、营销效应于一体。它可以整合组织、社会、消费者、媒体等各种资源和渠道,通过策划具有新闻价值的事件吸引媒体报道,吸引公众参与,进而形成口碑,达到建立、提升组织形象的目的。在进行事件策划时,公关人员应充分运用整合营销传播思维,把广告、公关、促销、媒体等一切传播手段和渠道都纳入事件营销的范围,以策划出新颖、有趣、吸引人的新闻事件,实现最优的传播效果。

(四)风险性

事件营销的风险性来自媒体的不可控性和接收者对信息理解的不确定性。媒体虽然主动对组织策划的事件进行报道,但报道的倾向性是不受组织控制的,媒体有自己的报道立场,有时未必能为组织“说好话”,加上采编记者的理解问题,可能无法达到组织预期的宣传目标。更为糟糕的是,如果策划的事件立意不够深远,主题出现偏差,媒体会从负面角度进行报道,给组织带来危机。在组织承担社会责任的一些策划中,公众一旦知道事情原来是组织的刻意策划,也会产生一定的反感和抵触情绪,从而引发争议。此外,由于个体在理解力、接受度上存在差异,公众对于组织的用意难免会出现认知偏差。公关人员在策划事件主题时,立意要清晰明了,避免出现歧义和误会。

第二节　事件营销的策略与方法

公关人员在策划新闻事件的过程中,常常会遇到一些挫折:费尽心思策划了新闻事件,准备了长达数页的新闻通稿,但是活动结束后却没有获得多少媒体曝光量,既没有预期的媒体报道,也没有预料中的网络热议,公众反应平平。或者,虽然媒体曝光量不错,但是媒体和公众关注的焦点与组织策划的新闻点发生了偏移。问题出在哪里呢?

事件营销在本质上是一种制造新闻事件的公共关系策划,既要遵循公共关系策划的基本原则和方法,也要遵循新闻生产活动的原则和规律。

一、符合新闻传播规律

新闻从加工到呈现在公众面前,有了诸多偶然因素,存在新闻自身的损耗。公关人员在开始策划事件之前,应当了解新闻生产、传播的一般规律,从而使策划的事件顺利进入媒体和公众的视野。

(一)符合新闻法规和相关法规条例

有些策划的事件虽然能吸引人的注意力,具有一定的报道价值,但是与新闻法规或政策抵触,涉及敏感话题、敏感词汇,一般很难成为公开的新闻。2015 年 11 月,新华社发布了《新华社新闻信息报道中的禁用词和慎用词》,对于社会生活类、法律类、民族宗教类、主权内容类、国际关系类的新闻报道限定了禁用词和慎用词。新修订的《中华人民共和国广告法》规定了广告中不得出现的内容和极限用语。此外,各大门户网站,微博、微信、抖音、小红书等网络平台也设置了违禁词。公关人员应了解、熟悉这些法规和条例,在提炼事件主题,撰写新闻通稿、宣传口号、宣传文案时,避开这些违禁词和慎用词。

(二)符合新闻采编人员的业务能力

新闻采编者的新闻敏感度、写作能力、编辑技巧、知识修养等都直接影响组织新闻目标的实现。公关人员策划的新闻事件要与新闻采编人员的业务能力相匹配,要符合他们的新闻选择标准和审美能力。当采编人员不能马上领会策划者的良苦用心,或是在采访、获得资料时遇到了困难,公关人员要尽可能解释、提供方便,可以事先准备好媒体通稿,方便采编人员及时捕捉事件亮点,准确把握策划要义,促使媒体朝着组织预期的方向进行宣传报道。

(三)符合受众的传播兴趣和理解能力

公众是有自己独特思维的人,他们在接收信息时是选择性地接收,在接收信息后会根据自己的理解和兴趣决定是否进行二次传播。公关人员在策划新闻事件时,要充分考虑公众的传播兴趣和理解能力。首先,策划的事件对公众具有吸引力,公众愿意在社交媒体上发起分享、评论和转发。策划者可以观察目标人群的网络分享日常,找到他们的共同兴趣点和关注点,有的放矢,这是事件策划成功的关键。其次,策划的事件公众能进行正确的理解和解读。公众在分享、传播事件信息时,常常加入自己的态度和想法,这时如果对组织的策划用意理解不当,发表不利于组织形象的言论,将损害组织形象。当公关人员无法判断公众是否感兴趣,是否能准确把握策划要义时,可以邀请部分公众进行效果测试,根据测试结果调整、完善策划方案。

(四)符合传播媒介的技术发展水平

传播媒介的技术水平和媒介质量也是影响组织新闻目标实现的因素。报纸印刷质量低劣,广播电视互动效果不佳,户外媒体表现形式单一,自媒体展示受限,这些都将影响传播效果。公关人员在策划新闻事件时,首先要考虑当前的媒介技术是否能实现信息传播需求,是否能完成预期的传播任务。其次,要考虑事件信息是否方便媒体记者和公众记录、获取、传播,例如摄像记者的镜头还没架好,新闻事件已经结束了,或是需要在特定的时间、位置,需要特殊的设备才能拍摄到事件信息。为了避免出现这样的情况,组织应提前安排人员进行记录,并把资料提供给媒体和自媒体大V,或是在网站、微博上发布活动相关图文、视频,方便媒体记者和公众下载、评论、转发。

二、寻找新颖的事件切入点

符合新闻传播规律是保证策划的事件成为新闻、获得媒体曝光量的最低要求。在信息爆炸的自媒体时代，要想吸引媒体报道、网络意见领袖背书、公众传播分享，光遵循新闻传播规律还不够。

根据事件营销的定义和内涵，策划的内容越是在心理上、利益上、地理上与公众接近，价值就越大；事件中出现的人物、地点本身知名度越高，价值越大；事件对社会产生的影响力、贡献越大，价值也越大；公众对新奇、反常、有人情味的东西感兴趣，能满足人们的好奇心和同情心，这样的事件也能打动人心。

除此之外，一个成功的事件营销还需要好的创意和切入点。下面，我们介绍几种常用的事件营销切入点。

（一）支持公益活动

公益切入点是指组织以关心人的生存发展、社会进步为出发点，借助公益活动与公众沟通，吸引公众注意，在产生公益效果的同时使公众对组织产生偏好，建立良好组织形象。随着社会的进步，人们对公益活动的需求越来越高，对身边的公益事件也越发关注，因此策划公益活动也越来越体现出巨大的新闻价值。

在巴西，成千上万的儿童和青少年遭受虐待和迫害。为了让社会重视这一问题并行动起来保护儿童，巴西一家关注儿童性侵犯的公益组织策划了“世界上最大的拥抱”，利用投影技术让海拔 710 米、高 38 米、重 57 吨的巴西明信片“耶稣像”作出拥抱的动作。这个活动经由一个网站现场直播后，在社交媒体上掀起了传播热潮，明星、网络意见领袖等纷纷加入支持该活动，短时间内在社交媒体上形成 80 万张视图、3000 多条推特信息，成千上万的巴西人加入了这项用拥抱展示承诺的运动，130 万家媒体进行了世界范围内的新闻报道。这个策划从公益视角切入，关注的问题具有社会意义和价值，作为巴西最著名的标志和世界七大奇迹之一，耶稣像本身自带流量，加上“耶稣像居然动了”的新奇性，发挥出巨大的新闻效应。（如图 9-3）

2019 年 7 月，蒙牛启动了“点亮一颗星，捐出一杯奶”公益策划，向偏远地区的学校捐献牛奶，并携手“青椒计划”助力乡村教育，活动期间累计形成千万级媒体曝光量，H5 上线 24 小时参与人数突破 15 万，新华网客户端、搜狐网、《经济日报》、中国经济网、金融界、财经第一号等媒体进行了相关新闻报道或转载，全网相关新闻条数超过了 280 万，该事件成为 2019 年最令人印象深刻的公关事件之一。（如图 9-4）

2019 年，美团助力国家扶贫计划，推出“助力高远美食消费”扶贫项目。该策划采用“以吃代捐”的公益新思路，借助 O2O 模式，一端连接高远贫困地区的农产品、贫困户、农产品供应商，一端连接美团点评的众多餐饮商户和广大美食消费者，通过公益套

图 9–3　巴西“世界上最大的拥抱”公益策划

图 9–4　蒙牛公益计划的部分媒体报道

餐助力扶贫农产品走向城市餐桌。这个活动引发人民网、新华网、《解放日报》、央广网等 22 家新闻媒体进行报道，成功入选“中网联 2019 网络扶贫”十大案例。

(二)借势热点事件

如前面章节所述,公关人员在构思策划主题时,可以从各类热点角度进行提炼。以热点事件为切入点,主要指组织及时抓住广受社会关注的热点事件来制造新闻事件,借助热点事件的新闻效应提升组织的曝光量和影响力。需要注意的是,借助的热点事件应具有社会价值,明星丑闻、灾难变故等负面事件或争议性事件,不宜用来借势。

2019 年是中华人民共和国成立 70 周年,全社会开展各类庆祝活动。全民 K 歌抓住这个契机,在国庆期间策划了"同唱一首歌,祝福新中国"献礼活动。因为庆祝中华人民共和国成立 70 周年活动本身具有较大的新闻价值,加上全民参与的活动设计,活动开始后,央视财经两微一端、央视财经频道等进行了专题报道,《人民日报》《新京报》《光明日报》、央广网等媒体也进行了相关报道,微博话题#全民同唱一首歌#阅读量将近 1 亿,活动的整体曝光量接近 8.5 亿。

奥运会等重要体育赛事也是组织可以借势的热点事件。2010 年,宝洁与国际奥委会签署了长达 10 年的战略合作协议,成为奥林匹克全球合作伙伴。宝洁把目光聚焦每一位奥运冠军背后的伟大母亲,以"感谢母亲"为主题开启奥运营销策划。2012 年伦敦奥运会举办前夕,宝洁在母亲节启动了"为母亲喝彩"大型活动,拍摄了活动宣传视频 *Best Job*(《最幸福的工作》),并通过特殊的"感谢母亲"礼物、"和奥运冠军一起为母亲喝彩"等活动,在线上、线下掀起全民感谢母亲的热潮,视频广告 *Best Job* 获得 2012 年戛纳广告节金奖,活动也入选 2012 年度体育营销十大经典案例。在中国,宝洁与腾讯视频合作,邀请刘翔、吴敏霞等奥运冠军制作电视节目《奥运父母汇》,展现奥运冠军背后平凡而伟大的母亲形象。2016 年里约奥运会开幕前 100 天,宝洁继续从感谢母亲切入,推出宣传片 *Strong*(《强大》),并在全网发起#感谢妈妈,我懂你的了不起#话题。据统计,自 2010 年以来,宝洁"感谢母亲"系列活动在全球范围内共产生超过 1000 亿次的媒体曝光量,并有 2 亿多人次参与其中。①

【链接】:2012 年伦敦奥运会宝洁"感谢母亲"宣传片 *Best Job*②

【链接】:2016 年里约奥运会宝洁"感谢母亲"宣传片 *Strong*③

---

① 宝洁. 感谢母亲[EB/OL]. (2022-10-10)[2023-03-01]. https://www.wenmi.com/article/pz50rp03u7st.html.

② 资料来源:https://v.youku.com/v_show/id_XNDIwNjAwMDgw.html?playMode=pugv&frommaciku=1。

③ 资料来源:https://www.iqiyi.com/v_19rt5bysb9.html?source=sports。

(三)让公众参与事件

即让公众加入事件策划,通过与公众之间的互动来推动完成整个事件。在自媒体时代,与公众互动已经成为事件营销的重要策划手段和方式。但是,要想吸引公众自发自愿地参与活动,成为事件的一部分,也不是件易事,需要一个强而有力的主题和创意。

国外有个修正液品牌叫 Tipp-Ex,它抓住产品特色 white and rewrite,以风行一时的猎人和熊的故事为主题,通过视频中的互动链接吸引公众用 Tipp-Ex“改写”猎人杀熊的故事,触发相应的视频传播,引起广泛关注。这个视频发布在视频网站 YouTube 上,公众打开视频先看到一个猎人,然后熊出现,猎人拿起枪,这时视频中出现两个选择:Shoot the bear(开枪打熊)、Don't shoot the bear(不开枪打熊)。如果点击不开枪打熊,视频右侧就会出现 Tipp-Ex 的产品页面。猎人拿起 Tipp-Ex,把视频标题“A hunter shoot a bear”中的“shoot”盖掉,让公众接下来自己书写猎人和熊之间的故事,然后点击旁边的播放键,就能看到相应的视频。这个策划上线后,大量媒体和网络意见领袖进行了报道、评论、转发,YouTube 上的视频观看总量超过 3.5 亿,Facebook、Twitter 的分享视频超过 38 万个,覆盖率达 217 个国家,直接使修正液的销量提升了 30%。(如图 9-5)

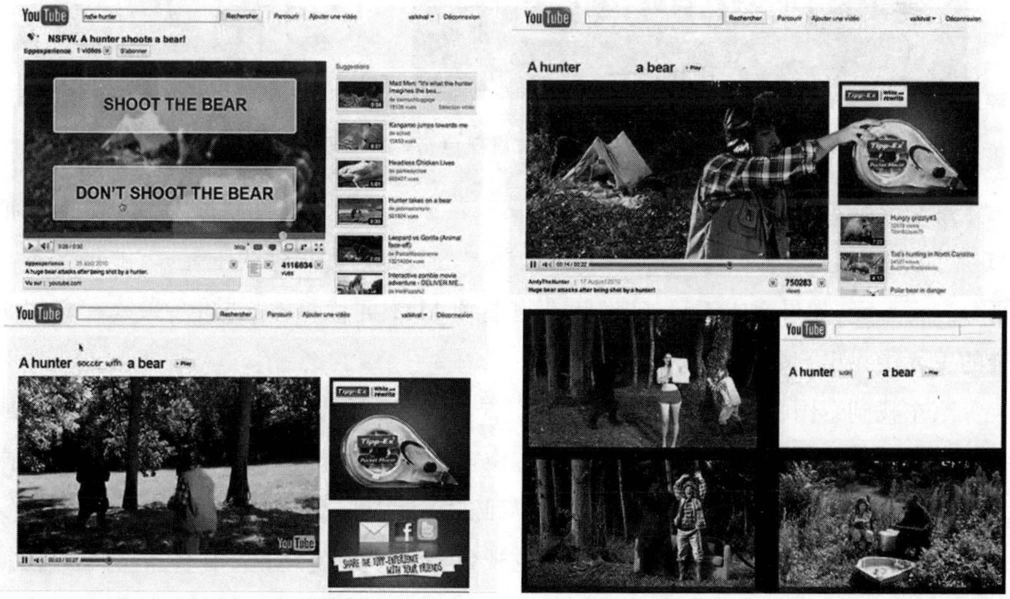

图 9-5　Tipp-Ex 修正液互动视频画面

2019年8月,香港极端分子无视《中华人民共和国国旗法》和香港特别行政区《国旗及国徽条例》的规定,在尖沙咀海港城降下五星红旗并拆下扔入海中,公然侮辱国旗。8月4日中午,央视新闻在微博发起话题#五星红旗有14亿护旗手#,并在客户端推出小程序"你是第几位护旗手"。截至8月5日上午7点,#五星红旗有14亿护旗手#阅读量达16亿,参与讨论人数超过660万,众多明星、社会名人、普通公众加入了护旗手行列。(如图9-6)

图9-6 央视新闻"五星红旗有14亿护旗手"互动策划

京东电脑数码的宣传口号是"玩所未玩",2018年"双十一"来临之前,京东把"玩"字拆开,发起了"一百万找王元做代言人"的策划。如果你叫王元,就能报名参与平分一百万元;如果不叫王元,转发活动也能领1111元优惠券大礼包;最终在获得奖金的王元中找出6个人做品牌代言人。

京东找到泰国团队拍摄了一支寻人广告《一百万元找王元》,在社交媒体上形成病毒式传播,加上平面、户外媒体等的全方位宣传,迅速掀起全民寻找王元的热潮。截至11月10日,共找到1008位通过实名认证的王元,将近10万人在社交媒体上转发了活动信息,北京电视台、广东网络广播电视台等媒体进行了相关报道,活动总曝光量达5000多万次,与公众的总互动量将近30万次。该策划凭借新颖有趣的创意和实际取得的传播效果,获得2019年的one show中华创意奖优秀奖、金投赏创意奖银奖和

4A 创意奖铜奖。(如图 9-7)

(四)创新表现载体

从创新性的策划原则来看,如果媒介渠道和创意表现形式足够新奇、新鲜,也能制造话题点,从而吸引媒体和公众关注。

1. 使用最新的媒介渠道

2010 年,宝马在新加坡的两座高楼上投放了亚洲地区第一个 3D 投影广告,吸引大量市民驻足观看。2017 年,可口可乐在纽约时代广场投放了世界上第一个裸眼 3D 广告,1760 块独立移动的 LED 屏幕随着广告画面有序地凸起或下陷,形成了类似水波纹的效果,创造了"世界上最大的 3D 自动广告牌""世界上第一台 3D 自动广告牌"两项吉尼斯世界纪录。这些"第一"的消息本身具有极强的新闻特性,势必会吸引媒体和公众的关注。(如图 9-8)

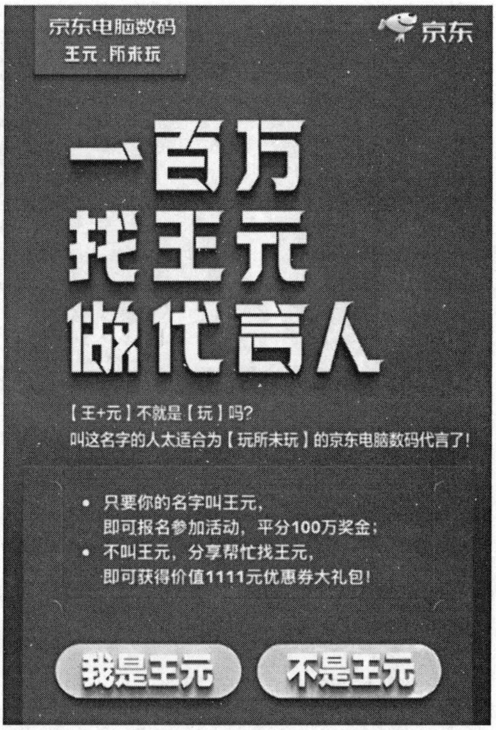

图 9-7 京东"一百万找王元做代言人"与公众互动页面

图 9-8 宝马投放的亚洲地区第一个 3D 投影广告

2019 年,华为为了宣传 Mate20 系列手机,在拥有世界上最大 LED 屏幕的世界第一高楼、高 828 米的迪拜哈利法塔上投放了一支长达 3 分钟的形象广告,惊艳了全世界。据传,这是因为华为和迪拜签署了 500 亿元的合作协议,迪拜赠送的一次宣传机会。2021 年,华为 P30 系列手机广告再次登上迪拜塔,"华为刷屏迪拜塔"再度成为微

博热搜话题。(如图 9-9)

图 9-9 华为在迪拜塔上投放的广告

2. 使用最新的媒介技术

为了宣传推广全新的“氢燃料,零排放”技术,奔驰公司在车辆的一面铺满 LED 显示屏,在另一面装备多台 SLR 摄像机拍摄影像。在汽车行驶过程中,SLR 摄像机将捕捉到的影像实时传输到另一侧的 LED 显示屏上,在视觉上打造了一辆与环境融为一体的“隐形车”。通过让这辆隐形车走街串巷,展现奔驰汽车对环境“零排放”的理念。(如图 9-10)

图 9-10 奔驰利用新技术打造的“隐形奔驰”

2022年8月,自媒体GQ实验室为资生堂150周年直播造势,用SVG交互排版技术创作了一则软文广告《红了!》。该广告用150句文案诠释150种不同的美,自动展开的SVG交互形式使传统的文字排版更具生动性和趣味性,自动弹出的短句式文案带给公众一种如同探险的参与式体验,让人耳目一新。这支广告推出后,很快刷爆了朋友圈。(如图9-11)

美

是

江

水

长

流

无

尽

时.

图9-11 资生堂的软文广告《红了!》

自河南卫视运用5G和AR虚拟技术打造"中国节日"系列节目爆火之后,"用高科技展现中华文化之美"成为制造流量、收获口碑的有效手段。2023年春节,美团优选运用现代视频技术,让《清明上河图》这幅900多年前的传世之作"动"起来。这幅动态的《清明上河图》启用《舌尖上的中国》制作班底进行形式和内容的呈现,从市井长巷的宏观镜头切入,随后转向微观镜头,伴随着《舌尖上的中国》解说员李立宏的倾情配音,将放鞭炮、摘车厘子、捞鱼、煮饺子等烟火人间最生动的细节一一展现在公众面前,带给人无与伦比的视听冲击力。

【链接】:美团优选形象广告《烟火》[①]

3. 使用街头快闪

快闪是21世纪初在国际流行开的一种嬉皮行为,网友通过短信、bbs约定一个指

---

① 资料来源:https://www.bilibili.com/video/BV1gx4y1g7ue/?spm_id_from=333.337.search-card.all.click。

定的地点,在指定的时间同时做一个指定的不犯法却很引人注意的动作,然后赶快走人。这在早期是年轻人表现自我、寻找归属感的集体行为,因其场面的热闹性和吸引人注意的特性,后来被越来越多的组织和企业效仿,成为公关人员策划新闻事件的常用手段之一。

TNT 电视台为了在比利时宣传新设的戏剧频道,策划了"We Know Drama"(我们懂戏剧)的街头快闪。只要按下街边的一个红色按钮,周围的演员就会奉上一场包含急救、飙车、枪战等各种元素的大规模快闪,让人身临其境地体验、感受真实的戏剧场景。(如图 9-12)

图 9-12　TNT 电视台比利时街头快闪

法国的 Tic Tac 推出了一款改善口气的凉爽糖,为了让大家了解随时保有好口气的重要性,Tic Tac 在法国街头策划了一场快闪活动。由一群演员扮演路人,当其中一个人假装问路碰上一个"口气不那么好闻"的人时,周围的人被熏得大面积倒下,广场的大屏幕上也出现各地的人接连晕倒的画面……正当人摸不着头脑的时候,倒在他脚边的路人拿出产品并对他说:"来颗 Tic Tac 吧。"当他吃下这颗凉爽糖时,所有人都苏醒了过来。(如图 9-13)

图 9-13　Tic Tac 法国街头快闪

【思考与实践题】

1. 请谈一谈你对事件营销内涵的理解。

2. 请举例说明事件营销的优势和风险。

3. 为了让策划的事件成为新闻，策划者应遵循什么样的新闻传播规律？

4. 策划新闻事件的切入点有哪些？请以其中一个切入点为例，为你所处的组织策划一个新闻事件。

第十章　危机公关

本章要点

1. 危机、公共关系危机、危机公关的基本概念
2. 公共关系危机的特征
3. 公共关系危机的类型
4. 危机公关的基本流程
5. 危机公关的原则

关键概念

危机；公共关系危机；危机公关；危机四阶段理论；公众策略；媒体策略；危机公关5S 原则

现代社会生活节奏越来越快，信息发达，企业竞争激烈，已经进入一个危机环伺的时代。在组织的生产经营过程中，决策失误、产品质量问题、组织行为违规、媒体信息误导等，会使组织陷入各种各样的危机。从公共关系的历史来看，公共关系就是在处理危机中诞生的，从艾维·李成功解决矿井坍塌事故，到爱德华·伯内斯帮助尼克松摆脱水门事件的阴影，正是这些危机的处理推动了现代公共关系的产生和发展。

危机不可避免，对于组织、企业和个人来说，树立科学正确的危机意识，掌握危机的处理方法和技巧，已成为一种必须修习的素养和技能。

第一节 公共关系危机概述

一、概念辨析

什么是危机,什么是公共关系危机,什么又是危机公关?三者是不同的概念。

(一)危机

所谓危机(Crisis),一般指潜伏的祸害或危险,也指由非正常因素引起的某种非常事态,例如令人感到危险的时刻,十分紧要、严重困难的危险关头。危机的外延十分广泛,可以是经济危机、社会危机,也可以是政治危机、军事危机等。

(二)公共关系危机

公共关系危机是一种特殊的危机,通常指突然发生的,由组织内外部因素引起的,严重影响组织的运转和声誉,使组织陷入舆论压力、困境的一种公共关系状态。这个状态如果不迅速改变,将威胁到组织的生存和发展。

与一般意义上的危机相比,公共关系危机“本质上是一种威胁性的形势、情境,或者状态”,“组织面临的挑战不单纯是一个威胁性事件,而是一种涉及内部与外部多重利害关系的复杂困境”。[①] 因此,公共关系危机指向的不是一个具体的危机事件,而是一种组织形象受到损害、发展陷入困境的公共关系状态。

(三)危机公关

危机公关是指组织为避免、减轻危机所带来的威胁和损害,有组织、有计划地制订和实施一系列的应对策略、管理措施,包括危机的规避、控制、解决以及危机解决后的复兴等一系列动态管理过程。

一个应对及时、管理得当的危机处理能够使组织转危为安,甚至可以将危机转化为机会。在现代社会,将公共关系危机转化为塑造组织形象的契机,是对组织公共关系工作能力和水平的最大考验。

---

① 胡百精.危机传播管理[M].北京:中国传媒大学出版社,2005:6.

二、公共关系危机的特征

一个组织面临的潜在性危机是多方面的，了解这些危机的特征和产生原因，可以帮助我们更好地识别公共关系危机，进而更好地防范和化解危机。

（一）意外性

几乎所有的危机事件都是在组织意料之外的情况下发生的，公共关系危机具有意外性的特征。危机一旦爆发，往往会令组织措手不及，因此组织要正确认识危机，积极面对危机，应建立危机预警、处理机制，把危机的防范、处理纳入日常的公共关系工作内容。这样，当组织出现危机事件时可以迅速、有序地启动危机管理程序，不至于使组织陷入混乱无序的境地，导致危机升级。

（二）聚焦性

危机发生后，媒体、政府、公众都会把注意力聚集到组织身上，希望组织作出回应，因此危机具有聚焦性的特点。在聚光灯下，组织的任何行为都会被放大，这对组织而言既是压力，也是机会。一方面，危机发生后组织成为众矢之的，动辄得咎，需要谨言慎行，统一信息发布口径，及时采取妥善的策略应对媒体和公众的质疑。另一方面，当危机得到有效控制，情势不再加剧时，组织也可以利用其聚焦性特点，抓住身处聚光灯下的机会，积极开展公共关系工作以修复、提升组织形象，实现转“危”为“机”。

（三）破坏性

危机事件不仅会损害组织的声誉和正常的生产经营秩序，给组织带来经济损失，还会给深陷危机的公众带来损失，严重的话还会危害社会，具有破坏性。危机越严重，破坏性越大，因此组织必须第一时间处理、遏制危机，以免危机恶化和升级。特别是公共安全危机，如果组织或政府不能采取及时、有效的处理措施，就会给社会和公众带来严重伤害，引发巨大的灾难。

（四）紧迫性

危机一旦发生，就会像病毒一样迅速扩散和蔓延，因此公共关系危机还具有处理的紧迫性。当危机发生后，组织应想尽一切办法控制事态的进一步发展，遏制危机的扩散范围。组织反应越迅速,越有利于危机的解决。特别是在自媒体时代,危机的扩散速度呈几何式增长,组织应利用微博账号、微信公众号等第一时间发声,尽快澄清事实,迅速抢占舆论主导权。

三、公共关系危机的类型

从成因来看,公共关系危机主要分为三种类型:

(一)由于组织行为不当引起的危机

这类危机通常由组织的过失引起,是组织确实存在和发生的一类危机。它一旦发生,会给组织形象带来巨大的损害和影响,严重的时候甚至会带来灭顶之灾。

组织的不当行为具体包括:

1. 组织管理混乱,引发工伤事故、生产事故。这类危机通常伴有人员伤亡,并可能引发一系列的连锁反应,是性质比较严重的一类危机。例如 2005 年 11 月 13 日,由于操作人员违反操作规程,中石油吉林分公司双苯厂发生爆炸事故,造成 8 人死亡,60 人受伤,并引发松花江水污染事件,给中石油和社会造成了巨大经济损失和社会危害。

2. 组织产品、服务质量不过关,所作承诺无法实现,甚至欺骗隐瞒消费者。例如曾轰动一时的巨能钙含双氧水事件、肯德基苏丹红事件、三鹿毒奶粉事件、强生毒胶囊事件等,这些被曝出的产品质量问题,都对组织形象带来了毁灭性的打击和影响。

3. 组织领导人言行失德,员工言行不当。2018 年 11 月 21 日,意大利服饰品牌杜嘉班纳(D&G)的联合创始人兼设计师斯蒂芬诺·嘉班纳(Stefano Gabbana)在社交平台上发布了涉嫌辱华的言论,引发巨大争议。第二天新华社发表评论"没有尊重,必犯众怒",痛批杜嘉班纳辱华事件,使杜嘉班纳形象受到重创。11 月 23 日,杜嘉班纳两位创始人发布了道歉视频,但事件的恶劣影响已然造成,直到三年之后,杜嘉班纳在中国的销量才有所回升。

4. 组织进行虚假宣传、不当宣传。元气森林是一个因"0 糖""0 脂""0 卡"而受到年轻人喜爱的饮料品牌,一直以来,在其乳茶产品广告中打出"0 蔗糖,喝了不怕胖"的宣传口号。但事实上,元气森林乳茶中所含的奶和果糖都含糖,热量并不低。知道真相后的公众在网上抗议元气森林的欺骗性宣传,给其健康饮料的形象带来了损害。2021 年 1 月,全棉时代发布了一则视频广告,一个女生深夜回家遇到黑衣人尾随,她拿出全棉时代的湿纸巾卸妆,用卸妆后的素颜吓跑了尾随者,视频还配了跟踪者看到女子素颜后发出的呕吐音效。该视频采用了不恰当的创意表现形式,故意丑化女性,拿性侵开玩笑,使全棉时代深陷侮辱女性的舆论风波。

5. 组织不能及时、准确地应对公众质疑。2021 年 9 月,劳斯莱斯邀请一对网红夫妻担任试驾嘉宾,并拍摄了一支宣传片。该宣传片上线后,引起劳斯莱斯车主的不满,认为这对夫妻平时言行不当,请他们代言拉低了劳斯莱斯的品牌形象。劳斯莱斯一开始并没有重视车主们的意见,反而悄悄关闭了微博账号的评论功能,致使负面舆论不断发酵和升级,给劳斯莱斯的声誉带来了损害。该事件最终以劳斯莱斯发表道歉声明并下架宣传视频结束。在 2021 年加拿大鹅消费者维权事件中,消费者因羽绒服的质量问题要求退货退款,却被告知中国大陆地区专卖店售卖的货品不能退款,这明显带有双标性质的更换条款遭到了公众质疑。面对舆论质疑,加拿大鹅依然傲慢地坚持更换条款不变,使其销量大幅下降,最终不得不取消了这条不合理规定。

(二)由于突发事件引起的危机

突发事件主要指由不可预料的外部力量引起的事件,例如天灾和人祸等。这类危机通常不以人的意志为转移,具有残酷性、不可抗性和无法回避性。组织在这类危机中虽然没有过失,但也需要及时采取应对之策,将突发事件对组织造成的伤害和影响降到最低,以免引发连锁反应,出现新的危机。

1. 由于天灾引起的危机

天灾主要指地震、洪涝、干旱、泥石流、海啸等自然灾害,由此引发的危机又叫灾害性危机。这是最可怕的一种危机,有些直接是毁灭性的,可以使整个组织、地区甚至城镇毁于一旦。有些会成为一个组织危机的导火索,例如:洪水来袭导致仓库被淹、产品受损,组织不能按期交货,面临赔偿、资金链断裂等危险;恶劣天气导致航班延误,大量旅客滞留机场,工作人员如果不能及时妥善地沟通信息、安抚旅客情绪,就会导致现场混乱、旅客不满,甚至爆发冲突事件。

2. 由于人祸引起的危机

人祸主要指突发性的经济危机、社会政治动荡,或与组织密切相关的人、事、物爆发出危机。例如,股市崩盘,区域性冲突和战争,组织领导人意外身亡或曝出负面新闻,组织的秘密配方、核心技术外泄,组织的生产设备、原料基地被毁,等等。这类危机一旦爆发,就会严重影响组织正常的生产和经营活动。

（三）由于失实言论引起的危机

这类危机对于组织而言，是飞来横祸，组织明明没有做错什么，却因为媒体和公众一些不负责任、故意抹黑的报道和言论，使组织的声誉和形象受到损害，进而威胁到组织的生存和发展。

1. 媒体的失实报道

公众对组织的了解和印象一方面来自组织自身的宣传，另一方面主要来自媒体。当媒体断章取义，甚至进行失实报道时，就会造成公众对组织的误解进而引发危机。20 世纪 90 年代，中国有一种人尽皆知的保健品叫三株口服液，1996 年曾经创下一年销售额 80 亿元的奇迹。然而就是这样一个处于事业辉煌期的品牌，却因为一篇媒体报道《八瓶三株喝死一位老汉》而直接走向了覆灭。在 90 年代，组织还比较缺乏危机公关意识，当“喝死人”的新闻曝光出来后，三株完全不知所措，在半年时间内眼看着销量急剧下降，直至破产。后来经过调查，老汉在死之前确实喝了三株口服液，但三株口服液并不是他致死的主要原因。然而，一切为时已晚，媒体不负责任的报道给了三株致命的打击。

2. 公众的不利言论

在自媒体时代，公众对组织的不利言论一旦形成舆论，不论组织做错与否，都会给组织声誉带来危机。2020 年 12 月，一位网友在抖音发布了一则宠物猫和主人互动玩闹的视频，视频中出现了“你能品味的历史”“国窖 1573”等字样，背景音乐也使用了“国窖 1573”的广告音乐。2021 年 3 月，泸州老窖起诉该网友，认为其视频侵害了泸州老窖的名誉权。法院经审理后认定该视频侵权行为成立，最终判决该网友向泸州老窖赔礼道歉并赔偿损失。这本来是泸州老窖一次正当的维权行为，却引发了网络热议，不少网友表示“泸州老窖格局太小”“大品牌仗势欺人”，一时把泸州老窖推上了舆论的风口浪尖。泸州老窖虽然赢得了名誉权官司，却因为公众的不认同言论，而使声誉受到损害。

3. 竞争对手的恶意诋毁

组织的竞争对手在媒体上恶意散播谣言，损害组织的形象和声誉，组织如果不能及时正面发声，抢占话语主导权，也会陷入形象危机。2003 年非典危机暴发初期，我国尚缺乏与全球化进程相适应的公共危机管理意识，当人们急需了解疫情信息时，国内主流媒体却“集体失语”，这给国外一些媒体对中国进行大肆抹黑和不实报道创造了机会,使中国的国家形象严重受损。当下,依然有一些外部媒体发布恶意诋毁中国的言论,这需要我们在国际舞台上不断加强话语权建设,提升我们的国际传播能力,讲好中国故事,传播好中国声音,给世界呈现一个真实、立体、全面的中国。

第二节　危机公关的流程

1986 年,斯蒂文 · 芬克(Steven Fink)最早提出了危机发展的四阶段理论(如图 10-1)。[①] 他认为,一次危机从开始到结束,经历四个发展阶段:

第一阶段是危机潜伏期。这是处理危机的最佳时期,但是最不容易让人发现,需要组织决策者具有敏锐的危机意识,尽早察觉危机苗头,防范危机。

第二阶段是危机突发期。这一阶段危机急速发展,态势日趋严重,组织面临巨大的威胁和压力。危机的突发性和意外性,往往把组织打个措手不及。组织最先从媒体那里得知事件的信息,来自媒体、消费者、股东和政府部门的质询不断涌来,组织失去与外界沟通并采取有效措施的信息和能力,谣言四起,事件失控,危机升级。

第三阶段是危机蔓延期。这个阶段持续时间较长,组织一方面调查情况,收集信息,另一方面制订危机管理计划,采取措施控制危机,纠正危机造成的损害。

第四阶段是危机解决期。组织从危机影响中解脱出来,一方面积极制订策略,尽快恢复危机造成的形象损失,另一方面保持警惕,谨防危机卷土重来。

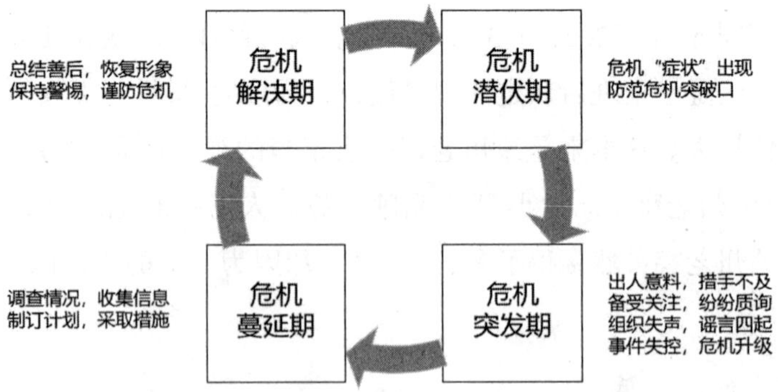

图 10-1　斯蒂文 · 芬克提出的危机发展的四个发展阶段

---

① 吴宜蓁. 危机传播[M]. 苏州:苏州大学出版社,2005:25.

斯蒂文·芬克的这个危机四阶段理论,为我们提供了危机从起源、发展到解决的循环发展过程。据此,我们可以将危机处理的流程划分为三个阶段,分别是危机前的防范阶段、危机中的处理阶段、危机后的善后阶段。这三个阶段之间构成一个动态循环的危机管理过程。(如图 10-2)

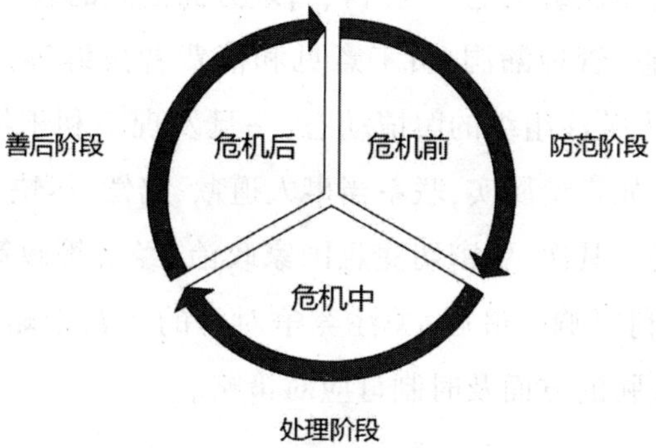

图 10-2 危机处理的流程

一、危机防范阶段

危机虽然无法预料,也不可避免,但是大多数危机在爆发之前都有"征兆"浮现,如果组织能及时地发现这些征兆并采取有效的措施,就能将危机扼杀在摇篮里。在危机防范阶段,危机管理的目标就是建立危机预警系统,在危机初现征兆、初见端倪时采取有效的介入手段和遏制措施,将其扼杀在萌芽状态,尽可能不让危机发生。

在危机突然迸发之前,组织应协同各个管理部门,做好下面几项工作:

(一)成立危机管理小组

危机管理小组既是智囊团,也是作战指挥中心。危机管理小组的成员一般包括组织领导人、管理部门主要负责人、组织发言人、危机公关人员等。危机管理小组对内主要负责危机发生时各项工作的协调、指挥和政策咨询,也负责监督危机处理工作的有序开展、危机公关策略的正确实施;对外主要由组织发言人发布信息,应对媒体和公众。发言人最好由组织的领导层或管理层人员担任,他熟悉组织运作并能解释组织立场,具备与媒体记者打交道的丰富经验,待人平和、真诚、稳健,给人以信赖感。

(二)制订危机预警方案

危机预警方案的内容包括危机管理小组名单;危机发生时组织应遵守的工作理念

和准则;危机处理的总体工作步骤和责任要求;危机发生时的紧急联络机制和联系网络,包含组织发言人、媒体联系人员、媒体列表等;危机预演的组织与实施办法;等等。

(三)监测组织内外部环境

对内,公关人员应加强组织生产、经营、管理方面信息的收集与分析,早发现问题,早干预。对于安全隐患、管理漏洞、员工意见和消费者投诉等,应及时、妥善地处理。对外,首先,要安排专人关注组织的舆情动态,一旦发现不利于组织的言论,第一时间核查情况,及时上报。如言论属实,联系当事人道歉、赔偿,尽快平息言论;如言论不属实,及时发声澄清事实。其次,要密切注意国家政治、经济等政策的变化,分析其对组织发展可能带来的不利影响。最后,关注竞争对手的经营策略、市场策略、宣传策略等,对于给组织带来威胁的方面及时制订应对策略。

(四)预测潜在的危机

根据监测到的组织内外部环境,公关人员要预测可能发生的各种危机情况。首先,对这些潜在的危机进行分类,根据其性质、影响范围、媒体反应、公众反应等进行预判和分析。其次,给每一类潜在的危机设计问题,拟定具体的工作步骤和应对策略,形成一般性危机处理方案和特定的危机处理方案。

(五)实战演练

针对不同类型的危机,进行公共关系危机处理流程的模拟演练。通过演练强化组织的危机意识,检验组织应对真正危机的能力,并不断修正、完善危机处理方案。

【延伸阅读】

伟达国际公关顾问公司(Hill & Knowlton)《危机应急方案演习的十大原则》①

1. 事先明确目标,了解有关各方的期望,抓住重点问题。

2. 事先统一评估演习的标准。

3. 寻找系统内的弱点,而不是优点。因而在设计演习时要有明确的客观性,而不是仅仅依靠制订计划的部门。

4. 将重点放在最坏的可能上,而不是最简单的可能上。要知道,很多公司对处理“大问题”做好了准备,最终却因长期积累的问题带来的接连打击而被击倒。

---

① 郭惠民. 危机管理的公关之道[M]. 上海:复旦大学出版社,2006:92-93.

5. 对公司及其产品和运营环境做仔细调研。例如,处理单独的一个事件是一回事,但是,如果相似的事件不断发生,那么,公司的运营环境就会发生变化。

6. 要正确认识公司外部人员在处理危机时的作用,如紧急援助人员及政府管理人员。不要假设公司管理层能完全控制自己的命运。

7. 要认识到,无论公司内部的系统如何完善,外部社会——媒介、立法者、消费者、员工家庭、社区等——也需要考虑,因为他们经常会左右一场危机的发展趋势。

8. 在演习中,要对危机管理小组的决定作出反应,要“重温”。有些决定会在未来把公司带入一场新的危机。

9. 对演习要有控制。要保证不直接参与演习的员工不会认为模拟的情形真的发生了;否则演习很可能演变成一场真正危机的导火线。演习出问题的例子很多,真的有人受伤,产品真的被召回,由于错误的信息导致股价真的下降,等等。

10. 演习的设计应使涉及危机的各个善后工作小组都有机会一起工作。这也许是他们能看到事件“全景”的唯一机会。

二、危机处理阶段

在危机潜伏期,如果危机没有得到有效预防和遏制,就会在酝酿到一定阶段后突然迸发,使组织遭受不同程度的损害。在危机处理阶段,危机管理的目标是整合所有渠道和资源,全面运用公共关系策略,有目的、有计划地与内部公众和外部公众进行沟通,纠正危机对组织造成的损害。

在这个阶段,正确应对公众和媒体是组织控制舆论、化解危机的关键。

(一)公众策略

在危机中,组织需要面对四类公众:员工、利益相关者、上级主管部门、普通公众。沟通对象不同,组织采取的沟通策略也不同。

1. 内部员工的沟通策略

(1)统一口径

危机发生后,组织应尽快了解、判明情况,以内部邮件、会议、公告等形式通告全体员工。通告内容包括发生了什么事、组织遭受的损失和面临的危机、接下来的危机处理方案、需要员工配合的工作内容,等等。发布通告的目的是在组织内部统一口径,共同行动。

(2)奖惩有度

在危机处理过程中,组织要奖励有功人员,处罚事件责任人,并通告相关部门。对于及时采取有效措施,遏制事态进一步扩散的员工,应予以物质奖励或职务提升,以鼓舞士气;对于因擅离职守、监管不力、言行不当等行为而导致危机发生、扩散的员工,应予以处罚,以平息众怒。这样做有利于组织在危机处理过程中求得内部员工的理解、支持和合作。

2. 利益相关者的沟通策略

利益相关者主要指受到危机影响的受害者及其家属。他们是危机处理阶段最重要的一类公众,也是最难沟通的一类公众。

(1)及时道歉

危机发生后,与事件相关的公众在经济、情感等方面受到不同程度的伤害和损失,组织应以最快的速度与之联系、接触,诚恳道歉,首先在态度上表达组织的歉意和接下来解决问题的诚意。

(2)不辩对错

在沟通过程中,组织要认真倾听利益相关者的倾诉,全面了解他们的受害情况和诉求。这时候不要争辩“谁对谁错”,即使组织没有过错,也应先暂时保持沉默,让公众的不良情绪得以纾解、发泄,设法使其情绪向有利于组织解决问题的方向转化。

(3)坦诚相告

在利益相关者的情绪稳定之后,组织应主动、开诚布公地把事件真相告诉受害者及其家属,以求得他们的原谅。这时组织应将已经掌握的情况据实告知,不应有所隐瞒甚至撒谎,否则一旦真相被披露,矛盾升级,组织将彻底失去利益相关者的信任,不利于危机的解决。

(4)令其满意

在安抚受害者及其家属情绪的过程中,组织应尽量让对方感到满意。在满足其经济方面的赔偿要求之外,言语上尽可能地给予安慰和同情,行动上尽力提供对方需要的服务,例如安排车辆接送、提供餐食住宿等。

(5)专人接触

与利益相关者沟通感情、化解矛盾,不是一次两次就能解决的,需要多次的接触与联络。在整个危机处理过程中,组织应安排专人与利益相关者接触,这样更利于建立信任感。如果经常更换人员,一来让人觉得组织不够重视,二来之前建立起来的情感基础也不能继续发挥作用,新的工作人员得从头开始做工作以获取信任。此外,专人更能全面把握细节与进度,更利于达成最终的沟通目的。

3. 上级主管部门的沟通策略

与上级主管部门沟通的目的是重获信任和支持。按照危机处理的流程,组织应主动联系上级主管部门,做好三项沟通工作:

(1)及时上报

危机发生后,组织应及时、准确地上报信息,不瞒报,不误报。特别是涉及公共安全的危机,一定要第一时间如实上报,等待上级主管部门的工作指示。

(2)及时联系

在危机处理过程中,组织应与上级主管部门保持联系,一方面可以主动汇报事态的发展和处理进展情况,另一方面可以争取主管部门的指导和支持。

(3)及时总结

危机得到妥善处理之后,组织应及时总结危机的产生原因、处理过程、工作经验及今后的预防整改措施,形成报告后提交上级主管部门审核。

4. 普通公众的沟通策略

对于普通公众,组织在沟通过程中应始终坚持"公众利益至上"原则。

(1)保障公众的知情权

危机爆发后,人们急于了解真相,想知道危机会不会对自己造成影响。首先,组织应及时召开新闻发布会或在媒体发表声明,告诉公众发生了什么,为什么会发生,接下来打算怎么办,尽快消除公众的疑虑和担心。其次,要畅通与公众之间的沟通渠道,积极回应公众质询。可以安排专人 24 小时接待公众的来电、来访,回应要及时,接待要热情,不要用"无可奉告"等搪塞拒绝,更不能恶言相向。

(2)满足公众的利益期待

在危机处理过程中,组织应站在公众的角度沟通问题,制订对策,应使危机解决方案与公众的利益保持一致。解决方案越能满足公众的利益期待,越利于危机的解决。这在短期内虽然会使组织蒙受一定的损失,但从长远来看,对于修复组织形象、重获公众信任是大有裨益的。

(二)媒体策略

严格来说,媒体也是危机中组织需要面对的一类公众。作为沟通组织与公众的桥梁,媒体在危机管理中发挥着至关重要的作用。可以说,所有的公共关系危机几乎都是始于媒体,终于媒体。在危机中,组织应建立可靠的信息中心,与新闻媒体保持密切、良好的关系,使媒体为组织所用。

在危机的不同发展阶段,组织应对媒体的工作重点有所不同。在危机潜伏期,组织的工作重点是监视媒体,通过全天候的媒体监测,及时发现对组织不利的新闻报道并联系处理。在危机处理阶段,危机突发期和蔓延期的媒体工作重心也略有不同。

1. 危机爆发初期的媒体策略

在危机爆发初期,组织的工作重点是积极面对媒体,主动发声;澄清负面报道,阻断流言。在此基础上,获取媒体的信任和支持。

(1)理性对待媒体批评,积极回应媒体质询。危机发生后,组织应尊重媒体记者的工作和他们探寻真相的敬业精神,不要与之发生冲突。美国强生公司曾提出一套有礼有节应对媒体的策略:当电视台的转播车已经停在了公司前的草坪上时,门卫要把记者引荐给组织的传播部门,允许摄像记者拍摄会场、餐厅等画面,但是鉴于有些资料可能被竞争对手获取,不允许拍摄组织的办公区域。

(2)主动向媒体提供事件信息,抢占话语主导权。这是快速阻断流言和虚假不实信息的有效手段。詹姆斯·格鲁尼格曾指出,如果组织拒绝将已知的信息披露给媒体,“记者们就会去寻找其他的消息来源,而这些消息来源可能对企业的态度更不友好”。①

(3)遵循“快讲事实,慎讲原因”的发布原则。危机爆发初期,组织还来不及掌握危机发生的原因和细节,这时可以先告诉媒体发生了什么,组织已经做了什么,接下来会做什么,并承诺待事件真相查明,会第一时间公布调查结果。不要因为事件还没调查清楚就不发声,延误遏制流言的时机。

2. 危机处理时期的媒体策略

在危机处理过程中,组织的媒体工作重点是控制舆论,引导媒体舆论朝着对组织有利的方向发展。

(1)查明事件真相,核对各种事实材料,统一信息发布口径。

(2)召开新闻发布会,提供事实真相,公布事件调查结果。

(3)跟进、整理各类媒体在新闻发布会后的报道情况,把握舆情动向。

---

① 郭惠民.危机管理的公关之道[M].上海:复旦大学出版社,2006:107.

(4)有针对性地开展公共关系工作,直至没有新的负面新闻点。

3. 应对媒体的几个注意事项

在对外发布信息的过程中,为避免进一步扩大危机的波及面和事态,组织还应注意以下几个问题:

(1)不要让员工私下接受媒体的问询和采访。

(2)不要发布尚不了解、没有经过核实确认的信息。

(3)不要发布侵犯他人隐私、涉密、敏感、引发争议的信息。

(4)不要弱化问题或企图回避关键问题,公众的眼睛是雪亮的。

(5)不要让媒体来披露一个又一个新问题,使组织陷入被动境地。

(6)不要在危机尚未得到解决的情况下就急于推销组织的产品或服务。

三、危机善后阶段

在危机善后阶段,组织的危机管理目标是从危机中寻得转机、生机,使组织获得新的发展。

(一)总结经验教训,完善危机处理方案

危机成功解决之后,组织要进行全面的评估和总结。对于引发危机的过失行为、管理漏洞等,应加强教育管理和制度管理,使组织尽可能远离类似的风险和威胁根源,避免危机再次发生;对于危机处理中的有效经验和失败做法,应写入组织的危机处理方案中,成为今后正确应对危机的工作指南。

(二)重组组织机构,使组织更好应对危机

危机爆发后组织陷入一片混乱,事态失控,谣言四起,危机升级,这样的组织往往缺乏危机预警意识和专门的危机处理部门。危机化解之后,组织应根据实际情况组建一个全新的危机管理部门或危机公关团队,把危机预警纳入组织的日常管理体系。

(三)重塑组织文化,使员工更团结奋进

组织经历过一次生死危机,上至管理层,下至普通员工,都会树立起牢固的危机意识,并能深切体会“一损俱损”的道理。当危机来临,如果组织成员不能众志成城共渡

难关,所有人的利益都会受损。组织应利用刚发生的危机重塑组织文化,将危机意识、团结意识融入组织文化,促使组织成员更加团结奋进。

(四)转危为机,修复组织形象

危机中,危机的聚焦性特点使组织受到更多的关注。危机过后,组织应抓住身处舆论中心的优势,趁热打铁,有针对性地开展公共关系活动,尽快修复危机中受损的组织形象。此外,组织应根据危机症结,尽力消除自己在生产、经营、管理方面的隐患和缺陷,于危机中寻找良机。例如,一个组织因为产品售后问题引发了危机,危机后,组织举全力加强售后服务网络的建设,反而形成了自己的特色,在公众心目中建立起售后服务好的形象。

第三节 危机公关的原则

2005 年 4 月,英国《旗帜晚报》刊登了一则报道:包括高露洁在内的十多种超市商品含有三氯生。三氯生会和自来水中的氯生成三氯甲烷,而三氯甲烷被美国环保署列为可能的人类致癌物。到 4 月中旬,国内多家媒体都转载了这篇报道,引起了“高露洁牙膏含致癌成分”的社会恐慌。当时新浪网发起了一项网上调查,有 6 万多人参加,90%以上的人表示将不再使用高露洁牙膏,高露洁陷入了巨大的信任危机。

危机发生后,广州高露洁棕榄公司第一时间在《南方周末》上发表声明:高露洁牙膏安全、有效,并表示,接下来会对媒体和公众做更详细的说明。4 月 27 日,高露洁召开大型新闻发布会,150 多家媒体到场。高露洁亚太区总裁、副总裁,广州高露洁棕榄有限公司董事长等都出现在了新闻发布会现场。在新闻发布会上,高露洁出示了全世界 30 多家牙医协会盖章认证的材料,证明牙膏的安全性,并承诺高露洁牙膏经过了多次试验,在任何情况下都不会产生有害物质。此外,由于这场危机是由英国《旗帜晚报》的报道引发的,而这篇报道又是记者根据美国弗吉尼亚工学院一位研究者的论文而撰写,在新闻发布会现场还播放了那位研究者的一段采访录音。研究者在录音中表示,他的研究只是关于自来水和含有玉洁醇的清洁剂之间的化学反应,并未涉及牙膏,《旗帜晚报》的报道是对他研究的过度反应。

以上是危机发生后组织标准化的处理办法:迅速反应,发表声明;召开新闻发布会,提供事实材料,澄清误会。为了进一步建立信任,高露洁接下来还积极地与中国的专家学者、政府官员进行沟通，请他们证实牙膏的安全性。至此，高露洁牙膏含致癌成分的危机基本得到了解决。应该说，高露洁的这次危机公关是十分成功的，为我们提供了很好的危机公关范本。

在国外，哈伦·特勒(Harlan Teller)曾提出"危机处理十大准则"，分别是：(1)承担责任；(2)认清负面报道与危机的区别并作出相应反应；(3)进行调查研究，以决定如何作出反应；(4)聘用并使用第三方来为你说话；(5)视媒体为沟通的渠道，而非仇敌；(6)做好可能打官司的心理准备；(7)要像对待传统媒体一样密切关注网络媒体；(8)要表现出你的关注、关心和善解人意；(9)认真对待事件发生后的头 24 小时；(10)现在就开始启动你的危机管理计划，采取必要措施营建自己的信誉资产。①

在国内公关界，很多组织在处理危机问题时都会遵循一个 5S 原则，高露洁在危机发生后采取的一系列做法，也基本符合这个 5S 原则。(如图 10-3)

图 10-3　危机公关 5S 原则

一、承担责任原则(Shoulding The Matter)

危机发生后，组织应抓住公众的诉求和心理，主动承担责任。危机中，公众普遍关心两个方面的问题：一是利益问题。利益是公众关注的焦点，对于利益受损的公众，组织应在物质层面做好补偿工作，淡化矛盾。二是感情问题。公众的感情是脆弱的，组织应尽力做好致歉、安抚工作。在危机爆发初期，即便组织在危机事件中不负有主要责任，也应拿出主动承担责任的态度，站在受害者的立场表示同情、理解、安慰，赢得公

① 郭惠民. 危机管理的公关之道[M]. 上海：复旦大学出版社，2006：169-171.

众的信任。这时千万不要选择与公众对抗,更不要与公众辩论对错,那只会让事态变得更糟。

二、真诚沟通原则(Sincerity)

组织处于舆论漩涡之中,一举一动都将接受媒体和公众的检视,因此不能心存侥幸,企图蒙混过关,要与媒体和公众真诚沟通,求得谅解。首先,要说真话,这一点至关重要。我们会原谅一个人的错误,但不会原谅一个人说谎。组织应正视问题和错误,积极整改,避免欺骗和隐瞒。其次,请组织重量级人物出面沟通。比如高露洁的新闻发布会上,亚太区总裁、副总裁,广州高露洁棕榄公司董事长均到达现场,这能充分展现组织的诚意。最后,给予公众承诺。包括组织的补偿、善后处理办法,组织的整改措施,组织的信条、服务宗旨等。

三、速度第一原则(Speed)

好事不出门,坏事传千里。自媒体时代,坏消息会像病毒一样以裂变方式高速传播。首先,组织应抓住危机发生后的"黄金一小时",快速发声,抢占话语主导权,这样才能有效遏制网络流言和虚假不实信息,防止危机扩散升级。在高露洁的危机公关案例中,高露洁第一时间在《南方周末》上发表声明,有效地控制了事态的进一步恶化。其次,组织应迅速整合资源,采取公关手段控制舆论,化解危机。危机越早解决,越利于组织减少损失,恢复形象。

四、权威证实原则(Standard)

寻求权威公正的第三方支持,可以有效消除公众的戒备心理,有学者把这种做法称为建立"危机策略联盟"①。比如在高露洁案例中,请引发危机的源头——那位研究者澄清误会,出示牙医协会的认证材料,请中国学者和官员证实高露洁牙膏的安全性,都是在发挥第三方效应,使组织的信息更具权威性和可信度。在危机处理过程中,组织要充分挖掘可用的第三方资源,让其为组织发声,这样更容易获取公众的信任。

---

① 吴宜蓁. 危机传播[M]. 苏州:苏州大学出版社,2005:40.

五、系统运行原则(System)

系统运行原则主要指在危机管理过程中,组织应建立系统思维,从危机防范、危机处理到危机善后进行系统化运作,不要顾此失彼,导致危机扩散。在危机爆发之前,组织组建危机管理小组,做好危机防范工作,冷静面对危机;危机发生后,迅速启动危机处理方案,危机管理小组果断决策、指挥作战,对内统一观点,稳住阵脚,对外最大限度调动资源控制舆论,连同新闻媒体、政府部门、行业协会、同行企业等一起对抗危机;危机得到控制后,找到危机的症结,对症下药,防止引发新的危机。由此对组织危机实行动态循环、系统化的管理过程。

六、艰难的"承担责任"

在5S原则中,有一个原则尤其关键,也最难把握,就是承担责任原则。为什么这么说?因为承担责任是一个道德指标,评价的主体是公众。

2009年7月,有人在网上晒出中石化新装修的大楼里价值1200万元的吊灯,引发公众对"中石化天价装修"的质疑。事件发生后,中石化第一时间在网上公布了吊灯的价格,解释吊灯价格不属实,然后解释了大楼为什么要装修:办公区已经不能满足现代抗震要求,消防设施老化,存在安全隐患,并表示可以接受有关部门的监督和审查。

中石化的危机处理遵循了速度第一原则,也与公众沟通了装修的必要性以及网上信息不实。可是公众并不买账,认为中石化在狡辩、逃避责任,媒体也痛批中石化缺乏社会责任感。中石化的公开声明不仅没有平息舆论,反而导致舆论升级了。中石化错在哪?

承担责任原则告诉我们要关注公众的利益和感情问题,显然,中石化在公开声明中并没有沟通好这两个问题。首先,在利益问题上,中石化没有抓住公众真正的利益需求。公众质疑和反感的是装修吗?不是。公众真正在意的是中石化油价太高,质疑中石化只顾自己享乐却不为老百姓着想。其次,在感情问题上,中石化也没有回应公众的情感需求,既没有安抚公众的不满情绪,也没有展现出服务于民的服务态度,只是一味地解释自己没有做错。这样的声明自然不能被公众所接受。

2008年5月12日,汶川大地震发生,社会各界人士纷纷捐款捐物,支援灾区。在这一具有巨大社会影响力的灾害性危机中,一些组织因捐款博得了慷慨解囊的好名声,例如捐款1亿元的王老吉,但也有一些组织却陷入"捐款门"风波中,例如万科集团。

汶川地震发生当天,万科捐款220万元,随后网上出现了质疑万科捐款太少的言论。5月14日,万科集团董事长王石在自己的新浪博客连发两篇文章回应网上的质疑和批评,并于15日再发博文解释"220万元是个适当的数额""万科普通员工的捐款以10元为限",致使事态不断扩大和恶化,万科形象严重受损。迫于舆论压力,5月21日,万科宣布以1亿元资金参与四川地震灾区重建,王石第二日在接受凤凰卫视采访时就"捐款门"事件公开道歉。

王石又做错在哪?作为一个冷静而理性的企业家,他发表言论"不要泛慈善化""企业的捐赠活动应该可持续"并没有错,但在"5·12大地震"背景下,捐款已经不再是单纯的慈善活动,捐款数额已经被公众直接与"愿不愿意救人"画上了等号。地震发生当天,万科除了捐款,还成立了抗震救灾应急工作小组,发布了《关于做好地震安全防范应对措施的指引》工作手册,万科的工程专家也在第一时间赶到灾区,对灾区住房进行抗震的全面监测。万科其实做了很多实事,这应该是王石回应公众质疑时沟通的重点,以突出万科作为房地产企业承担责任的形象,而不是反复解释"为什么捐款数额是220万元"。在灾难和死亡面前,这样的解释只会给公众造成万科漠视生命的负面印象。王石犯了与中石化一样的错误,他在博客文章中也没有与公众的利益和情感进行有效沟通,没有表现出尊重生命、生命无价的态度。

从以上两个案例可以看出,组织要想在危机中建立承担责任的形象,必须重视公众的利益诉求和情感需求,并且与公众的沟通逻辑要符合公众期待。面对公众的质疑,组织应从公众的利益诉求和情感需求出发,给予承诺,安抚情绪,而不是与公众直接辩论对错。

【思考与实践题】

1. 公共关系危机与普通危机相比,有何不同?

2. 公共关系危机有哪些类型?请分别举例说明。

3. 在危机防范阶段,组织要做好哪些工作?

4. 事故发生后,组织应该如何与受害者及其家属沟通?

5. 在危机公关5S原则中,为什么说承担责任原则是最难把握的?

6. 请结合某个危机公关案例,谈一谈你对危机公关的认识。

主要参考书目

卡特里普,等. 公共关系教程[M]. 明安香,译. 北京:华夏出版社,2001.
卡特里普. 公共关系史:17-20 世纪[M]. 纪华强,焦妹,等译. 上海:复旦大学出版社,2012.
伯内斯. 美国公共关系发展史[M]. 崔宝瑛,译. 台北:中国公共关系协会,1964.
狄思达,福雷斯特. 公共关系手册[M]. 成立,等译. 北京:社会科学文献出版社,1989.
纽森,等. 公共关系精要(第六版)[M]. 大连:东北财经大学出版社,1998.
艾·里斯,劳拉·里斯. 广告的没落,公关的崛起[M]. 寿雯,译. 太原:山西人民出版社,2009.
马可尼. 公共关系:实践与案例[M]. 赵虹君,魏惠琳,译. 北京:电子工业出版社,2008.
杰弗金斯. 实用公共关系学[M]. 徐百益,译. 上海:上海翻译出版公司,1988.
杰弗金斯. 最新公共关系技巧[M]. 夏晓斌,等译. 北京:北京大学出版社,1992.
阿克,乔基姆塞勒. 创建强势品牌[M]. 李兆丰,译. 北京:机械工业出版社,2012.
阿克,乔基姆塞勒. 品牌领导[M]. 耿帅,译. 北京:机械工业出版社,2012.
鲁蒂诺,格雷博什. 媒体与信息伦理学[M]. 霍政欣,等译. 北京:北京大学出版社,2009.
王乐夫,等. 公共关系学[M]. 沈阳:辽宁人民出版社,1986.
熊源伟. 公共关系案例[M]. 合肥:安徽人民出版社,1993.
翟向东. 中国公共关系教程[M]. 北京:中国商业出版社,1994.
居延安,等. 公共关系学(第三版)[M]. 上海:复旦大学出版社,2005.
纪华强. 公共关系的基本原理与实务[M]. 北京:高等教育出版社,2006.
余明阳,等. 公共关系策划学[M]. 北京:首都经济贸易大学出版社,2006.
余明阳. 中国公共关系史:1978-2007[M]. 上海:上海交通大学出版社,2007.
李道平,等. 公共关系学(第三版)[M]. 北京:经济科学出版社,2008.
张克非. 公共关系学(第三版)[M]. 北京:高等教育出版社,2014.
陈先红. 现代公共关系学(第二版)[M]. 北京:高等教育出版社,2017.

周安华.公共关系:理论、实务与技巧(第6版)[M].北京:中国人民大学出版社,2019.
胡百精.危机传播管理[M].北京:中国传媒大学出版社,2005.
胡百精.公共关系学[M].北京:中国人民大学出版社,2008.
胡百精.中国公共关系史[M].北京:中国传媒大学出版社,2014.
崔宝瑛.公共关系学概论[M].台北:台北市新闻记者公会,1966.
吴宜蓁.危机传播[M].苏州:苏州大学出版社,2005.
郭惠民.危机管理的公关之道[M].上海:复旦大学出版社,2006.
王永嘉.事件管理[M].北京:清华大学出版社,2005.
金旗奖编委会.2017最具公众影响力公共关系案例集[M].北京:中国财富出版社有限公司,2018.
金旗奖编委会.2018最具公众影响力公共关系案例集[M].北京:中国财富出版社有限公司,2019.
金旗奖编委会.2019最具公众影响力公共关系案例集[M].北京:中国财富出版社有限公司,2020.
金旗奖编委会.2020最具公众影响力公共关系案例集[M].北京:中国财富出版社有限公司,2021.
金旗奖编委会.2021最具公众影响力公共关系案例集[M].北京:中国财富出版社有限公司,2022.
王力,余苏珍.课程思政视阈下案例教学德育价值探析:公共关系学案例示范[M].北京:光明日报出版社,2021.